カルト問題の 2 フロンティア

カルトからの回復

【心のレジリアンス】

櫻井義秀❖編著

北海道大学出版会

はじめに

レジリアンスとは、元々はね返す力という意味ですが、一方に傾きすぎた体勢を立て直す回復力というより広い意味でも使われる言葉です。臨床心理の専門家は、問題の多い家族や環境で育った子どもたちがそれにもかかわらず大人へ成長していく力や、逆境を経験した人々が獲得した生き抜く力や知恵に着目してきました。精神医学では、強度のストレスを経験した人の中にトラウマになってしまう人とそうではない人がいることに注目し、ストレスへの耐久力という意味合いでも使われるようになってきました。近年では災害からの回復という意味でも科学技術論で用いられています。

実はこの概念で表される回復の過程がカルト被害から立ち上がる人たちにも見られます。カルト経験をバネとして生き直そうとする元信者やカルト信者の親から離れようとする二世信者には、自己を相対化するユーモアの感覚やサバイバルの智恵が感じられます。カルトの環境ではけして許されなかった笑い。それはカルトが考えている真理を知らない者たちをあざ笑う高慢さではなく、自分たちのやっていることや経験が取るに足らないものだと笑い飛ばせる相対化の感覚です。カルトに見られる個人崇拝や全体主義的な組織に囚われることのない自由さや奔放さを再び獲得する人がいます。

このようなカルトをはね飛ばしてしまう力、生命のエネルギーを回復する力は、どこからくるのでしょうか。元々その人が持っていたものなのか、それとも経験の中で獲得されたものなのか、あるいは他者との関わりの中で形成されてきたものなのか。私は生来の力はあるにせよ、それが活性化されるためには、意識的に自分を奮い立たせなければいけないし、そのような人たちを支援する温かい人のつながりが必要ではないかと考えています。

この本は、カルトに囚われてしまった人がどのようにして回復していくのかを考察したものです。実のところ、回復という言葉はやや不適切です。レジリアンスによって元に戻るというよりも、その力によって以前の自分より一つ先に進んだ自分へ成長していくとイメージしてもらったほうがよいかもしれません。人は大波に揺られながら、懸命にバランスをとろうとしながら航海を続けていくのだろうと思います。大しけに出会って危うく難破しそうになったというのがカルト経験ではないでしょうか。しけが収まって元の港に戻るのではなく、先へ先へと旅を続けていくのです。回復よりは成長という言葉がふさわしいかもしれませんが、立ち直る、立ち上がるというマイナスからプラスへの転換を強調するために回復という言葉を本書では便宜的に使うことにします。

目次をめくってもらうとわかりますが、二部構成になっています。

第一部は回復のプロセス、レジリアンスがどのように活性化されるのかを理論的に、そして心理臨床の事例に即して考察した論考が五本収められています。編者の櫻井は宗教社会学を専門としており、二十数年にわたりカルト問題の研究を続けてきました。調査研究の中で多くの元カルト信者の方に話を伺い、現在の快活さや安らかな気持ちをどうやって得たのだろうかと不思議に思っておりました。元の自分にはけして戻れない状況の人もいました。にもかかわらず、一歩を踏み出そうとしていました。そのたくましさをいつか言葉にしたいものだと考えていたときに出会った言葉がレジリアンスだったのです。私がレジリアンスとは何かを第一章で解説します。

杉原輪さんはカルト団体に巻き込まれた経験があり、現在は臨床心理士として働きながら、カルトに巻き込まれた人がカルトから回復する手助けをしています。第二章では自分の経験をふまえながら、多くの元カルト信者の人にインタビューし、カルトへ入信し回心を経験したあと、脱会して回復へ到る精神的・社会的プロセスを解説します。

内野悌司先生は大学の学生相談室でカルトに入信してしまった学生たちに出会い、離脱と回復の長い道のりに同伴してきました。臨床心理の観点から、学生たちの心の回復のプロセス、その要点について第三章で説明します。

鈴木文月さんは臨床心理士として心理支援に従事しており、そこでカルト経験のリハビリを継続している元信者の人たちに寄り添いながら、回復の手助けをしてきました。回復のためにはどのような困難があるのか、その克服はどのようになされてきたのかを第四章で紹介します。

小林薫先生は脳科学の研究者として仕事をしてから精神医学に転じ、現在は重篤な患者さんの緩和ケア、精神療法に取り組んでいます。第五章でがんの宣告を受けてショックから立ち上がり、自己の生活史を振り返り、重要な他者との関係を再構築していく患者さんの事例を考察しながら、カルトから回復する人たちにとっても参考になる心の問題を検討します。

第二部は、カルト・カウンセリングの事例の紹介と議論です。回復支援のためにどのようなサポートが必要なのかを、ベテラン・カウンセラー六名から長年の経験に基づいて知見を語ってもらいます。

日本においてカルト・カウンセリングは長らく、宗教者によるカウンセリングが主流であり、現在もその傾向は変わりません。一つに、カルト団体の教説の論理や宗教実践の問題点を適切に批判するためには、宗教というものを理屈においても実践においてもよく知っていなければなりません。もう一つは、カルトに巻き込まれた当事者や家族を長期間、場合によっては数年間ケアしていくためには、カウンセラー自身が施設利用や時間において余裕を持っていたほうがよいので、牧師や僧侶のカウンセラーが多いのです。杉本誠・岩﨑隆の二氏が牧師、貫名英舜・楠山泰道の二氏が僧侶、パスカル・ズィヴィー氏はクリスチャンのカウンセラー、ジャン・ドウゲン氏は宣教師です。

次いで、元信者の方にカルトの経験、回復の経験を記してもらいました。自分で立ち上がり、歩き始めるには何が大事だったのか、それぞれの人生でつかんだことを読み込んでいただきたいと思います。

最後に、この本をつくるために研究会を重ね、理論編を執筆したり、カルト・カウンセラーのインタビューをまとめたりした臨床心理士と研究者が、カルト・カウンセリングに携わったケースに基づきながら、話し合い、議論をじっくり深めていきます。付録として、カルト問題、カルト・カウンセリングに関わる書籍や参照できるホームページなどをまとめておきました。ご活用ください。

この本は一部と二部、各章どこから読んでいただいてもまとまった話になるように構成されています。カルト体験をはね返したいと考えている方、支援者の方、また、心の回復について関心を持っている方にもお役に立てるものと考えております。

櫻井義秀

目次

第一部　回復とレジリアンス

1　レジリアンス――回復する力

北海道大学大学院文学研究科教授　櫻井義秀

一　はじめに

私は宗教社会学・比較社会学を専門とする大学教員です。日本を含むアジア社会における宗教と社会との関わりが私の研究テーマなのですが、日本においていわゆるカルトと呼ばれる教団の研究もその中に含まれます。大学の学内では学生相談室運営委員会に十数年関わっており、特にカルト関連の相談を受ける仕事をやっております。私はカウンセラーではないので、一教員として学生生活のサポートをしているという立場です。

最近、カルト問題の啓発やカルト予防のための講演、大学教職員向けの研修会に呼ばれることが増えてきました。カルトとは何か、どういう手口を用いてキャンパス内外で学生勧誘を行っているのか、学生相談の役割といった一通りの説明だけでも一時間くらいかかります。その先に、カルト被害から元信者であった学生や卒業生を救い、支援していくためにはどうしたらよいのかという課題があります。

これから述べることは、①カルト被害の特徴と、②カルトからの回復に必要な視座、レジリアンスという課題の二点です。カルト被害というのは一目瞭然のような気もしますが、じっくり考えていくと難しい領域に踏み込むことになります。特に元信者の人たちが訴える「信教の自由」が侵害されたとはどういうことなのか、従来の宗教や法律を前提としてはわかりにくい事態があるのです。また、カルトは極めて特殊な集団と捉えられてきたために医療や福祉の視点から被害者のケアや支援が考えられることもありませんでした。いわゆる嗜癖行動（薬物・アルコール中毒、ギャンブルなどの依存症）で苦しむ人に対しては、治療法が考案され、リハビリの施設も充実しています。対象者が数十万人の規模であり、素行不良の人々というよりは誘惑に弱い、ストレスに弱い人たちと認識されています。それに対して、カルト団体に巻き込まれた人たちは数万人の規模ですが、特異な嗜好性を持った人たち、世間に迷惑をかけた人たちというスティグマ（烙印）が強いのです。

私が関わった相談事例や調査上で詳しく事情を聞いた百名を超す元信者の人たちのデータから言えることは、カルトに出会ってしまうことに必然性はないということです。歩行者が気をつけて歩いても交通事故に遭うように、ごく普通に大学に通ってごく普通に生活していてカルトに遭遇することがあるのです。確かに勧誘に弱い、悩みを抱えていたという個人的な事情があったにせよ、誘われなければけして自分からはカルトの門を叩いたりしない人が大半です。しかも、自分よりも家族や友人のことを心配したり、世界の行く末を案じたりするような善意の人たちです。若者でカルトに入ってしまうのは純粋な人です。

カルトに入るのはどのような特徴を持った人かとよく聞かれるのですが、純粋な心と善意にあふれた人たちです。そんなバカな。そういう人たちが悪事を働くわけがないではないか。そう思われる方が多いと思いますが、カルトには悪人はいません。なぜなら、カルトは組織のメンバーに悪人を必要としないからです。純粋さ、ひたむきさを持つ善意の人を選んで勧誘し、利用するのです。カルトのターゲットになった人たちだけがカルトに入るので、カルトが必要としない人はカルトにはいないのです。それがどうして人を殺したり、詐欺を行ったり、人に迷惑をかけたりするのか、ということですが、カルトといっても個別教団ごとに特徴があるので、詳しくは後述する啓発書か研究書を読んでいただきたいと思います。

善意が利用され、歪められて悪事に利用されるところにカルト問題の特徴があります。カルト被害とは、このパラドックスを考えることでもあります。そして、それゆえにカルトに巻き込まれた人たちの絶望感・喪失感は深いのです。そこからどのように立ち上がり、新たな人生を生き直すか。この課題をレジリアンスの問題として考えてみたいと思います。

二　カルト被害とは何か

1　カルト被害の二重性

カルト問題の解決には難しいものがあります。カルト被害が法理ではなかなか「被害」と認定されず、被害者の救済や回復が医療・福祉の領域で進んでいないためです。通常、私たちがカルト被害で想定するのは、オウム真理教による地下鉄サリン事件の被害者や統一教会による霊感商法の被害者、つまり、〈カルト＝加害者　対　被害者＝市民〉の構図です。しかし、被害の構造は単純ではありません。

カルト教団においては、〈加害―被害〉の関係性が複層しています。オウム事件で犠牲になった一般市民（一連の事件による二六名の死亡者と六〇〇〇名を超える負傷者）は明らかに被害者ですが、実行犯の青年達（死刑判決を受けた一三名、無期懲役の五名、および二〇名の有期刑者）は加害者であると同時に、教祖松本智津夫の妄想に巻き込まれた被害者でもあります。統一教会の信者も元は正体を隠した勧誘や霊感商法の被害を受けた学生や市民でした。だからこそ、元信者が全国各地で一九八七年から損害賠償請求の提訴をしましたが、はじめて被害が認定されたのは二〇〇一年です。一般市民が霊感商法によって騙されたという訴えは消費者被害として比較的早く認定されたのですが、元信者たちの主張を裁判所に理解してもらうのに一四年もかかりました。

それは統一教会の信者たちは、自分の意思で入信し、自分の意思で霊感商法を含むさまざまな教団活動に従事してきたのだから、その間、法外な献金を教会になしたとしてもそれは自分の意思であり、数年に及ぶ無償労働をしてきたとしても、それは自発的な行為とみなされ、救済の対象とは考えられなかったからです。司法の判断が変わったのは、被害の認定を求めてカルトの構造を明らかにしてきた元信者と弁護士たち、一部の研究者たちによる持続的なカルト批判が実を結んだということでもあります。オウム真理教事件によって宗教性善説が崩れてしまったということでもあります。一部の宗教団体は、正体を隠して勧誘し、マインド・コントロールと呼ばれる精神操作によって特定の教説を教え込み、違法な活動に従事せしめる極めて独善的・閉鎖的なカルトと呼ばれる組織構造を有することが理解されてきました。このような日本におけるカルト被害、事件の諸相については、良質なルポルタージュ、啓発書や研究書も刊行されておりますので、適宜参考にされたらよいでしょう（藤田 二〇〇八、櫻井 二〇〇

六、二〇〇九、二〇一四、櫻井編 二〇〇九、櫻井・中西 二〇一〇、井上・宗教情報リサーチセンター編 二〇一一)。

2 被害の相談先

司法がカルトによる被害を認めた以上、カルトに巻き込まれた人々の被害は回復されなければなりません。では、誰がどのように回復してくれるのでしょうか。警察でしょうか? 病院でしょうか? 法律事務所でしょうか? 市役所でしょうか? 学校でしょうか?

暴力的事件が発生した場合は警察です。教団内で暴行を受けた、セクハラを受けた場合は、被害者が告訴してもいいですし、関係者が告発しても構いません。しかし、次の場合はどうでしょう。自分の配偶者や成人した子どもがカルト視される団体に入信してしまい、家に戻らない。警察に相談して団体施設まで同行してもらい、家に戻るよう説得しても帰らない場合、警察は連れ帰ってくれるでしょうか。否です。

精神状態に異常が認められたとき、当人に病識がなくとも精神疾患と認められれば、医者は入院を措置することができます。しかし、カルト団体に入信していること自体では医療の対象にはなりません。

困りますね。では、弁護士に相談するとしましょう。難しいと言われるかもしれません。つまり、自分の意思で行っている行為は、違法でも自傷行為でもない場合、強制的にやめさせる手段はないのです。それこそ人権侵害になります。役所は住民のためによろず相談の窓口を設けていますが、「宗教の問題」には介入したがらないでしょう。学校でも生徒・学生、保護者の宗教活動に対して意見を言うことはデリケートな問題として避けられます。

カルト団体に家族や知人が巻き込まれて心労の極みに達していたとしても、その状況に公的機関ができることは何もないのです。この現実を冷静におさえておくことが大事です。オウム事件が発生する前、数名の弁護士やジャーナリストが教団犯罪に警鐘を鳴らしましたが、公的機関は何もしませんでした。事件後、後継団体のアレフ、ひかりの輪は観察処分が延長されているので警察の監視下に置かれていますが、新しく入信しようという人に考え直すよう勧める公的機関はありません。

ただし、学校は少しずつ変わってきました。二〇〇九年に「全国カルト対策大学ネットワーク」(川島堅二代表、恵泉女子大学学長)が設立され、二〇一四年時点で全国の一六〇あまりの大学が参加しています。関係大学間でカルトによる勧誘被害や被害学生の相談にかかる情報交換をしています。カルト予防に先進的な大学では、すべての新入生対象にカルト問題とは何か、どのように勧誘から身を守るのかに関してガイダンスを行っています(櫻井・大畑編 二〇一二)。

しかし、まだまだ公的機関がカルト被害を防止する体制にはなっていません。サリンによる無差別殺人事件を起こしたオウム、二〇年間で一一五六億円もの霊感商法被害(二〇一三年度霊感商法対策弁護士連絡会調べ)を生み出した統一教会ですらも、宗教団体、宗教法人として活動を規制することはできないのが日本の現状です。まして、被害を確定することが難しいカルト団体に巻き込まれた場合、当事者が「被害」のクレイムをあげない限り、問題にもならないのです。開運商法、霊感占い、疑似科学的な健康増進法や治療法、自己啓発セミナーなど、教団ではないカルト的な団体もあります(櫻井 二〇〇九)。

こうした団体に問題があるということを、被害者自身が全国の消費者センターや弁護士会事務所にクレイムをあげて、消費者問題や人権問題に造詣の深い専門家が動き始めたのです。その一つが統一教会による霊感商法被害の救済に取り組むために一九八七年に設立された全国霊感商法対策弁護士連絡会です（http://www.stopreikan.com/index.htm）。霊視商法やヒーリングサロン、最近では開運商法被害弁護団も組織されています（http://www.stopreikan.com/kaiun_top/index.htm）。まずは、団体のホームページで活動内容を確認し、具体的に相談してみることです。

3　心の傷と回復の方法

法外な価格の開運グッズや効能に虚偽の記載があった品物を購入させられたのであれば、特定商取引法違反などの根拠で損害賠償請求訴訟を起こすことが可能です。しかも、この種の消費者被害というものは、購入者を特殊な心理状態に追い込む状況を演出したり、一方的な情報のみを提供したりするというマインド・コントロール的手法が用いられることが多いのです。そして、一度購入した客を顧客に変え、顧客を物品の信奉者に変えて自ら販売させるネットワークビジネスに巻き込んだり、顧客をセミナーに誘い込んで信者に変えてしまったりするセミナー団体や宗教団体があるのです。社会心理学的な心理操作のテクニックとそれを悪用した実例についても啓発的な書籍が出ております（西田 二〇〇九、紀藤 二〇一二）。

金銭的な被害は損害賠償請求で、詐欺的手法で騙された場合は、自分がどのようにしてマインド・コントロールされたかを知ることで、資産や自尊心に関しては最低限の原状回復が可能です。なるほど、そうだったのかと納得して、二度と騙されないぞと決意すれば済むことです。

しかしながら、先に述べたようにオウム真理教で長期間活動して違法行為に間接的に荷担してしまった元信者や（直接的関与をした者の多数は有罪判決を受けていますが）、霊感商法に従事して一般市民に多額の被害を与えてしまった元統一教会信者の場合には、自分が当該団体の誤りに気づき、やめたからといって元の生活に戻れるわけではないのです。

多くのカルト団体に巻き込まれた人々が心に負う傷とは、自分の善意が悪用されてしまったことへの怒り、履歴書には記載できない活動に人生を費やしてしまったことの悔恨、同世代や世間への引け目、頼るものがない無力感や自己アイデンティティと世界観を喪失してしまった虚無感、将来への不安、などなどいくらでも記載できるでしょう。

ただし、こうした気持ちを元信者たちは堂々と表現することができないのです。まずもって自分の気持ちを整理するだけでも時間がかかるでしょう。しかし、問題はその先にあります。カルトが社会問題化されればされるほど、そこに関わっていた事実に対してスティグマ（烙印）が押されます。人権の侵害、公序良俗の違反、荒唐無稽の偶像を信じていた愚かさ、などが新聞やニュースで報道されるたびに、反省が求められていると感じてしまうのです。元信者であることを周囲に明かさない限り、誰も反省しろと言ったりしません。家族もまたそのような言動はとりません。しかし、元信者はスティグマを内面化してしまいやすく、反省以外の言葉を出せないのです。まして、自分も被害者ですとはとうてい言えません。そういうことを言えば世間に居場所を失ってしまうのではないかという恐怖感があります。

このような自己の感情をストレートに出せない葛藤が鬱積してくると精神的な平衡が保ち辛くなり、メンタルなケアが必要な状態に陥ります。統一教会に対して違法に伝道され霊感商法に従事させられたことの問題性を告発する「青春を返せ訴訟」には、青年たちの被害を公知のものにして堂々と被害のアピールができるようにするという精神的な回復のプロセスが含まれていたと考えられます。ただし、みながみな訴訟に参加できるわけではありません。また、カルト被害の様態によっては「被害性」を主張するためには、相当な理論武装をなすことが必要なことが多く、そのために、カルト被害の実態を明らかにする調査研究が必要になるのです。私はこの種の研究に二〇年近く従事してきましたが、まだまだ研究の蓄積は十分とは言えませんし、被害者と支援者である弁護士やカウンセラーとの連携が必要であることを痛感しています。

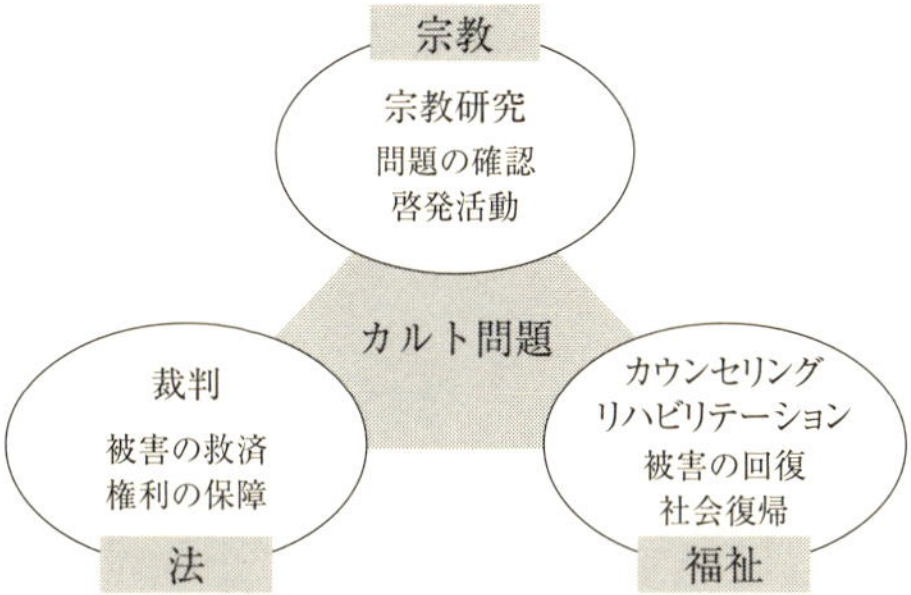

図１　問題解決のための連携

特に、被害者の「被害性」を学術的に明らかにするという研究と、公共的な領域においてカルト問題の深刻さと被害を確定するという裁判の領域では連携が進んできておりますが、カウンセリングを含めたケア・福祉の領域では専門家の協力、制度の活用など課題とすべき点が多いのです。それが、本書作成の動機の一つです。たとえば、アルコール依存症・酒害を克服するために医療関係機関はもとより断酒会、アルコホーリクス・アノニマス（Alcoholics Anonymous）のような自助グループがあり、さまざまな嗜癖から回復するためのセラピーも考案されています。しかしながら、カルト問題克服のための精神療法やセラピー、自助グループは片手で数えられます。精神的被害の回復を福祉領域でも進めるべきで、次に本章の主題であるレジリアンスの着想に関して簡単に説明しておきましょう。

4　回復への道のり

私はカルト問題の研究を主として統一教会、摂理、ヒーリングサロン「神世界」、カルト化した教会と呼ばれる問題の多い教会などで行ってきたのですが、数多くの元信者の方から情報の提供を受けてきました。一番長いインタビューを行った人ではのべ三〇時間を超えます。短い人でも一、二時間は話を伺います。個人で話したこともあれば、グループで話してもらったこともあります。学生、社会人、主婦の方、年齢も十代後半から七十代の方までさまざまでした。実に多様な生き方をされてきた人たちですが、カルト団体ごとにほぼ同じパターンの勧誘・教化を受けて、同じような信念体系（信仰）を持つようになり、数年から何十年に到るカルト団体内部での生活を続けてきたのです。カルト団体自体がマニュアル的な勧誘・教育方法を用いるので回心の動機も同じような説明になりがちです。脱会するパターンは大きく分けて二つであり、家族との話し合いで自分の信仰のおかしさに気づいたり、活動を継続する中で組織の裏面を見たり、インターネットを通じて自分たちには知らされていなかった団体の情報に接して疑念を抱き、自分で脱会する場合もあります。

私はこうした調査によってカルト団体における入信・回心・脱会のプロセスが非常にパターン化されたものであることに気づきました。しかし、日記や手記などを見せてもらいながら、その時点その時点でどのような思いでやっていたのかを回想してもらうと、カルト的な教説を同じように内面化していたわけではなく、その人なりの信仰観で実践していることがわかったのです。同じことが脱会のきっかけでも言えます。自分の信仰観を形成しているさまざまの要素があって、それが少しずつ崩れていくのですが、その要素の組み合わせや崩れ方は人それぞれです。そのために、脱会後、すでに述べた精神的打撃を受けたときも、ショックの受け方や悲嘆の度合いが違います。当然のことながら、脱会したという出来事は同じであっても、回復と呼べる精神状態に達するプロセスも人それぞれとなります。時に、回復という言葉が適切ではないような状況も出てきます。

学生の場合は学業のやり直し、卒業が回復と言えましょう。社会人の場合は仕事を継続していれば専心したり、家族との関係を再構築したりすることも回復と言えるかもしれません。しかしながら、家族間葛藤のゆえに離婚してしまったり、物品購入や献金などで自己破産を余儀なくされたりした場合は、簡単に回復という状態を想定することはできません。私は統一教会の合同結婚式で渡韓し、韓国で十数年間韓国人の夫と暮らし、韓国における統一教会の表と裏を知って信仰を捨てた人たちに話を聞いたことがあります。信仰の有無にかかわらず、日本には帰る場所がなく、韓国籍の夫と子どもとここで暮らしていくしかないという覚悟を決めた人たちの話を聞いたときに言葉もありませんでした。

ともあれ、自分がどのような状況にあり、将来どうしていくのかを決断して人に語れるということは、少なくとも精神的には脱会後の平衡を保てているように思えます。その段階にたどり着くことは、どのようなカルト経験をした人であっても簡単ではないでしょう。私自身は元信者のカルト経験については詳細な聞き取りを行ってきたのですが、カルト脱会後の経験については部分的に話を聞いてきたにすぎません。そこには驚くほど多様な物語があるのでしょう。ただし、回復が進まない、生き直しに到るまでのプロセスを模索しているうちに青年期から中年期に到ってしまった人の場合には、いくつかのパターンがあるように思われます。しかも、元信者に限らない現代人に共通した点があります。

自分の生き辛さを強調し、生き辛さと過去の経験の関連を反芻し、それを超える責任を取る勇気を持てないでいるというものです。そして、その状況を被害者性として理解してくれる人や支援を求めます。困難な状況で生き残ってきたサバイバーへの配慮を求めます。当初は家族や友人、支援者がケアを提供しますが、長期間に及べばお互い疲れてしまいます。老年期に到った親が面倒を見ることはできないのです。

このような状況を見ながら、新しい人生へ乗り出していった人たちの力強さはどこから生まれてくるのかが気になっておりました。そのときに出会った言葉がレジリアンス、自ら回復する心に着目する研究だったのです（ウォーリン／ウォーリン　二〇〇二）。

三　レジリアンス概念の射程

1　レジリアンスとは何か

レジリアンス（resilience）とは、ランダムハウス英和大辞典（第二版、小学館）によると、①弾力・弾性・復元力、②（病気・失意などからの）回復力、立ち直る力、快活さ、③（物理）変形された弾性物体が持つ復元力のエネルギー、と解説がなされています。元来がラテン語（resilire）で跳び返る、はね返るという意味で、それがフランス語（résilience）での衝撃に対する強さ、弾性エネルギーという意味を経て、英語でも用いられるようになりました。

精神医学での用法は、主に②の意味で使用され、精神的疾患の防御因子や回復の力動的過程という意味で使用されてきたとされます。防御因子の意味ではresiliency、力動的過程にはresilienceと使い分ける人もいます。後者と関連する概念として、①対処行動(coping behavior)、②自己治癒、③可塑性(plasticity)があります(加藤 二〇〇八：七五二―七五四頁)。①はストレスの多い状況や脅威を感じる場面に生じる自動的・能動的行動とされ、貧乏ゆすりといった情動反射的なものから、気晴らし・趣味・運動など意識的な対処法もあります。②は自然治癒とも言われ、心と身体どちらにも回復力があり、それを活性化させることを治療の方針とする発想です。③は損傷した脳が回復する能力を指す脳科学の概念です。

レジリアンスが着目されたきっかけはＰＴＳＤとの関連です。ＰＴＳＤ(Post-traumatic Stress Disorder)は心的外傷後ストレス障害と訳されており、ＤＳＭ-Ｖ(精神疾患の分類と診断の手引第五版)では実際に生死が脅かされるような状況や性的暴行に直接さらされたり目撃したりすることで発症するフラッシュバックなどの精神的・身体的症状と説明されています。戦争や児童虐待・ＤＶがリスクの高い体験なのですが、そのような体験を経た人々がみなＰＴＳＤを発症するわけではないことも知られていました。ＰＴＳＤほどでなくとも、人はストレスにさらされ続けると心身の不調を覚えます。しかし、ストレス耐性の強い(invulnerable)人と弱い(vulnerable)人がいます。ストレスやトラウマにさらされたときの弱さに着目した概念がバルネラビリティーであり、強さに着目した概念がレジリアンスとなります。一九八〇年代までに問題の多い家族や環境で育った子どもたちがそれにもかかわらず大人へ成長していく力や、逆境を経験した人々が獲得した生き抜く力に着目する研究が進められてきました。一九九〇年代からは逆境に強い防御因子が精神医学的に、生理学的に調べられました。現時点でたどり着いたひとまずの結論は、レジリアンスは特定の生得的な特定の因子だけで決まるものではなく、その人の発達過程にともなって変わっていくものとのことです（田・田辺・渡邊 二〇〇八：七五七―七六一頁）。俗にいう「打たれ強さ」「逆境に鍛えられる」ということですね。

2　精神医学の新しいパラダイム

レジリアンス研究の第一人者である加藤敏は、その著書のタイトルに『レジリアンス――現代精神医学の新しいパラダイム』とつけております（加藤・八木編 二〇〇九）。私は人文・社会科学を専門とする者なので精神医学には深く立ち入りませんが、非常に可能性のある考え方なのではないかと思っています（加藤編 二〇一二）。カルト脱会後の人生を歩んできた人たちや現代の若者たちを見てきた経験からすると、生き辛さを強調するタイプは、生き辛さの原因となった体験に固執する傾向があります。その体験に立ち返ることで辛い体験にさらされるのです。この循環がＰＴＳＤの症状とも言うべきものなのでしょうが、原因を特定できたとして、耐えがたい記憶は生理的な病原ではないので取り除くことはできません。忘却しようとして乖離的症状が発症するとも言われますが、ここから離脱するためにどうしたらよいのかという治癒への道筋が必要です。

現代はストレスが原因で心身の不調や疾病に到るケースがかなり増えていると思います。私たちの生活・職場環境が都市化、ＩＴ化、グローバル化によって激変し、誰しもがストレスにさらされているのではないでしょうか。しかし、このストレスを除去することは、晴耕雨読の田舎暮らしをするのでもない限り不可能ですし、みながこの暮らしをしたなら江戸時代くらいに戻ってしまいますね。そういうわけにはいかないので、ストレス耐性を身につけることがビジネス書の肝になり、ストレスの緩和がメン

表1 心理的レジリアンス因子

特性	要素	獲得方法
1 前向きな姿勢	楽観主義とユーモア	一部遺伝だが，学習可能
2 積極的対処	解決策の模索と感情の制御	断念，リスクの低減を工夫
3 柔軟な認知	逆境に意義・価値を見いだす	失敗は成功の元と考える
4 倫理基準	人生の指針，宗教的信念	利他主義は幸福感を増す
5 運動	自尊心や忍耐心	定期的な身体活動を行う
6 社会的支援	よき相談者と手本となる人物	人間関係を豊かにする

タルヘルスで重視されているのでしょう。

レジリアンスの概念は、病因の特定や除去にはこだわらず、辛い体験をしたにもかかわらず生き抜いていくための強さやたくましさはどのようにしたら獲得できるのかという治癒や回復の局面に注目しており、私はそのほうが生産的な場合が少なくないと考えています。たとえば、長らく引きこもりを経験してきた人たちにとって、原因は学校や職場での辛い体験だったことは間違いないことですが、引きこもるという防御反応を継続することで外界からの刺激にさらされることをより怖がる心的傾向も生まれ、復帰できないことへのいらだちや焦りから精神状態が負のスパイラルへ進んでいくことも多いと思われます。この状況を改善するために肝心なことは、外に一歩足を踏み出すための方策です。

3 カルトにより減退されたレジリアンス

レジリアンスに着目した研究によって、レジリアンスは当人の認知能力や感受性、社会的支援の有無など多くの要素と関連していることもわかっています。精神衛生上有益な指針にもなりうる心理的レジリアンス因子のまとめを紹介しましょう（表1）。田亮介が作成した表をさらに私が簡便にまとめ直したものです（田 二〇〇九：八二頁）。

私はこの心理的レジリアンス因子を最初に見たときに思わず、ハタと膝を打ちました。特に1と2です。前向きな姿勢はカルトでも推奨されるところですが、楽観主義ではなく悲観主義、ユーモアではなく真摯な服従なのです。沖縄のオバーではないのですが「何とかなるさー」と達観し、あるいは「渡る世間に鬼はなし」と他者や社会を信頼できていれば、カルトには入らないものです。カルトの人生観とは、「このままではダメ」「後悔する人生を送ることになる」「不幸になる」「地獄に行く」などダメ出しの連続です。そうして徹底して落ち込ませたところに、溺れる者は藁をもつかむとばかり、少しばかりの救いの手を伸ばしてくるのです。溺れていないのに溺れていると現状への認知を歪めるやり方は、マインド・コントロールと言ってもいいかもしれません。そして、唯一正しい救いの道を学び、実践するようしむけるわけです。自分たちが間違っているかもしれないとか、世間的にはどうでもいいことに熱中している馬鹿野郎ですといった自己相対化のユーモアがカルトにはありません。自分たちのひたむきさや真剣さを笑う者に災いあれと祈るだけでなく、自分たちを批判する者を攻撃することも厭いません。ネットでの誹謗中傷、訴訟を乱発して泥仕合に持ち込み、相手を疲弊させる戦略はよく使われます。

さらに、カルトは信者に対して自分で問題解決を図る積極性を徹底して戒めます。つまり、「あなたのように無知で失敗ばかりしてきた人に何ができるのか、真理を知っている人の言うことに従うほうが賢明だし、それこそ道徳的・正しい生き方ではないのか」というわけです。自分で考え、自分で対処するからこそ誤りを犯す、失敗するとくどいほど教え込みます。「アホで悪いか」「愚かな人間が生きてちゃ悪いという法がどこにある」といったふうに開き直れる人はいいのですが、剣呑なオジサンさんになるには人間修行が必要でして、若者は概して自分に自信がないことを素直に認め、自分を高めてくれる人がいるならその人から学んでみたいと思うのです。「後悔しない人生を送ろう」「思い込んだからとことんやろうじゃないか」と煽ること自体が悪いわけではないのですが、実現できない目的は断念する、可能な目的に変更するという柔軟さが必要です。表1の心理的レジリアンス要因の3にもなっていますし、概して成功から学ぶことより失敗から学ぶことのほうが多いのです。

しかし、カルトは自己裁量を許しません。正しい道から外れることは非道徳だし、地獄行きなのです。ここにカルト独特の論理のすり替えがあります。カルトが提案する人生の目標や理想世界の青写真は、一つの目的、一つの提案にすぎないのですが、これを道徳的に正しいことと信じ込ませることで、これ以外の選択肢を非道徳的という認知の構造に落とし込み、元信者たちに正しいことのみを選択させ、自らの意思で道徳的なことをしているように錯覚させているのです。ところが、たかだか一つの人生観、計画性のない理想世界の実現ですから、世間に理解されないし、頓挫する可能性が大です。その失敗は指導者の責任なのですが、カルトでは信者に責任転嫁がなされます。おまえたちの信仰が足りない、努力が足りないというわけです。やっても甲斐のないことはやらないという断念や目標の変更は許されません。こうしてカルトの元信者たちは、正しい道を自分たちだけが知っているという全能感と、同時に目的を実現できない自分たちの無力さも痛感し、指導者にすがらなければこの先はないと依存性を強めるのです。

カルトから精神的に離脱するために、カルトが元信者たちから何を奪ってきたのかをしっかりと認識して、その操作的なプロセスを見つめ直す必要があります。元信者に徹底した従属する心を植え付けるために、あってはならない心の働きこそレジリアンスだったのではないでしょうか。人生に対して楽観的に向かい、ユーモアを愛すること。自己相対化、自己の客観視ができること。自分で目標を設定し、状況に応じて撤退も変更も可能な柔軟な心です。

表1の心理的レジリアンス因子のうち、4 倫理基準、5 運動、6 社会的支援が、回復期には特に重要な心理的レジリアンス要素となります。落ち込んでいる時期は自己に関心が集中しがちであり、心の中にわき起こる想念に囚われ、疲れ切ってしまうのです。この時期を脱するためにカウンセリングが必要となるのでしょうが、この点は他の章で精神医学・心理臨床の専門家が論じておりますので、私自身は、自己を他者に開き、社会に向けることで回復の方向性が出てくるという大まかな指摘にとどめたいと思います。そして、向社会性が出てくる準備段階として、自己に沈潜する期間も必要なことを述べておきましょう。

四　レジリアンスの過程

1　悲嘆と喪の重要性

私は宗教社会学という学問を三〇年近く学んできた者ですが、最初の研究テーマが祖先崇拝と死者供養でした。この話をし出すと長くなりますので関心のある方は拙著をご覧になっていただきたいのですが（櫻井 二〇一〇）、死者を埋葬する儀礼はネアンデルタール人にも見られますし、私たちの祖先であるヒトは死者の弔い、祖先の祭祀を太古の昔から行ってきました。なぜ、死んだ亡骸をそのまま放置しないのか。伝染病が怖いだけなら手近なところに埋めるだけでよいのですが、石を置いたり、木を立てたりして墓標とします。しかも、家族から死者を出したあと、何日どころか何カ月も日常とは異なる生活に入る文化があります。喪に服するわけです。死者を葬るときには親族・地域の人々が駆けつけ、共同体として葬儀を行ってきました。昨今は家族葬や直葬(葬儀をせず、火葬場へ直行)が増えてきていると言われますが、人間社会はなぜ葬儀をやったり服喪の期間を設けたりしてきたのでしょうか。

人類学や社会学では、おおよそ次のような理由を挙げています。①人間は、生物として肉体が滅んでも意識は残るか別の世界に行くと考えてきました。ですから、その意識、霊と言ってもいいでしょうが、その霊に対する懇ろな対処をしてきたわけです。エジプトでは王のためにピラミッドをつくり、中国では皇帝を兵馬俑と共に埋葬し、日本では年忌法要を行ってきました。②葬儀は結婚式と共に親族・地域コミュニティをあげて行う行事です。つまり、結婚では親族外・地域外から新しい人を迎え入れ、葬儀では人を送り出すための共同体的な行事を行ったのです。③喪とは家族・親族・地域共同体から重要なメンバーを失ったことに対する公的な悲嘆の表明であり、追慕するべき期間として定められたものです。家族の死は悲嘆の極みとも言えますが、葬儀・追悼のさまざまな儀式を行うことで気も紛れ、服喪期間においてはみなで悲しんでくれることによって悲しみが癒やされてきました。

近年、グリーフワーク(悲嘆を表し喪に服する象徴的な行為)を行うカウンセリングが出てきております。この意味は、現代において悲しみを公的に表し、それを共に悲しんでくれる共同体が弱体化してきたことにも関係しているのかと思われます。つまり、共に悲しんでくれる家族・友人・適当な知人を相談者として確保できない場合に、専門家が寄り添って悲嘆の表明を受け、共に悲しみを分かち合うのです。実はこのようなプロセスがカルトから回復するときにも必要であると考えます。

具体的に考えてみましょう。カルトの間違いに気づき、脱会した時点で、カルトにより歪められた自己認識や世界認識はある程度修正されたでしょう。もちろん、心理的レジリアンスを起動させる心的態度を身につけるためには相当長い時間がかかるわけですが、その前にクリアしなければいけないのが、自分の喪失感に折り合いを付け、新たなスタートを切ることです。

図2で示した心理過程は典型的なパターンであり、個人差がもちろんあります。ショック期にはカルト内部の完全な人間関係が思い出されます。もちろん、カルトの信者たちは疑念や不信があっても完璧な信仰者としての仮面をかぶってふるまうので外面上はケアが行き届いた集団に思えます。カルトの外に出てしまうと、自分から人に関わっていかない限りは自分に関心を持ってもらえないので世間は冷たいと感じるのです。もう一度、甘え、依存できる空間が恋しくなります。

この時期は、自分が生きていた時間・人間関係・充実感を喪失した悲しみをそのまま悲しんだらよいと思います。カルトから救い出した方にとっては、騙されていた期間、偽りの人間関係、とんでもない経験でしかないのですが、当事者にとっては怒りと悲しみが半ばする複雑な心情なのです。しっかり悲しむというのも変な言い方になりますが、悲嘆を明らかにし、それを周囲が受け止めてあげれば、いつまでも泣いている人はいないものです。そして、自分の中に閉じこもって心身不調の悪循環(図3)を長引かせないために、日常生活を律する最低限のルールを決め、適度に外に出て身体も動かし、世間の風に慣れていくことです。学生ならもう一度勉強をしっかりやり直してみる、社会人なら仕事に打ち込んでみる、出てきたときに何もない状態であれば、アルバイト的なことを始めてみるのもいいでしょう。

このような移行期をうまく過ごすことが回復への一歩を着実に進めることになるのですが、独りでではきてしまう人もいれば、後押しをしてくれる人がいれば何とかやれる人、なかなかできない人、さまざまです。

では、回復を支援する人は、回復のプロセスをどのように認識しておけばよいのでしょうか。模式的に説明していきましょう。

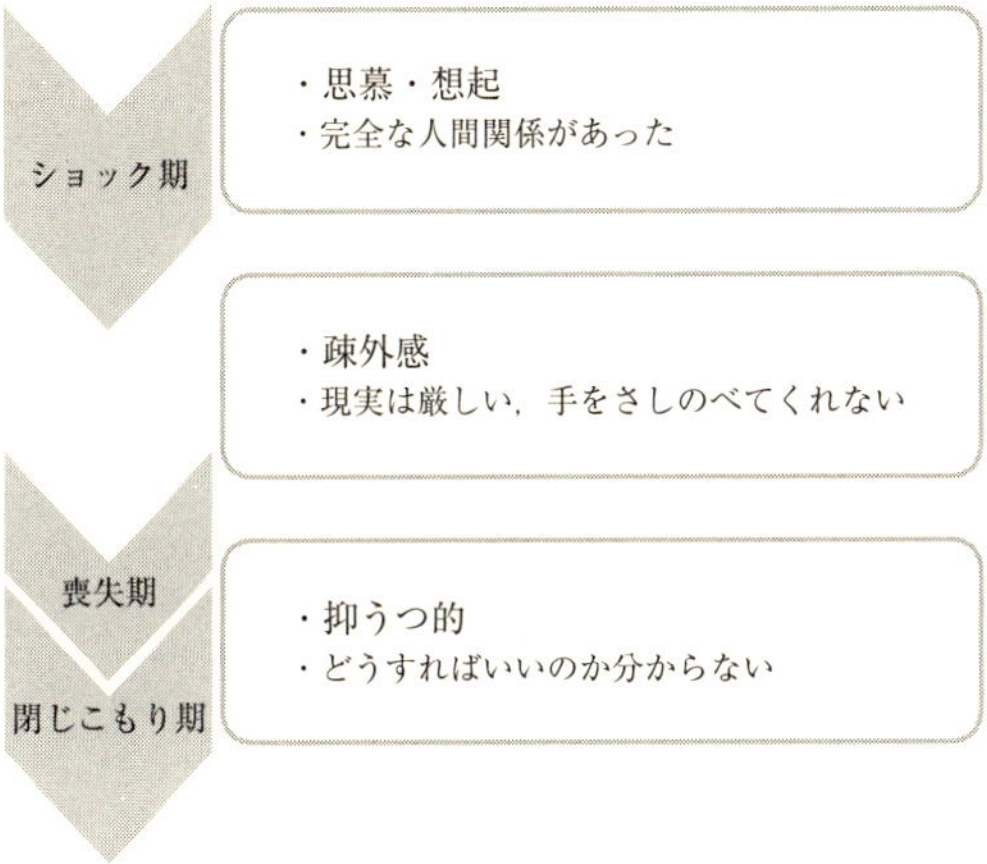

図 2　悲嘆期のプロセス

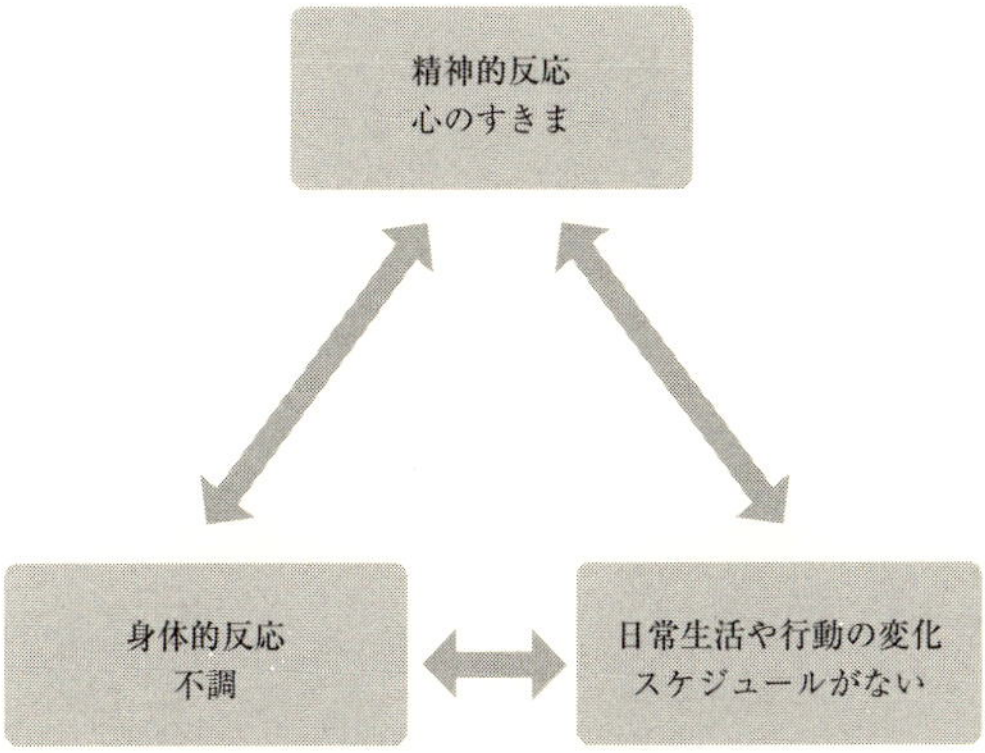

図 3　心身の不調と悪循環

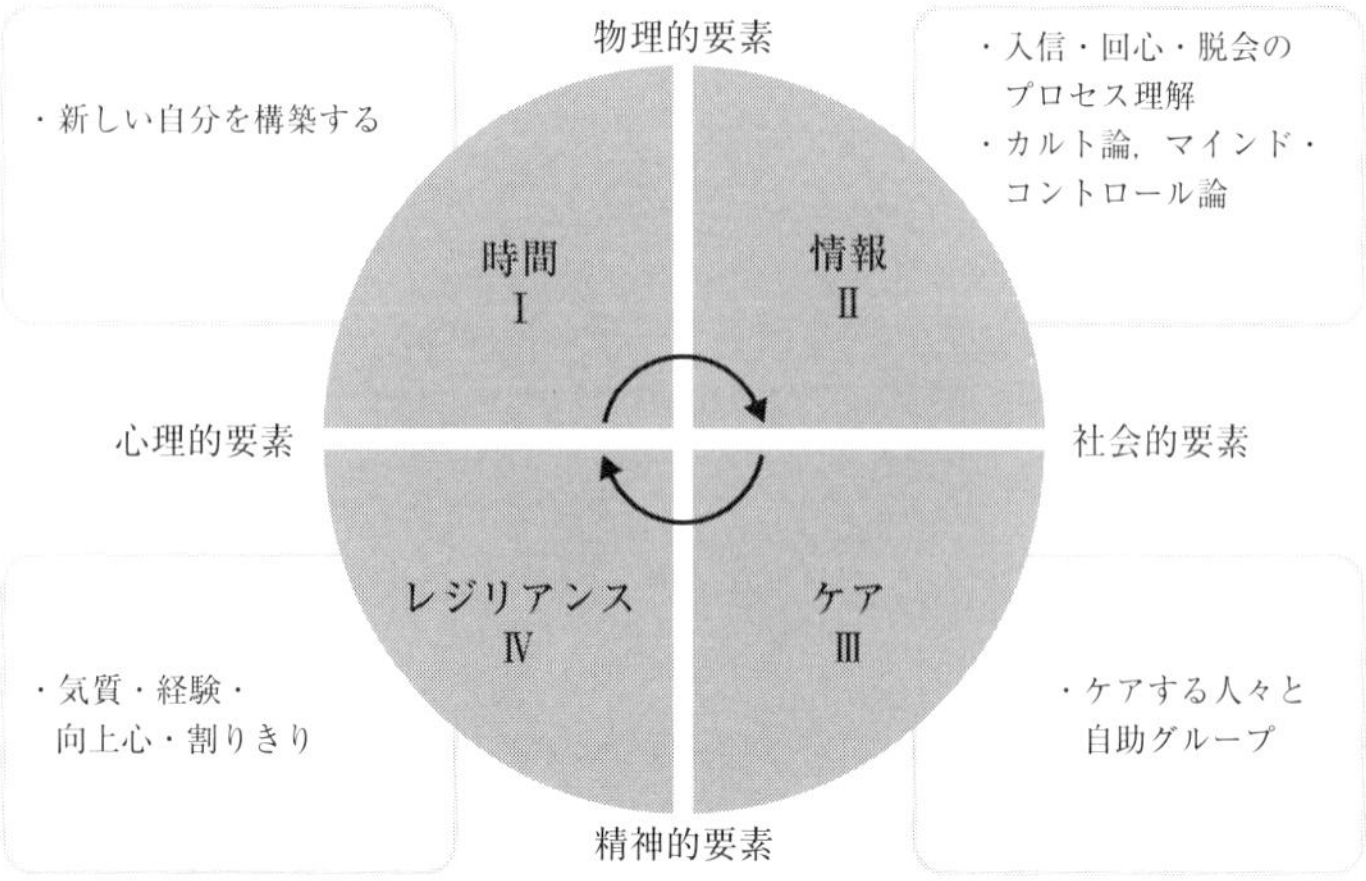

図４　回復支援のための資源

２　回復を促進する要素

この構図（図４）は二つの軸から構成されます。縦軸は、物理的（material）―精神的（spiritual）、横軸は心理的（psychological）―社会的（social）です。

①第一象限の時間は、物理的な時間ですが当事者にとっての心理的な時間でもあります。回復のプロセスに不可欠のものですが、長さは人によって異なります。カルトの信者であった期間と回復するまでの期間は同じか、それ以上かかるということを言われています。元の自分に戻るための時間ではなく、自己を喪失した喪の期間を経て自分で歩き出し、そして新しい自分を再構築するまでにかかる時間といったらよいでしょうか。

②第二象限の情報は、物理的な社会に関わる客観的情報です。自分がカルトに巻き込まれたプロセスを的確に理解するために必要です。カルトとは何か、マインド・コントロールとはどのようになさ

れるものなのか、についてはさまざまな研究上の知見がありますので、それを書籍などを参考にしながら、自分のどのような性格や態度、家族や学校、職業上の状況が利用されたのかを知ることです。被害に遭いやすい要素(vulnerability)を認識しておくことで、再び同じ経験をしないための用意ができます。カルト的な団体をはしごするというと変な言い方になりますが、同じような居場所を遍歴する人がいることも事実です。

③第三象限のケアは、精神的なサポートを周囲から提供するということです。もちろん、元信者の人たちが自活できるまで家族の物心両面の支えが必要なことは言うまでもないのですが、元信者の人たちが喪の段階を経て自立していく段階では精神的な支援が重要です。今の日本ではカルトを脱会した人たちに対する支援は全く制度化されておりません。直接的な医療・福祉的支援がないのです。おそらく、カウンセラーとの話し合いに加えて元信者同士の集会や自助グループの活動が最も有効なケアとなるでしょう。

④第四象限のレジリアンスは、精神的な面でしかも内心の状態に関わる部分にあります。ここでは回復の動的なプロセスというよりも回復を促す心理的要因の意味で用いています。持って生まれた性格に加えて生育上獲得された生活態度、経験によって得られた知恵、自己を律する力などが含まれるでしょう。この部分が活性化されないと、時間・情報・ケアが提供されたとしても回復への軌道には乗りにくいのではないかと考えられます。

以上の四つの要素は典型的なパターンを考える上で挙げてみたものであって、特定の要素が不足していても回復は可能でしょう。ここで理解していただきたいのは、回復には実に多くの諸条件が関わっているということです。

3　回復と成長

　ここまでレジリアンスを回復の動的過程もしくは回復を促す心理的要素としてきましたが、そもそもカルトからの脱会過程を回復として捉えてよいのかという疑問を持つ方もあるのではないかと思います。レジリアンスの概念自体が病因論的問題構成から距離を置き、心身に内在する自己治癒的な働きに着目するものであることを考えれば、必ずしも病因が除去され元の身体に戻るというふうに捉えることもないのです。現実的に考えて、風邪のような疾患であれば治るということは極めて事実に即しているのですが、難治性の疾患の場合、病状を抑える、もしくはその病と共存するというやり方しかない場合があります。あるいは、高齢者の病も老化と関わり、若い時分に戻るということがありえない状況です。終末期医療において重要なことは、治ることよりも癒えることではないでしょうか。

　社会的側面で考えてみると、喪失した時間・人間関係・財産など戻らないものが多いのです。戻すことよりも、新たな出発をなす。そのために発想の転換を図るということでしょう。「失敗は成功の元」と考えるならば、カルトに巻き込まれたこと自体は災難と言えますが、災い転じて福となすような心構えも可能ではないでしょうか。禍福はあざなえる縄のごとしなのです。カルトを経験することで喪失したもの・苦しんだことは多々あるでしょうが、その経験が人生の糧になっていることも多いと思われます。

「善因善果悪因悪果」と仏教では言います。よい行いはよい結果で、悪い行いは悪い結果で報われるということ、これが因縁の道理であるというわけです。ところで、似て非なる信念として、善人が善行をなす、悪人が悪行をなすという思い込みがあります。自分の心情がよい行いを志向していればいいことができるというものです。半分はその通りですが、自分を含めた多くの人々にとって何がいいことであるのかを的確にわかっていることがもう半分の条件になります。後者は単純ではありません。正確に認識すること、そのための修練が必要であることはどの宗教も説くところです。カルトには知が欠如しています。

知情意を共に備えてこそ、何が人のためになるかについて妥当な認識ができ、そのために何かしなければという豊かな感情が生まれ、具体的な目標達成に向けた行動が出てきます。このことを人生の若い時期に、あるいは人生の途上で気づくことができたなら、それは知恵を身につけたということにならないでしょうか。カルトに関わらなければ、社会の裏面や人間の複雑性に思いを致すことはなかったという人が大半だろうと思います。人生順風満帆の人たちは幸せで結構なことですが、失敗した人や恵まれない人、人生を諦めない人から学ぶことは多いものです。人は青年期以降も成長し続けるわけで、その魂の成長とでもいうべき経験をしたと納得できるのであれば、カルトの経験は無意味なものではなくなります。人生への折り合いは誰かが付けてくれるものではなく自分で付けていくしかないのです。

五　おわりに

本章では、まず、一般には理解されにくいカルト被害の特殊性から話を説き起こしました。そして、被害回復のためにカルト問題の構造を明らかにする研究が必要なこと、金銭的な被害や精神的な被害を損害賠償請求で回復する法律家の仕事があること、現状は十分ではないにせよ、医療・福祉の領域でもカルト被害への認識を深めてもらい、研究者・弁護士・医療とケアの関係者が連携する必要性を述べました。そして、カルト被害者である元信者の人たちが喪失感を克服し、自分で立ち上がるために必要な要素として、時間・情報・ケア・レジリアンスを挙げ、特にレジリアンスの視点がカルトからの回復にどのように役立つのか、その見通しを述べてみました。結論としては、新しく人生を歩み始めるプロセスは回復というよりも成長と考えたほうがよいのではないかということです。ご理解いただけましたでしょうか。

最後に、このレジリアンスの視点が大学の学生相談一般にも有効ではないのかということを付け加えておきたいと思います。教員生活を二八年間続けていますが、今の学生にとって一番の課題はメンタルヘルスではないかと思うようになっています。学生相談の件数や相談内容の範囲が拡大していること、精神医療の受診者が増えていることからもわかることですが、もう一つ踏み込んでみると挫折を知らない青年が増えてきているのではないか、それゆえにつまずいたときの喪失感が深く、立ち上がる力が弱くなっているのではないかと思われる事例が随所に見られるのです。

日本は経済的に豊かになり、少子化が進み、大学の入学式・卒業式に家族で参加することがごく当たり前になってきました。入学試験に親が同行するのは当然として、就職試験ですら親が送り迎えする時代なのです。間違いがあってはいけないと至れり尽くせりです。そんな親を大切に思い、親を尊敬すると答える学生が増えています。いいことですが、子どもに失敗するチャンスを与えないまま学生にしてしまうと、ちょっとしたことで心が折れるということになりかねません。「うつは心の風邪」といった言い方で気軽にクリニックを受診できることはいいのですが、風邪は養生して自然快癒を待つ、もしくは風邪に負けないよう身体を鍛えるという発想があまり強調されません。結果的に、大学教員や学生相談がケアに回りすぎ、学生のレジリアンスを活性化しないことになっているとしたら、それこそ問題ではないかと思われます。就職シーズンで学生は一皮むけて大人になるのですが、世の中自分の思い通りにならないということがわかるからです。それが、大学一年生からキャリア教育と称して就職の準備教育がなされ、学生にとっては就活の成功、大学にとっては就職率の向上につなげています。これも学生が挫折を通して大人になる機会を奪ってしまいはしないかと気にかかります。社会に出てみると甲斐のない苦労をしたり、理不尽な扱いをされたり、自分から動いていかない限り機会は与えられなかったりと世間の荒波をまともにかぶることになります。そのときにこそレジリアンスが必要なのです。

レジリアンスについてカルト問題に限らず、広く現代社会から考えていくことが今後ますます重要になっていくのではないでしょうか。

参考文献

井上順孝・宗教情報リサーチセンター編、二〇一一、『情報時代のオウム真理教』春秋社。

ウォーリン、スティーブン／ウォーリン、シビル、二〇〇二、奥野光・小森康永訳『サバイバーと心の回復力——逆境を乗り越えるための七つのリジリアンス』金剛出版。

加藤敏、二〇〇八、「脆弱性モデルからレジリアンスモデルへ」『精神雑誌』一一〇巻九号、七五一—七五六頁。

加藤敏編、二〇一二、『レジリアンス——文化・創造』金原出版。

加藤敏・八木剛平編、二〇〇九、『レジリアンス——現代精神医学の新しいパラダイム』金原出版。

紀藤正樹、二〇一二、『マインド・コントロール』アスコム。

櫻井義秀、二〇〇六、『「カルト」を問い直す』中央公論新社。

櫻井義秀、二〇〇九、『霊と金――スピリチュアル・ビジネスの構造』新潮社。

櫻井義秀、二〇一〇、『死者の結婚――祖先崇拝とシャーマニズム』北海道大学出版会。

櫻井義秀、二〇一四、『カルト問題と公共性――裁判・メディア・宗教研究はどう論じたか』北海道大学出版会。

櫻井義秀編、二〇〇九、『カルトとスピリチュアリティ――現代日本における「救い」と「癒し」のゆくえ』ミネルヴァ書房。

櫻井義秀・中西尋子、二〇一〇、『統一教会――日本宣教の戦略と韓日祝福』北海道大学出版会。

櫻井義秀・大畑昇編、二〇一二、『大学のカルト対策』北海道大学出版会。

田亮介・田辺英・渡邊衛一郎、二〇〇八、「精神医学におけるレジリアンス概念の歴史」『精神雑誌』一一〇巻九号、七五七―七六三頁。

田亮介、二〇〇九、「PTSDにおけるレジリアンス研究」加藤敏・八木剛平編『レジリアンス――現代精神医学の新しいパラダイム』金原出版、七五―九二頁。

西田公昭、二〇〇九、『だましの手口――知らないと損をする心の法則』PHP研究所。

藤田庄市、二〇〇八、『宗教事件の内側――精神を呪縛される人びと』岩波書店。

2　カルト体験プロセスと臨床心理学的援助

臨床心理士　杉原　輪

一　はじめに

いったいどういうきっかけで人はカルトに入ってしまうのでしょうか。入信中はどのような思いで活動しているのでしょう。脱会するときは、どのような経緯で決断されるのでしょう。脱会したときに直面する困難にはどのようなものがあるのでしょうか。そして、そこからの回復とは。

私がはじめてカルトのことを知ったのは七、八年前で、カルトに関する相談支援に関わり始めたのは五年ほど前です。そのような背景もあって、臨床心理学を学ぶために大学院に進学したとき、修士論文でカルトについて調査したいと思いました。カルトの元メンバーに聞き取りを行い、彼らが体験したことを本人たちの視点でまとめたいというのが調査の目的で、失ったものや被害についてまとめるというよりは、本人たちがその被害体験からどう立ち直ったのか、その体験から得たものはあるのか、ということに注目したいと考えました。今回はその調査結果に一部修正を加えたものを紹介させていただきます。元メンバーの方々の体験を少しでも共有していただければ幸いです。

表1　調査対象者の年齢，性別，入信歴など

団体名		年齢	性別	期間	脱会後	脱会方法
統一協会（4名）	Bさん	40代	女	2年	17年	話し合い
	Eさん	40代	女	3年	17年	話し合い
	Gさん	30代	女	2年	13年	話し合い
	Mさん	50代	女	8年	23年	話し合い
エホバの証人（5名）	Dさん	30代	男	19年	8年	自主
	Iさん	50代	女	7年	12年	話し合い
	Jさん	50代	女	18年	17年	自主
	Kさん	40代	女	10年	10年	自主
	Lさん	20代	男	10年弱	10年	自主
摂理（キリスト教福音宣教会）（4名）	Aさん	20代	女	3年	2年	話し合い
	Cさん	20代	女	3年	4カ月	話し合い
	Nさん	30代	男	5年	3年	自主
	Pさん	20代	女	2年弱	1年	話し合い
親鸞会（4名）	Fさん	30代	男	12年	4年	自主
	Hさん	30代	男	14年	2年	自主
	Oさん	20代	男	7年	3年	自主
	Qさん	20代	男	11年	3カ月	自主

二　調査の方法

この調査では、日本脱カルト協会において「議論ある団体」として取り上げられている教団の元メンバー一七名（男性七名・女性一〇名、二十代～五十代、平均三六・一±一一・二六歳）、すなわち統一協会の元メンバー四名（女性四名、平均四二・八±五・七四歳）、エホバの証人の元メンバー五名（男性二名・女性三名、平均四三・四±一七・一六歳）、摂理の元メンバー四名（男性一名・女性三名、平均二四・五±三・七五歳）、親鸞会の元メンバー四名（男性四名、平均三一・八±三・二〇歳）に対してインタビュー形式の調査を行いました。統一協会は霊感商法などによる金銭被害、エホバの証人は輸血拒否といった独自の信条がしばしば問題となり、摂理は教祖の性的犯罪、親鸞会は正体を明かさない偽装勧誘が社会問題となっています。

インタビューに応じてくださった対象者については、任意のアルファベットでA〜Qとし、表1に示しました。表には勧誘を受けて教団と関わり始めた時期から脱会するまでの所属期間、脱会から調査を行った時点までの経過年数、そして脱会の方法を記載しています。脱会の方法については家族や宗教者らとの話し合いによる方と、自発的に教団を離れた自主脱会の方とがありました。インタビューでは入信から脱会、その後の経過について聞き取りを行い、修正版グラウンデッドセオリー（M-GTA）の手法を用いて分析をまとめました(1)。

三　カルトへの入信・回心・脱会

1　全体のプロセス

カルト入信から脱会、その後のプロセスについて、インタビューの内容をまとめたものを図1に示しました。全体のプロセスは【教団に魅力を感じて入信する時期】、【問題に気づいて脱会する時期】、【心理的苦悩からの立ち直りの時期】の三つに分けられ、それぞれの段階についてカテゴリー（図中の［　］）やその下位にあたる概念（図中の「　」）が得られました。このカテゴリーや概念をもとに、対象者の方の証言を交えてそれぞれのプロセスを詳しく見ていきたいと思います。

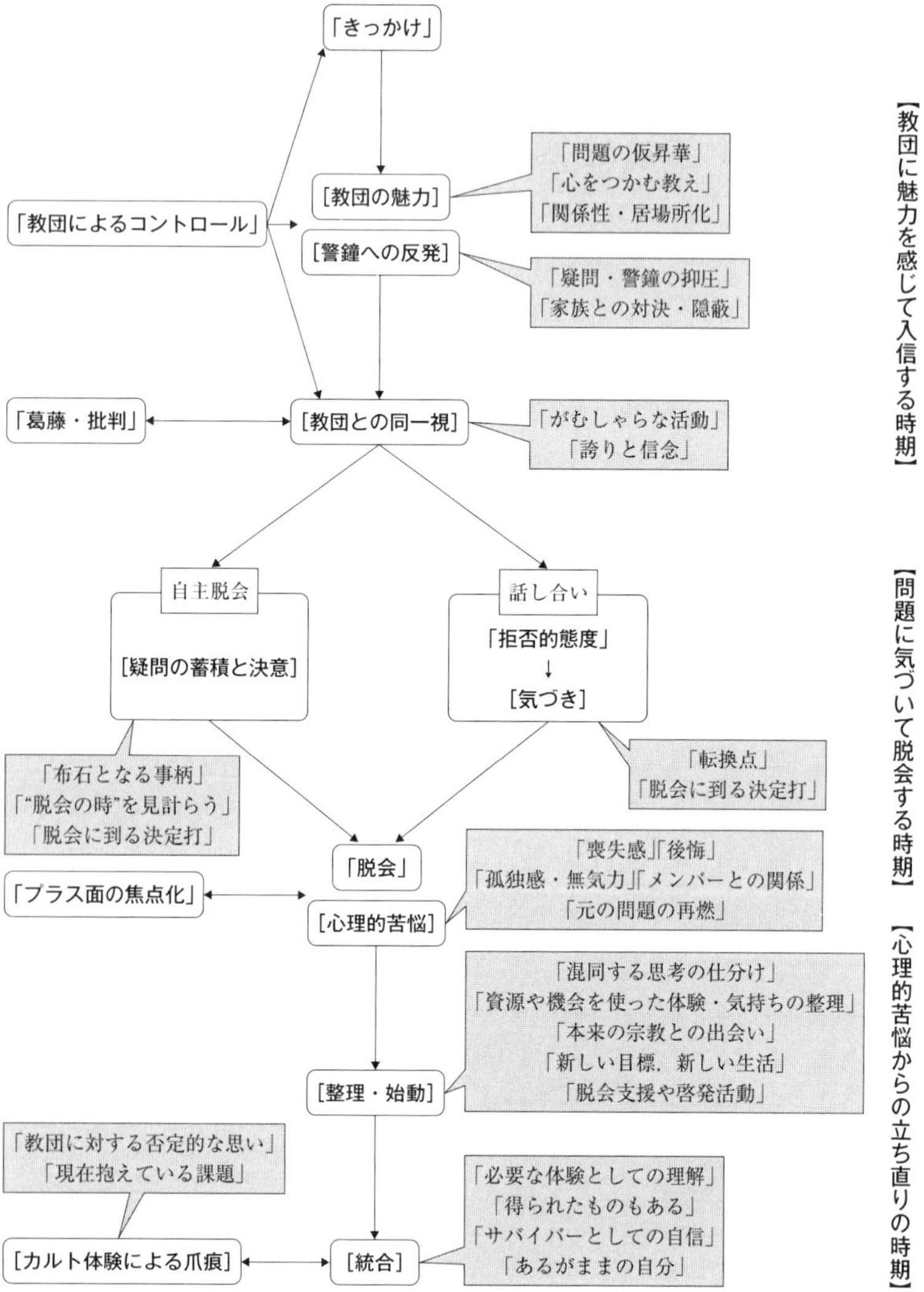

図１　カルトへの入信・回心・脱会

2　入信のプロセス

①きっかけ

Eさんは街中でアンケートへの回答を求められ軽い気持ちで答えたそうです。すると、あとからビデオセンターに誘われて関わりが始まりました。**Nさん**は大学の食堂でご飯を食べているときに何人かの同じ大学の学生から声をかけられ、一緒にサッカーをしないかと誘われたのがきっかけだそうです。このように初対面の相手から正体を隠した勧誘を受けるという証言がありました。また、元々友人であった相手に悩みを相談したところ教義の学びに誘われたという例や(**Cさん**)、両親(または母親)が入信したため一緒に活動に参加するようになったという例が聞かれました(**Dさん**、**Lさん**)。

②教団の魅力

そのようにして関わりを持つようになった団体に、対象者たちは何らかの魅力を感じていきます。この調査では三つの魅力にまとめられました。

◆問題の仮昇華

Eさん「私が入信した要因には父親との関係があると思います。父親は自分にも家族にもすごく厳しい人で、その上自己中心的な人でした。母親に対しても叱責することがあって、そういう怒鳴り声に子ども心に傷ついていました。怒鳴る父がすごく嫌でした。しかし一方で父親を嫌ってしまう自分を責めるというか、なぜ親を好きになれないんだろうという葛藤を感じていました。だから教団の方から、家系図や姓名判断についての説明を受けて、家族の中で選ばれたのが自分で、あなたが変えていかないと本当の愛を知ることはできないと言われたときに、すんなりと納得しました。そしてこれは自分に必要なものだと感じて、すぐにのめりこんでいきました。」

それまで抱えていた自身の問題や家族の問題を解決できるというのは大きな魅力です。しかもカルトでは、その問題の原因と解決の方法が明快に示されるのです。**Eさん**にとってそれは家族関係の問題でした。そのため、教団の説く真実の愛や理想の家庭に大変魅力を感じ、そのことがきっかけで教団の活動に深く関わるようになりました。ここでこの概念を「問題の仮昇華」と名づけたのは、本人の抱える課題を時には過剰に認識させ、こうすれば解決できるという崇高な理想を説き、そのための方法として教団の活動に邁進させていくという構図があり、しばしば本人の問題解決は教団の営利目的にすり替えられていくためです。本人にとっては、これを続ければ問題解決に到るという実感があるのですが、実際の解決にはならないために、脱会後に元々その団体に解決を求めた自分の問題と再び向き合うことになります。

◆心をつかむ教え

Aさん「最初に聞いた御言葉(教え)にすごく感動したんです。心が動かされるような衝撃を感じました。それは『霊』についての話で、自分には体と心だけじゃなく霊がいるという話でした。霊が飢えているから、きちんと神様とつながらないといけないと言われたときに、『本当にそうだ！』と思ってすごく納得してしまいました。そのときにとても満たされたように感じて、もっとこの話を聞きたいと思いました。」

Fさん「神話のたとえ話を聞きました。山があって、一人の人間が石を山の頂上まで一生懸命上げていくんですよ。ところが上まで上げるとその石がガラガラと落ちてしまう。それでももう一度その石を上に上げるんです。人生ってそれと似たようなものですよね、という話でした。人生の虚しさについて説明したその話を聞いて『その通りだな』と思って、それまでは全然聞く気はありませんでしたが、これで興味を持ちました。そして、こんなふうに一生懸命になって石を上げたりしなくても、断然別格の幸福があるんだと。それが仏教で教えられているんですよ、と言われて、これは面白そうだなと思いました。」

カルトの教義は、悩みを抱える青年や学生にとって魅力を感じるもののようです。内容としては聖書や仏教の経典に基づくもので、一般の宗教と同様の教えも説きながら、先ほども述べたように個人や家庭、あるいは世界的な問題についての明確な原因と解決方法を断定するところが一般の宗教とは違っています。**Aさん**は勧誘された頃、何をしても面白くないと感じてしまい、不全感や自己否定的な感情を抱えていたそうです。そのときに「それはあなたが霊を育ててこなかった、霊が飢えているから苦しいのだ」と説明されて、深く感銘を受けたと言います。また**Fさん**は、過去にも一度同じ教団から勧誘を受けたそうですが、そのときは全く応じなかったのに、大学受験で第一志望校に落ちたあとに再び話を聞くようになり、心を動かされたとのことでした。そのような挫折体験や何らかの悩みを抱えているときに、より教団の教えに心をつかまれやすいと言えるでしょう。

◆関係性、居場所化

Nさん「そこにいる人たちとは一緒にいると楽しいし、みんな一生懸命で、真面目だし健全なんです。

女遊びもしていないし。だから一緒にいると成長できると思いました。やっぱり世の中の人たちは刹那的というか物質的というか、何か大事なものが抜けているな、と思えていましたね。愛が足りないと思っていました。自分たちの世界には愛があると、そう思っていました。」

カルト内での人間関係もまた大きな魅力の一つです。特に勧誘の初期の段階では、新しく来た人にメンバー全員が歓迎してもてなします（ラブシャワーとも呼ばれます）。彼らは前向きで純粋で、明確な目的意識を持って生きているため、彼らの言動は被勧誘者にとって魅力的に映る場合が多いようです。特に、生きる目的について真剣に考えている若者にとっては、人生の目的や真実の愛、幸福といったことについて話し合える仲間との出会いは本人を教団にコミットさせる大きな動機づけになります。そして、多くの時間を彼らと過ごすようになっていきます。

③警鐘への反発

その団体が宗教団体だとはじめて気づいたときにおかしいと思ったが、よい人たちだし、お金をとられるわけではないから続けた（Nさん）、近所の人からあの人たちとはつきあってはだめですよと忠告されたが、そんなふうに言うような人たちじゃないと否定してつきあった（Iさん）、夫に反対されて関係が悪化したがやめなかった（Iさん、Jさん）、教団のことが社会問題になっていたため入信のことを明かすと家族に反対されると思い、家族に隠して活動を続けた（Cさん）という証言が見られました。

本人の変化に気づいた家族や友人などまわりの人が忠告をすることもあるようですが、本人は先ほど述べたように教団に魅力を感じ、そこが自分にとってかけがえのないものになりつつあるためにその教団での活動を続け、信仰を維持するために家族に嘘をついてでも活動を継続しようとします。また、**Nさん**のようにサークルだと思っていた団体が実は宗教団体であったと知ったときなど、教団に対し疑問を感じることもあるようですが、自分で自分を納得させる理由づけを行ったり、あるいは教団のメンバーに疑問を打ち明けても「それはあなたがまだ未熟だから疑問に思うのであって、教団内で信仰を深め成長すれば解決される」などと自身の未熟さのためと説明され、結局はとどまってしまう場合が多いようです。

④教団によるコントロール

Hさんは教団の指導者養成教育を受けたそうですが、そこでは徹底的にミスを指摘され自己否定を行う毎日で、絶対的に教祖に従う姿勢を身につけさせられたとのことです。また**Eさん**は、教団内では報告連絡相談が徹底していて、どんな小さなことでも必ず先輩に報告し、自身の行動を決めていたと言います。**Nさん**はインターネットの情報から教祖の犯罪を知りましたが、そのことを他のメンバーに話すと、指導者からひどく叱られたそうです。教団内では教祖の犯罪に関する情報に触れることが固く禁止されているからです。

教団によるコントロールは、教団と関わった最初から教団での活動を維持する段階に到るまで、入信プロセスの全体に働いています。このような教団からの操作はマインド・コントロールと呼ばれ、思想、行動、感情、情報のコントロールにより、入信者は自発的な思考に基づく判断や行動が困難な状態になるとされています（ハッサン　一九九三、西田　一九九五、ほか）。その結果、自身のそれまでの価値観を放棄し教団の価値観で思考行動すると共に教団に絶対服従するようになり、自身が受けている不利益や教団の問題点に気づきにくくなり、教団を自由に離れることが難しくなります。

⑤教団との同一視

教化過程が完了し一人前のメンバーになると、教団との同一視、つまり教団の教えと自身の価値観が一致した状態となり、教団活動に没頭していきます。

◆がむしゃらな活動

Eさん「合同結婚式を受けるためには七日間断食しないといけません。水だけが許されていました。そして断食中も普段のハードな生活をする。それが絶対条件だったんですよね。でもそれができてしまう心理状態なんです。全然しんどくありませんでした。」

このように**Eさん**は、七日間水だけで、教団のハードな生活をして平気だったと言います。教団によって内容は異なりますが、インタビューに応じてくださった対象者の方たちの多くは、みな少ない睡眠でハードな教団の活動をこなしていました。その背景には、独特の心理状態がうかがわれました。

◆誇りと信念

Fさん「何か人間って、人が知らない特別なものを知っているっていうのは気持ちいいじゃないですか。まわりはみな地獄行きの人生を送っているのに、自分たちは弥陀の本願に救われてね、本当の幸福に到る道を知っているんだ！、みたいな高揚感があるんですよね。だから世の中の人はかわいそうだなと。家がほしいとか車がほしいとかね、そんなもののためにあくせく働いて。僕らは永遠に変わらない幸せを求めている。あんなのとはわけが違うぜ！、って思っていました。」

教団のハードな活動を続けられるのは、このような心理状態にあるからでしょう。世の中では得られない絶対的な真理を自分たちだけが知っていて、それに向かって邁進すると共に、その真理を広く世の中に伝えなければならないという使命感に燃えています。彼らは自分自身を成長させたいという思いや世の中をよりよくしたいという純粋な思いから活動に従事し、誇りと信念を持って活動しているのです。

⑥葛藤・批判

Mさんは高齢女性に高額の印鑑を買わせたあと、その女性の残り少ない貯金で次は何を買ってもらおうかと上司と相談していたときに「このおばあちゃんは単身生活なのに、貯金が全部なくなったら今後どうするのだろうか」とふと疑問がわいたとのことです。それは葛藤と言えるほどのものではなく、ふとわいて消えた疑問でしたが、翌日から数日間寝込んでしまったそうです。このとき**Mさん**は決してこのおばあさんを騙してお金を巻き上げようと考えていたわけではなく、統一協会の「万物復帰」という教え（人間の救いのためには万物（金銭など）を神の所有圏に回復しなければならないというもの）に基づいて活動をしていたにすぎません。そのような教えを信仰しながらも、一方でそのことに対する葛藤を感じ警鐘を鳴らしていた無意識の自分がいたのではないかと、**Mさん**は述べています。

また、教団に対する同一視には個人差があり、教団や教義のある一面には傾倒するものの、ある一面では教団のことを批判的に見ていたという対象者もおられました。たとえば**Pさん**や**Qさん**は、教団メンバーが世間の人たちより自分たちが優れているといった思いを持っていることについて疑問を持ち、批判的に感じていたと話しています。誰もが一〇〇％教団の考えに染まっているわけではなく、一部では疑問や批判も感じており（それには状況に応じて大きくなったり小さくなったりと波があると思われますが）、その上で活動を続けているのだと考えられます。その疑問や批判が教団にとどまる動機づけを上回った場合に、教団を離れるという選択肢が現実的になるのでしょう。

3　脱会のプロセス

①自主脱会――疑問の蓄積と決意

◆布石となる事柄　**Nさん**は入信初期の頃からインターネットを通して教団についての情報を得ており、疑問が募っていきましたが、人間関係のつながりから脱会には踏み切れずにいました。**Dさん**の場合には、毎日の活動に疲労を感じ始め、ニーズのない人のところへ伝道のために何度も戸別訪問することに疑問を覚え始めていました。また、**Fさん**は教団の上層部の汚職隠蔽などを目の当たりにして、そのような組織の体質に幻滅しつつも、会長への忠誠心から組織に残っていたそうです。

自主脱会をされた方の場合は、単独の出来事が脱会に結びつくというよりは、いくつもの疑問が積み重なっていよいよここにはおれないと判断せざるをえなくなり、あるいは今というタイミングが訪れ、脱会に到るようでした。

◆〝脱会の時〟を見計らう　**Qさん**は脱会を決意しながらも、教団内で職員として働いていたため、仕事が一段落してからやめようということや、次の就職先のことなどを考えて脱会をしたとのことです。そのように、教団内で仕事も収入も得ている場合、脱会することはかなり困難であると言えますし、脱会を決意してもそのあとの生活の見通しが立たなければ、すぐに教団を離れるわけにはいきません。もしかすると、間違いに気づきながらも生活の見通しが立たずに残留しているメンバーもいるかもしれません。

◆脱会に到る決定打　**Fさん**は教団の中で地位も収入もあり、結婚相手も決まっていたそうです。教団の問題点はたくさん見てきましたが、会長への忠誠心により教団にとどまっていました。しかし、マインド・コントロールに関する書籍からその仕組みを知ったことで会長への忠誠心もコントロールされたものであったという認識に到り、教団を離れる決意をしたといいます。教団を離れることは職と収入を失うことを意味し、その後の生活の保障はありませんでしたが、「ホームレスも覚悟で脱会した」と言います。

Hさんも長年教団活動に従事しましたが、教団にとって理想とされメンバー全員が目指している、後生の一大事を解決する「信心決定」は本当に実現するのだろうかという疑問を感じていたそうです。**Hさん**は教団指導者として働いていましたが、あるミスを犯したことから指導者を降格され、個別の課題に一人で取り組むように命じられました。それまでの忙しい生活を離れ、一人で課題をこなす中で将来について考える時間ができ、脱会したほうがよいという思いになったそうです。そして、最終的には指導者養成施設での集会の様子を建物の外から客観的に見たときに教団の異様さを強烈に感じてしまい、それが決定打となってやはり職を捨てて脱会したそうです。

この二人の事例からは、教団を自発的に離れるには適切な情報に触れること、考える時間を得られること、脱会を決断する確固たる意志と行動力が必要だということがうかがわれます。しかしながら、一般的なメンバーには適切な情報に触れる機会やじっくり考える時間は与えられておらず、そのような条件が揃えられるかどうかに左右されると言えます。また、このように教団内で収入を得ている場合、脱会後の社会参加が課題となり、その点でもサポートが必要です。

②話し合いによる脱会

話し合いは、本人より先に教団の問題に気づいた家族からの働きかけで行われ、しばしば宗教者や脱会者などの関係者も同席します。その際に家族やカウンセラーから教団に対する客観的な情報が提供され、本人自身に検証してもらうことになりますが、本人が教団に対して全く疑念を抱いていない場合には、このような話し合いは成立が困難です。なぜなら、本人はしばしば教団を離れることに対する恐怖を植え付けられており、教団に対する批判情報に触れるのを拒否し、恐れるからです。それでも話し合いに応じてもらうには、家族の我慢強い努力と、家族の思いや愛情が本人に通じるかどうかにかかっています。

◆拒否的態度

Eさん「教団の問題点や教義の間違いなどについて話をされても、統一協会の中でそういう批判に対する反論を事前に学んでいましたから、そういう知識に基づいて解釈するので、自分の頭で考えないんですよね。」

Aさん「話し合いを提案されたときは、神様の試練だと思って燃えていました。教団に関する指摘については、全く耳に入らずシャットダウンでした。」

Iさん「話し合いになりましたが、最初は全く応じませんでしたし、相手の話も聞きませんでした。ずっと自分の殻に閉じこもって、聖書を読んだりしていました。」

このように話し合いの初期には、教団側の解釈で提供された情報を曲解したり、すべて聞き流したり、聞こうともしないといった様子がみられました。

◆転換点　家族の関わりによって転換点が訪れます。**Iさん**は娘に一晩中泣きながら頼まれたので、話を聞くだけ聞いてみると同意したそうです。**Aさん**は、話し合いを拒否してその場を離れるのですが、そのときの母親の取り乱す様子が普通ではなかったこと、それをきっかけに姉と本音で話せたことで、それ以後の向き合う姿勢が変わったとのことでした。**Eさん**は毎日の話し合いに両親がつきあってくれて、明らかに両親も疲労しているのに自分に気を遣ってくれる様子から、両親がそこまでの思いなのだから自分もきちんと考えなければならないという気持ちになったそうです。**Eさん**はまた、両親に対して言えなかった思いを牧師の先生に聞いてもらったことで気持ちが楽になったとも話していました。

そのように家族の思いが通じたとき、本人が本音を吐露できたときに話し合いは進展します。話し合いの中ではさまざまな生々しい感情が吐露される場面もありますが、家族同士の本気のぶつかり合いが本人だけでなく家族全体を変えていくプロセスでもあります。このとき、家族が本人の思いを受け止め、寄り添い、本人にのみ変化を求めるのでなく自分たちも一緒に変わっていこうとする姿勢が本人の転換にとって重要のようです。

◆脱会に到る決定打　話し合いに応じるようになり、客観的な情報に触れ、教団の考えではなく自分自身の考えで思考し判断できるようになると、本人の中から答えが導き出されます。

Mさんは、教義の中に矛盾があることを知り、脱会を決意したそうです。**Pさん**は、マインド・コントロールについて知って、他のカルト団体と自分たちが同じ手法だったと気づいたことが大きかったと言います。**Aさん**は教祖の犯罪についてあらためて考え、脱会という結論に到ったそうです。

③脱　会

間違いに気づいてから教団を脱会するのですが、教団側に脱会を表明して教団を去る場合と、あえて表明せずにフェードアウトする場合とがありました。ほとんどの方は脱会を表明されるようですが、**Dさん**の場合は両親や親戚が教団関係者であったため、脱会することは親子や親族の縁を切ることを意味しており、明確な表明はできなかったとのことでした。

このように、一般の宗教とカルトとの違いは、その閉鎖的な特性から、教団を脱会するとそれまで仲間であったメンバーとの関係が一切断ち切られてしまうということです。組織を維持するために批判的な情報はシャットアウトしているため、教団を出た者との関わりはしばしば禁じられますし、ひどい場合は裏切り者や脱落者扱いをされることもあるようです。よって、脱会はそれまでの人間関係やその教団内で築いた地位や仕事など、さまざまなものを失う体験となります。

4　苦悩からの回復

①心理的苦悩

◆喪失感

Fさん「出たあとはみんなと同じです。焼け野原ですよね。自分が信じてきたもの、積み上げてきたものが全部なくなっちゃったわけですから。もう、焼け野原に一人たたずむ、っていう感じでしたね。辛かったですね。今までの友だちとかも全部別れるわけでしょ。一二年間の人生が全部白紙になるわけです。きつかったですね。」

Cさん「悔しい気持ちでした。自分が今までやってきたことって何だったんだろうって。今までは世の中が全部わかるというか、世界でこういうことが起こるのはこういう理由があるからだ、ってすごいスッキリ見えていたし、自分はこういうことを知っているんだっていう気持ちがあったし、使命感があったけど、そういうのがなくなって自分がちっぽけな存在に思えてしまって。摂理の中にいたら大きいことができると思っていたけど、あ、そういうのはできないのか、と思うと、何だか虚しいし、さみしいし、心もとないっていうか。」

Bさん「脱力感しかなかったです。何にもなくなったな、って。あ、もう何にもない、って。すごく現実感がなくて、自分だけ浮いている感じでした。家族や友だちといても、みんな楽しそうだけど自分も楽しんでいいのかもわからないし。どこにいたらいいのかもわからないし、何をしても何かわからなかった。」

脱会にはそれぞれのドラマがあり、さまざまな葛藤の中でたどり着いた結論です。それは家族にとっては喜ばしい決断と言えるかもしれませんが、本人にとってはどん底からのスタートです。脱会後は「焼け野原に一人たたずむ」ような喪失感に襲われます。絶対視していた価値観・世界観が崩壊し、目の前の景色がガラガラと音を立てて崩れるのです。自分自身が何者かわからなくなり、何をしても実感がなく、ぽっかりと空いてしまった埋めようのない空虚感と共に果てしない世の中で新しい生き方を探していかなければなりません。

◆孤独感・無気力

Nさん「さみしさが一番ですね。自分が摂理にいることですごくやりがいを感じていたから、それがなくなってしまって、これから何に生き甲斐を見いだしたらいいんだろう、何をこれから目標にしていったらいいいんだろうっていう虚無感がすごくありました。何をやっても意味がなく感じるんですよ。勉強をやっても、仕事をしても、友だちと遊んでも。やっぱりあの一番頑張って伝道していた頃の、何とかレンジャーになったみたいな使命感を感じられることは、もうないですね。」

失ったものが大きい分、なかなか元の生活の中にやりがいや生きがいを見いだすことができず、孤独感や虚無感から無気力、うつ的な状態になる場合も見られました。

◆後悔

Mさん「ひどいことをした、どうしようと思いました。何日間か泣きましたね。私が教育部でケアをして献身(教団に専従職員として奉仕すること)を決意させたあの子たちを、私はどうしたらいいんだろうって。ひどいときは、まだビデオを見ている段階で決意させて。一人ひとりの顔を覚えています。」

Iさん「こういうときは鞭ですっていう暗黙の決まりみたいなことがあって(エホバの証人では子どもに罰を与えるときに鞭で叩いていた)、別に文面で定められているわけじゃないんですけど。子ども同士で騒いだくらいでみんな『こういうときは鞭だ』って。ウチでは鞭は自分の申告制にしていましたから、『ごめんなさい、お母さん、今日集会で熱心に聴けなかったから鞭してください』と娘に言われて鞭をしたんです。そのときは偉い子だと思ったけど、今思い出すとすごく嫌でした。娘もその思い出はすごく嫌だった、と言っています。自分で申告して『鞭してください』と言う子に育てたんです。」

教団から離れてあらためて自身の行動を振り返ったとき、故意でなかったにしろ結果的に人を騙してしまった、傷つけてしまったという後悔に苛まれます。その活動や行動を正義と信じていた本人の信仰心や正義感が踏みにじられたとも言えるでしょう。そして、その正義感や誠実さのために脱会後は自責の念に駆られ、過度に自己を否定してしまう場合もあります。

◆メンバーとの関係

Kさん「脱会した翌日から兄弟姉妹たちが変わったんですよね。あれが一番ショックでしたね。近所で彼らにばったりと会うことがあるんですが、そのときはもう汚いものでも見るような目で見られました。あんなに仲良くしていたのに手のひらを返したように変わってしまった。」

脱会した人は教団のメンバーからすれば脱落者と捉えられる側面があり、あからさまな冷たい態度をとられて傷ついたという証言が複数みられました。

◆元の問題の再燃

Pさん「信じられるものってもう何もないんだなって思いました。頼れるものも何もないんだなって思ったし、自分のことを愛してくれていると思っていたけど、それもないんだなと思いました。自分はもう誰からも愛されてないんだと感じました。だから精神的にきつかったです。私には、愛情という面に関して摂理だけが最後の頼みの綱だったんです。だからそれが全部なくなったから、辛かったですね。」

Mさん「どんなふうに生きたらいいのかがわからなくなりました。元々、何かあるとすぐ死にたいって考える癖があったけど、中にいたから入る前の問題がひどくされたって思います。中にいて、問題がすべて解決されたような気になっていたけれど、やめたとたんに『なんにも片づいてない！　どうするのこれ!?』ってなりました。そのギャップがまた大きくて、その分ショックも大きい。」

Kさん「入信の背景に家庭の問題があったので（夫や姑との折り合いが悪かった）、問題が解決されていないのにやめてしまうと、やっぱりそちらの問題が浮上してきて、余計に辛くなりました。それにまた、（カルトに入っていたということで）夫や姑に私を責める口実をつくってしまう。それも怖かったですね。それを考えただけでももう居場所もないし絶望しました、本当に。そしてそれが原因でうつ病になりました。家を出てしばらく療養して少し回復はしたのですが、もうその家には戻れなくて、結局離婚に到りました。」

健康度の高い人であっても脱会後の苦悩は相当なものですが、元々何らかの精神的な問題を抱えていたり、深刻な問題を抱えていた場合では、さらに事態は悪化します。**Mさん**の発言にもあるように、入信によって解決されたと思っていた問題がさらに悪化したかたちで再燃するのです。**Pさん**は家族の愛情を感じられずに育ち、教団に出会ってはじめて真実の愛に触れ、救いを感じていました。しかし、脱会によりそれらを喪失したことで不調をきたし、不安障害のような症状も見られたと言います。**Kさん**は家族関係不和が原因で入信しましたが、脱会後に再び家族と直面するストレスからうつ病を発症したということでした。

結局、カルトは「こうすれば問題が解決する」と言ってその人を教団の活動に従事させていくわけですが、それはその人の本質的な問題解決にはなりません。本人の元々の問題が脱会後に深刻になった場合には、手厚い支援が必要になります。場合によっては医療受診や心理的なケアの想定も必要です。

②プラス面の焦点化

そのような事例がある一方、次のような証言も見られました。

Aさん「やめるって決めたときはすごく清々しくて、ふっきれた感じでした。組織についておかしいと思っていたことは自分が未熟だからだと思っていたけど、それが普通なんだ、間違ってなかったんだと思いました。これから生活が楽になるなって。遊べるし、好きなことができるって思いました。それに寝られる。恋愛もできるし、自由。自由になったなって。今までは楽しかったけど狭い世界だったし、社会と切り離されていました。出てきた世界は、自己責任とかがシビアだけど、それが本当の社会だと思う。逆に自分の責任で何でもできるなって感じました。だから、メリットしか考えてなかったです。あれもこれもやりたいと。」

このような証言は多くはありませんでしたが、教団のハードな活動から解放された安堵感や自由を得た喜び、これからの社会生活への期待といった思いを、脱会時に(場合によっては潜在的に)感じている人は少なくないかもしれません。その先に希望を感じられるからこそ脱会を決意し、脱会した状態のまま踏みとどまれるのです。脱会後の苦悩に押しつぶされそうになりながら、その前向きな希望に目を向けていくことが回復へのプロセスにとって重要だと思われます。また、**Aさん**が早くから前向きになれた要因として、もちろん**Aさん**自身のレジリアンスの高さもあるでしょうが、家族との話し合いでとことん本音をぶつけ、十分に納得して結論に到ったということがよかったのではないかと思います。本人が脱会の決断に到るプロセスが、その後の経過にとって大変重要です。

③整理・始動

◆混同する思考の仕分け

Mさん「脱会して教団から離れても、教団にいた頃のような考え方が自然と同じパターンで出てきます。それをどうしようかと随分悩みました。……(略)……頭の中で何度も議論して、もう自問自答の世界で。それを続けて、やめてから七年くらいしてやっと『あー、前の私の感覚』と感じられるようになりました。」

入信中は教団のマインド・コントロール下にあり、メンバーは教団の価値観で物事を考えます。その思考パターンは脱会したからといって即座に切り替えられるものではなく、脱会直後は元々の自分の思考パターンとカルト的な思考パターンが混在した状態になるようです。たとえば、カルトに入信中は常に上からの指示によって動くため、脱会後は自己判断や自己決定ができにくく、過度に依存的になる傾向がよく指摘されます。**M**さんの場合、教団の活動において勧誘相手の弱点をついて勧誘トークを展開させ、相手が納得するまでトークを続けるというやり方をしていました。そのため、脱会後もつい人の欠点を探してしまったり、相手が納得するまで自分の主張をしてしまうといったことがあり、それを改めるために努力したとのことでした。また**C**さんは、勧誘相手や信仰歴の浅いメンバーの前で模範的であろうとするため、人前で自分をよく見せようとする癖が残ったと言います。そんな中で、どれが本当の自分なのか混乱したこともあったそうですが、「どれもあなた自身でしょ」という友人の言葉を支えに取り組んできたそうです。カルトの思考と自分の思考を仕分けする作業には、時間の経過が必要です。

◆資源や機会を使った体験・気持ちの整理

Kさんは脱会後に心理カウンセリングを六年間にわたって受けたそうです。また**Eさん**は、脱会カウンセリングを担当した牧師の教会にしばらくの間住み込み、リハビリの期間を持たれました。

Eさん「教会でそのような静かな時間を持てたことで、これからの自分の生き方や、これからの家族との関係について前向きに考えられるようになったと思います。また、教会には温かい目で見守りサポートしてくださる方がいらっしゃったので、その方たちにもとても助けられました。」

Nさんは、家族の相談会に出席したことが自分の整理に役立ったと言います。

Nさん「客観的にあの団体を見直すようになったのは、家族の会に出たときです。子どもが親に隠れて活動したり、聞いても嘘をついてごまかしたりするっていうことが、親にとってはものすごく辛いことなんだなっていうことがはじめてわかりました。いろんなことを家族の会でまざまざと痛感させられました。それでかなり、思い返すというか、考えを直す部分が非常にありましたね。」

脱会後のケアについては、誰に対してもこの方法でなければならないというものはありません。すべての人にカウンセリングが必要になるわけではありませんし、教会に住み込むことに抵抗を感じる人もいれば、気持ちの整理のつかない状態で家族の会に出ることで逆に傷ついてしまう人もいます。本人の状況に合わせて、本人にとって最も適切だと思われる方法を共に模索することが重要です。また、本人を否定せず温かく見守ること、本人が安心して考えを整理したり気持ちを言葉にする場を保障することがとても大切であると言えます。

◆本来の宗教との出会い

Mさん「クリスチャンにはなりましたが、いい加減なクリスチャンです。山のように葛藤したりいろいろありましたが、イエスの教えがなかったら、ここまでやってこられなかったと思います。聖書の中のイエスとの出会いには本当に感謝しています。ああいう一つひとつの御言葉との出会いがなかったら、生きてなかったかもしれない。」

Iさん「脱会したあとの教理の整理のために、牧師先生が聖書について教えてくれて、いろんな質問に答えてくれました。それを通して、教義の間違い以前にキリスト教の本来の教えに触れて、『神様はこのままの私を受け入れてくれている』っていう感覚を持って、『これが神なんだ』と感じました。それから洗礼を受けました。今は不完全な人間のまま、そのままの自分でいられます。」

Fさん「私は親鸞会はやめましたが、親鸞聖人から離れたわけではありません。その信仰は守り通していきますという思いでいます。一二年間親鸞会の中にいていろんな人を勧誘したり、結果的にいろんな人を苦しめることもいっぱいありました。それに対して償いとか清算とかを少しでもしたいと思うなら、信仰っていうのを避けて通ることはできない。そういうのがある以上、自分は死ぬまで親鸞聖人って人から離れちゃだめなんだと思っています。それに一二年間、教義的には間違った部分もあったとは言え、それを信仰してきたわけですから、そんなに簡単には捨てられません。しかし、親鸞会と仏教は宗教として全く違いますね。親鸞会の信仰は親鸞聖人に向いていていなかったんですよ、教祖に向いていたんですよ。本来の仏教は、もっと自然な信仰です。」

脱会後、信仰というものをどうするかは人によって異なります。全く宗教を拒否する方もいますが、カルトの信仰と本来の信仰の違いに気づき、正統的な宗教を信仰するに到り、そのことが生きる支えや癒しになるという方もおられます。ただし、脱会後は影響を受けやすい心理状態でもありますから、脱会後の信仰のあり方については本人の自由意思に任せるよう、通常以上に配慮する必要があると説く宗教家もおられます。

◆新しい目標、新しい生活

Bさん「脱会して、次何しようっていうときに、看護学校に行って看護師になろうっていう目標をすぐに見つけることができました。統一協会の中で人との出会いが楽しいって思えるようになって、人と接する仕事がしたいと思ったからです。入信していなかったら絶対そうは思わなかったと思います。目標が見つかったら、すぐに動き始めました。学校に入って勉強して、実習もあって、すごく忙しかったです。それから結婚もしたし、環境も変えたりとかして。そのうちにそれほど揺れることはなくなったから、自分なりに価値観というものを一からつくっていったのだと思います。」

Hさん「私の場合は脱会したあと専門学校に入ったので、学校の友だちもできました。そうやって今までと全然違う生活が始まったっていうのが、一番大きいですね。脱会して数カ月後に専門学校の試験でしたので大変でしたけど、受かって学校が始まったら、それがすごく楽しかったんですよ。私が国家試験対策の委員長になってみんなで勉強をして、その学校は久しぶりに全員一〇〇パーセント合格したんですよ。そういう自分の居場所ができたのがよかったですね。」

Fさん「仕事を一生懸命やって、家族を養って、それで社会の中で一生懸命頑張っていくことで自信を回復していったと。それにつきます。それ以外何もないですね。失ったものを取り戻すために一生懸命頑張るわけです。一生懸命やっていろいろ失敗しながら挫折しながら、認められていくことが一番の結果であり、回復だったと思います。自分の場合は。」

気持ちの整理と並行して、脱会したあとの社会参加はとても大切な問題です。それぞれが新しい目標を見つけて社会参加し、新しい生活を始めていくことで再び自信を回復し、新しい人生を歩んでいく姿が見られます。

ただし、脱会後すぐに社会に出るかどうかというのも個人に合わせた対応が必要で、早く出ればよいというものでもありません。**Bさん**は脱会後の自分について、失った空白の時間を早く取り戻そうと焦りすぎていたと振り返っています。もっとゆっくり過ごす時間を持ってもよかったのに、と今は思っておられるそうです。脱会後のこのような焦りは原動力になる側面もあるでしょうが、オーバーワークになる危険性もあります。やはり脱会後は気持ちの整理に多くのエネルギーを要するため、ペース配分が重要だと言えるでしょう。

◆脱会支援や啓発活動　脱会後、広くこの問題を啓発したいという思いから、脱会支援的な活動を行う人もありました。ホームページを立ち上げて情報発信をしたり、個人的にパンフレットを作成して近隣にポスティングしたという方もありました。また、入信中のメンバーや家族からの相談支援に携わっておられる方もいました。

このような活動は元メンバーがみな携わるようになるわけではありませんし、これをしなければ回復に到らないというわけでもありません。ただし、一部の人たちはとても自然な気持ちの流れでカルト問題に支援者として関わるようになるようです。

④統　合

◆必要な体験としての理解

Iさん「消し去りたい過去ではないです。あの過去があって今の私がここにいるんだったら、あの過去も全部必要なことだったと思うし、認めます。」

Fさん「あんなところに最初から入らなかったらもっとましな人生を送れたのにっていう思いもありますよ。大学が一緒だった友だちは大企業でいい給料をもらっていて、うらやましいと思うときもあります。でも僕には親鸞会が必要だったんです。カルトに入って挫折して、っていう段階をふまないとならなかったんです。そう思っています。人生の通過点です。」

Eさん「統一協会に入ったことでクリスチャンという道に入ることができたと思っています。そうでなければ自分から教会に行くことはなかったでしょう。その道に行くための、遠まわりとちょっと心配をかけたいろんな道ではあったけど、私を導くために必要なものだったと思っています。」

Hさん「今の自分にとって親鸞会での経験はすごく貴重で、物事を疑うことの大切さを教えてくれた団体です。どんな団体でも裏で汚いことをやっているとか、物事には二面性があるとか、そういうことを教えてくれました。」

このように「自分にとって必要な体験だった」という発言は多くの対象者から聞かれました。辛い体験ではありましたが、その体験を全否定するのではなく、そこから得られたものを糧として、その体験を自分の人生の一部として捉え直すということが見られました。

◆得られたものもある

Bさん「入信したときは本当に自分が変わりたいって思っていて、入ったことで実際に変われた部分がありました。頑張っている自分を認められるようになって、わりと自分を好きになれたんです。入る前は何もせずにどうせこんなものだ、って投げやりっていうかマイナス思考でしたけど、活動を通して頑張れば自分でもできることもあるんだっていうふうに思えるようになりました。」

Qさん「教団によって、忍耐というものを学ばせてもらいました。普通の人なら耐えられないような、耐える理由がないようなことを耐えてきたので、そういう意味ではしんどいことがあっても耐えていけるだろうなと思います。それに、親鸞会では感謝ということをよく言われたんです。あなたが今やっていることは当然じゃないんだぞと。そういう意味では、自分だけが我慢しているんじゃなくて、みなそれぞれが我慢してやっているんだから、何かしてもらったら感謝しないといけないとか、ちょっと何かされたからといってすぐ腹を立てちゃいけないとか、そういうことは学ばせてもらいました。」

Hさん「(入信中は)毎日初対面の人の自宅を訪問して布教していましたから、不審者扱いされたり気難しいおじさんに怒鳴られたりとか散々でしたけど、そういう経験でも積み重ねていくとだんだん慣れてくるものです。そういう経験を通して、今では初対面の人と出会っても、もう物怖じしなくなりましたね。」

これらは大変興味深い証言です。カルトの被害を語るとき、私たちはどうしてもその損失にばかり目を向けがちです。もちろん本人たちは大変な思いをして、多くのものを失ったのですが、その中でも得られたものもあった、と分けて考えられることは、自分自身を肯定することにもつながり、回復のプロセスにおいて大変重要であると思われます。また、彼らが得たというものは教団のおかげというわけではなく、彼ら自身が自分の力でその体験の中から学び取ったものだということを申し添えておきます。

◆サバイバーとしての自信

Fさん「一二年間の人生が白紙になったあの体験を乗り越えたら、今会社が倒産しようとえらいことになろうと、全然怖くないですね。あのすごさに比べたら、今の自分の前にある壁とかって、非常に低く見える。タフになったね、精神的に。ちょっとやそっとのことじゃめげないです。」

Bさん「一旦ダメになって潰れてもまた立ち上がっていけるんだっていうのは、一回経験した分強くなったと思います。」

脱会後の苦悩を乗り越えることは、本人にとって大きな自信となり、それからの人生を歩むための確かな支えとなりえるようです。経験した方の言葉には重みが感じられます。

◆あるがままの自分

Eさん「元々私は弱みを出したり悩みを話したりするのが苦手だったのですが、脱会してからキリスト教の中で弱い自分を認めてもらえたので、その辺がすごく楽になりました。いろんな経験を経て、今の自分が一番自分に素直に生きています。」

Hさん「親鸞会での経験も経て、今は人生に対する明確な答えなんてないんだっていうことがわかりました。自分なりのそのときその場の答えを見いだしていけばそれでいいじゃないかと。そういうことを親鸞会の人に言うと、じゃあそれは続くのかとか、それが崩れることはないのかって言うと思うんですけど、『それでいいんじゃないの』って私は思いますね。やっぱり自分自身がしっかりしているかどうかが大事だと思いますから。私は仮に世の中で何が起きても、自分自身が今日を見つめてしっかり生きていこうっていう信念があります。」

Iさん「今はもう、だめな自分も認めて、悩めるっていうことの幸せもあるんだなって感じています。今はすごく、今の自分にも満足しています。」

Aさん「脱会して、摂理にいたときになりたかった自分になれたと思います。気持ちが楽になりました。摂理にいたときに自分がずっと祈っていた一番のこと（自分らしくなりたい、救われたい、楽になりたいということ）が脱会してかなえられたから、全部が神様だなって思いました。」

一旦は世の中や自分自身を否定し、理想を求めてカルトの活動に邁進しましたが、その理想は幻想であったと知り、脱会してもう一度世の中や自分自身と向き合ったとき、その不完全さも含めてこのままの自分でこのままの世の中を生きていこうと決意するに到ります。そのように向き直ったとき、右の発言をした対象者のように、自分自身の価値を回復し、自分らしさを見いだすことができるのではないでしょうか。カルトからの回復とは、つまりこういうことなのだと思います。

⑤カルトによる爪痕

◆教団に対する否定的な思い　カルトからの回復のプロセスを着実に歩んでいる対象者においても、教団の問題点について重く受け止め、批判している方が複数おられました。自分自身が所属していた教団が今なお社会的に問題となる活動を続けていて、メンバーたちが搾取されている現状が継続しているからです。

また、カルトの体験はあまり人に言えない体験であるとの発言も聞かれました。場合によっては誤解を招いたり、十分に理解してもらえない可能性もあり、カルトに入信していた過去があるということは、容易に打ち明けられる内容ではないようです。

◆現在抱えている問題　対象者のうちで脱会後の経過時間が短い方や、元々抱えておられた課題が深刻な方の中には、最終的な回復のプロセス（統合の段階）には到っておらず、今なお「心理的苦悩」の段階にあるという方もおられました。脱会後の期間が短い対象者については、今後プロセスが進行していくことが期待されますが、個人の課題を抱えておられる方については問題が長期化しやすいことがうかがわれました。また、両親や親族が入信しているいわゆる二世信者の方の場合は、問題が複雑化しやすく家族の支援が得られない点で、より手厚い支援が必要になると考えられました。

四　おわりに

ここまで、インタビューに応じてくださった方々の発言を通して、入信の経過から脱会に到る経緯、脱会後の苦悩からの回復について見てきました。本人たちは強烈な理想を求めてカルトでの活動に従事していました。しかしながら、脱会することによりその理想は崩れ、「こうすればすべての問題が解決し、理想社会をつくることができる」という単純な答えなどはないのだということを突き付けられます。

また、教団内では自分たちは特別に選ばれた存在なのだという誇大的な感覚がありましたが、同時に、自律的に思考することや自己判断によって行動を決定することを放棄させられていました。脱会することは、何事もないちっぽけな自分として一からスタートしなければならない虚しさもともないますが、自律的な思考を取り戻し、自己の尊厳を回復することでもあります。脱会によって、強烈な理想や特別な自分を失う代わりに、世の中のさまざまな問いとあらためて向き合う機会や、自己決定によって生きる人生を得ることになるのです。カルトからの回復とは、失ったものだけではなく得たものを認識し、自分自身の価値を取り戻していくことだと思います。そうすることで、このことは単なる挫折体験ではなく、本人の人生の中で意味ある体験として位置づけられ、それからを生きる糧になり、さらにはその体験が本人の魅力の一部にもつながっていくこともありえます。

では、そのような回復に到るために必要なものは何でしょうか。

一つは、家族の理解が不可欠です。カルトに入信した本人を否定したり非難したりといったことは絶対にしてはいけません。脱会後は誰に責められなくとも本人自身が自分をとことん責めてしまいます。家族は本人を受け入れ、失敗を責めず、あなたは価値のある存在なのだということを言葉と態度で伝えて見守ってあげていただきたいです。そのような身近な理解者がいることは大きな支えになります。ただし、自主脱会の方の場合では家族に必ずしも知らせるわけではなく、理解が得られにくいことも考えられます。

また、カルトの相談支援者（宗教者や脱会者など）との接点を持つことがとても重要です。カルトの問題は、家族の中だけ、自分の中だけで解決しようとするのは困難です。適切な支援者からの適切な助言に基づき、必要な支援を得ることが大事です。自主脱会の方であって、家族の理解が得られていない場合などは、このような支援者につながれるかどうかが本人の回復を大きく左右します。客観的な情報に触れ、十分に検証し、時間をかけて整理することが大切です。また、そのプロセスを理解者と共に行い、気持ちを言葉にして話すことが重要な意味を持ちます。さらに、そのような情報や情緒的なサポートだけでなく、場合によっては司法的な支援の必要な方や、福祉的な支援が必要な方もあり、そういった相談先の紹介も支援者から受けることができます。

元々精神的な健康度が高かった方の場合、一定の時間とサポートがあれば、自分の力で回復のプロセスを歩んでいくことができます。しかし、精神的な弱さを元々持っておられた方や、抱えている問題が深刻であった場合などは、脱会による傷跡が深くなりすぎることもあります。そのような事例では、精神科受診や心理カウンセリングの導入が有効な場合もあります。臨床心理士は特にこのような事例で専門性を発揮できると期待されます。

カルトの問題は多様化・複雑化しています。さまざまな問題が併存する事例もあり、相談者が支援者につながりやすい仕組みづくりや、宗教者、司法の専門家、心理士、福祉関係者の相談サポート体制やネットワークの充実が望まれます。

（注）

（1）M-GTAとは、木下（二〇〇三）によって提唱された質的な分析方法で、現場に基づいた質的データから説得力のある理論をつくり出すことを目的とした手法である。分析方法は、インタビュー内容（逐語録）に基づき当該現象を説明できる概念やカテゴリーを生成し、対極例の有無の検討を行い、概念間の比較、概念からなるカテゴリーと概念の「継続的比較分析」を行う。それによって最終的に得られた概念やカテゴリーから、理論の生成を行うものである。

参考文献

ハッサン、スティーヴン、一九九三、浅見定雄訳『マインド・コントロールの恐怖』恒友出版。

木下康仁、二〇〇三、『グラウンデッド・セオリー・アプローチの実践――質的研究への誘い』弘文堂。

西田公昭、一九九五、『マインド・コントロールとは何か』紀伊國屋書店。

3　カルト・レジリアンスのナラティブ――学生相談の事例から

広島大学保健管理センター准教授　内野悌司

一　はじめに

本日は、カルトに関わった事例のナラティブからカルト・レジリアンスを読み取ってみようという観点でお話をします。今回の話をするにあたり、参考にした本があります。『ナラティヴから読み解くリジリエンス――危機的状況から回復した「六七分の九」の少年少女の物語』です（ハウザー／アレン／ゴールデン 二〇一一）。この本は、ティーンエイジャーのときにトラブルを抱えた少年少女の一人ひとりが、危機的状況からどのように成長を果たしたかについての追跡研究の成果を著したものです（カタカナ表記では「リジリエンス」と「レジリアンス」とがあるが、ここでは、書名以外では「レジリアンス」を用いる）。

レジリアンスは、元々ストレスと同様に物理学の用語でした。ストレスは「外力による歪み」を意味し、レジリアンスはそれに対して「外力による歪みをはね返す力」として使われ始めました。精神医学では、ジョージ・ボナーノによると「極度の不利な状況に直面しても、正常な平衡状態を維持することができる能力」という定義が用いられることが多いとされています（加藤・八木編 二〇〇九）。

レジリアンスが注目されるようになったのは、人は困難をどのように乗り越えるのかという問題設定が行われ、本人の内的な経験に焦点を当てた自己治癒力の研究が始まってからです。

今回の講演では、私が学生相談の中で出会ったカルトに関わった人、およびその家族との面談の経験を振り返って、その人たちから語られたナラティブをもとにカルト・レジリアンスについて考えてみます。特に、カルトに関わった人がどのような体験をしたか、その体験をどのように自分自身の中に位置づけていったかに焦点を当てようと思います。

二　カルト問題と関わるようになった経緯

私が仕事を始めたのは精神科病院でした。そこにはいろいろな患者さんがおられましたが、一九九〇年代前半にカルトに関わっていた方で精神に不調を来して受診された患者さんと数名お会いしました。その方たちは不調に陥った結果、団体からは放り出されていました。本来、宗教団体であればそういう人を救うよう努力すべきだろうに放り出したということに矛盾を感じましたし、その人たちの苦悩を目の当たりにして憤りも感じました。そこで、何とかしたいという思いを持ちました。

一九九七年から今の大学で学生相談をするようになりました。その中でカルト関連の相談を受けることが出てきました。相談には、勧誘されている時点の学生の相談、活動継続中の学生についての保護者や関係者からの相談、元信者であった学生のカルトに携わっていたことによる脱会後のダメージのケアやフォローアップのための相談、家族がカルトに入信している学生からの相談などがあります。

三　研究の背景と目的

私のカルト・レジリアンス研究の背景には、二〇〇八年に『現代のエスプリ四九〇号：カルト――心理臨床の視点から』を発刊しましたが、そのとき松山東雲女子大学教授（当時）の高木総平先生と企画のときから二人で関心を持って話したことが関連しています（高木・内野編 二〇〇八）。カルトに入った学生が、そうでない学生とどんな違いがあるのだろうか、マインド・コントロールなしには、彼ら彼女らがカルトに入ることはなかったにしても、そして何らかのきっかけはあったにしても、入る人と入らない人との違いは何か、脱会した人とそうでない人の違いは何かといったことでした。その中でカルト教団信者の主体的な問題について、心理学的な観点から考えたいという思いを持っていました。

今回この研究会で考える機会をもらって、まだまとまっていないものの、一連の事例研究を通じて、多様な要因が関連する中で、いくつかの定型的なストーリーラインを明らかにしていきたいと思っています。カルトに入る前、カルトに入ってから、カルトから抜けるかどうか悩む、カルトから脱会してその後、というライフストーリーに沿って考えてみたいと思います。

今回のリサーチクエスチョンは、次のようなことです。カルトから脱会した人とそうでない人との違いは何か、カルトでの体験を乗り越えるのに、どのような経験をしてきたか、それを支えたのは何か、本人の要因および他者との関係の要因について明らかにする。検討する資料として、カウンセリングの中で語られたナラティブを分析し、カルト・レジリアンスを考察したいと思います。

四　回復とは何からの回復か

回復という言葉が、カルトに関わった人に対しても用いられることがあります。回復と言った場合に何からの回復かということが、まず問題になります。回復というと一度悪い状態になったものが元の状態になること、あるいは一度失ったものを取り戻すことを意味します。しかしながら、カルトに入っていた人自身の認識からすると、カルトに入ったことが何か悪いことであったような価値判断を与えられるような違和感を持たれるのではないかと危惧しました。そこで、ここではカルトから教え込まれた教義や信じ込まされた「物語」が内面化し、それに沿って自発的に行動するようになることを「カルトの習慣」と呼びたいと思います。「回復」とは「カルトの習慣」からの脱却や、主体性の回復、カルトに関わることによって体験したさまざまな喪失感などからの解放を意味します。「カルトの習慣」としたのは、本人が意識的に行うものではなく、好むと好まないとにかかわらず、自動的に行うようなルーチン化された行動様式であるからです。

五　脱会にかかる類型

脱会を果たすかどうかをエンドポイントと捉えた場合、私が関わった事例では四つのパターンが見いだされました。①信者自ら教団に対して疑問を持って脱会、②家族との話し合いを通じて脱会、③信者は家族との話し合いを経ても未だ脱会していない、④信者が精神的に不調を来して自宅に帰らされるか、病院に連れていかれた。今回検討の対象としたのは①〜③であり、講演の中では私が継続的に相談に関わった①の二事例、②の七事例、③の二事例に基づいて発表しました。本稿ではプライバシー保護の観点から、事例の個別の概要は記述せず、それぞれの類型の一般的な特徴を抽出するかたちで①の事例をA、②の事例をB、③の事例をCとして合成して記述します。また、そのために本稿の記述は、講演録を部分的に削除し、加筆修正しています。

1　入会するまでの経緯の特徴

カルトの信者になった学生で、親が信者であった以外の人が入会するまでの経緯の特徴をお話します。私が相談を受けた学生は、①〜③の事例にかかわらず、元々宗教に関心があった人や、宗教に生きる意味や救いを求めるほどの葛藤や悩みを持った人はいませんでした。キャンパス内外で一人でいたときに、あるグループの人たちに声をかけられてつきあうようになりました。その人たちは温かく接してくれ、メンバーの部屋で話をしたり一緒に食事をしたりして、友好的で大切にもてなしてくれました。誘われるままに会合や勉強会・研修会に参加しました。研修を受けても、積極的に関心を持つわけでもなく、その考え方に賛同したわけでもありませんでした。しかし、次の会合や研修会に参加するよう熱心に誘われ、断れずに仕方なく次も参加するようになっていました。勧めに従って会合に出続けるうちに、そのグループの人たちは明確な信念や目標をもって大学生活を送っており、生き生きとして見えました。神を信じないのは自分だけでみな信じており、グループの人は好きであったし、ずっと一緒にいたいと思っていました。そのためには神を信じないといけませんでした。その人たちの熱心さや誠実さが素晴らしいものに思え、やがてちょっとしたことの積み重ねで自分も神を信じるようになり、教団に入ることになりました。ただし、その団体がどのような主義や信念を持つ団体であるとか、世間から批判されている教団の実態については知らされず、教団でどのような活動をするかも説明されず、表向きの崇高な目的により勧誘されて入ったのでした。

2　教団に入ってからの生活

教団によって多少の違いはあっても、教団について親にも話すことを禁じられ、連絡や帰省なども教団の言う通りにするよう行動が指示されました。団体生活では自分の意志は認められず、自分の考えではなく神の考えで行動するように言われました。すべての行動がコントロールされました。

教義や活動について疑問に思ったことや、自分の意見を言ったりしても、それらは否定され、自分のほうが間違っていると感じるようになりました。そして、教義が唯一絶対的なものであると教え込まれ、大学では対人関係は浅く狭く限定され、授業を受けるだけの学生生活になりました。その他は教団の指示する活動（勉強会や研修会、サークル的なスポーツ活動やボランティア活動、学内外での勧誘活動など）に参加、従事させられました。

3　Aが自主脱会するまでのプロセス

約半年間活動に携わったAは、疑問に思ったことを口にしてもとりあってもらえないし、A一人に対して三人以上の人に取り囲まれ話をされ、自分のほうが間違っているように思えてきました。しかし、Aは教義に対する疑問だけではなく、個人の考えを封じ込めるような教団のやり方に対しても疑問を持つようになりました。

合宿に参加したときに、経済活動(物品の販売)をさせられることに強い抵抗感を持ち、最初は拒否しました。しかしながら、他の人は経済活動に熱心に取り組み、売り上げの高い人はたたえられ、Aは後ろめたさを感じ、孤立感を募らせました。その結果、抵抗を感じながらも経済活動に参加し、何も考えないようにして売りました。けれども、金持ちほど相手をしてくれず、悩みを持つ人や障害を持った人ほど買ってくれ、そこにまた矛盾やジレンマを感じました。

そういうことがあったために疑問を持ち続け、帰省したときに教団に関する本を読み漁りました。知らされていなかった実態を目の当たりにし、Aは吐き気に襲われたり、混乱した気持ちが続きました。帰省期間を延長し一カ月以上かけて、教団に関するさまざまな情報を収集し考えました。その結果、教団のほうがおかしく、自分の考えのほうが正しいと思って、教団をやめることにしました。しかしながら、大学に帰るのも教団の人に会うのも怖く感じていました。最後は覚悟を決め、教団に自分の退会の意思をはっきりと伝え、脱会しました。

4　脱会してからも混乱した状態の続くA

強い意志をもって、自発的に教団から離脱したAは、脱会して一年を経過しても、不安や恐怖感が続きました。それはいつか連れ戻されるのではないかという不安、自分あるいは家族の身の上に悪いことが起こるのではないかといった恐怖、自分は裏切り者であるという罪悪感があったからです。また、今も信者である元仲間とキャンパスで会ったときに話をすると、互いに自分の意見を譲らず、教団の誤りを説得しようとしたときに迫害者と言われたこともありました。Aには自分が間違っていたのではないかという懸念と動揺がありました。不安や葛藤を一人で抱え込んで誰にも相談できませんでしたが、ようやく親に話し、親の勧めもあってAはカウンセリングを受けることにしました。

5　その後のAの内面的な取り組み

Aはカルトに対する恐怖や脅威が次第に軽減してくると、元仲間を救い出したいという思いや、今のように信念や目標もなく日常生活を送ってもよいのかという不全感を持ち、落ち着かない気持ちでした。愛着を感じている仲間と話をしても、手紙を書いて教団の実態を伝えようとしても通じないため、無力感と諦めの気持ちが出てきました。すると今度は教団に対して怒りがわいてきました。その一方で、カルトにいたときに自分がしてきたことについて自責感や罪悪感も出てきました。

カルトから離れた暮らしの中では、日常生活に馴染めない、人と溶け込めない、人を信じられないなどの思いをしばらく抱いていました。

元の仲間といくら話しても無駄と感じ、諦めるしかない、自分は自分でやっていこうと思うようになりました。カルトに入っていたときのことについては、社会を変えたいと思って入ったこと、人に頼りたかったのかもしれないなどの気持ちを整理し、否定的な体験ばかりではなかったことも認めて、自分のために大学生活を送ろうとするようになりました。

6　家族との話し合いで教団をやめるようになったB

Bは二年ほど教団に入っており、その間、共同生活をし、授業には出ていたが終わると布教活動、夏休みには長期間の活動にでかけるような日々を送っていました。帰省した折に、親から教団に入っていることを指摘され、場所を変えて話そうと言われました。最初は驚いて、話し合う必要はないと言い張りましたが、やがて妥協して親の言うように話し合いを始めました。

親御さんはBの友人を通じて教団に入っていることを知り、カルト問題に詳しい宗教家に相談し、半年かけてBとの話し合いの準備をしていたそうです。事前に資料を収集し批判的な視点を持つと共に、子どもがそれほど信じるものを知りたいと教義も勉強されました。話し合いに際し、Bが信仰していることを認めること、「堪えがたきを堪え忍びがたきを忍ぶ」心構えを持たれていました。まずはBの話を聴き、疑問に思ったことは問いかけ、本人からの説明で納得するまで話し合いを行うつもりで臨まれました。

親との話し合いは、最初のうちはずっと平行線でした。親が何と言おうと、Bは教祖に対する絶対的な信仰心を持っていましたし、自分たちは正しいことをしていると信じ、優越感も持っていました。教団に対する批判的な本を見せられても、書かれていることを信じませんでした。親から「入らされた、やらされた」と言われても、Bは「自分の意志で入った」と思っていたので、親の言うことは見当はずれと思っていました。

一カ月経っても膠着状態が続き、親は宗教家に会わないかと提案しました。Bは仕方なく会うことにしました。教義の問題点を質問されたり、聖書を一緒に読んだりするうちに、だんだん教義の問題点がはっきりしてきました。しかし教義を間違いとは認められませんでした。さらに数カ月経って、教義に問題があるのは理解しましたが、それでも絶対視していた教団をやめる気にはなれませんでした。やめようと思ったのは、親も限界にきていて、家計も大変（話し合いの間親は仕事を休んでいた）であるし、きょうだいにも迷惑をかけており、このままでは家族が壊れてしまうと思ったからでした。

やめる決心をしても、これから先どうなるのかという不安が残っていました。そこで、元信者の人と会って話をしたり、やめた人の会合に参加したりするようになり、視野が広がっていく感じを持つようになりました。ようやく教義が間違いであることや教団を離れて大学に戻ることを複雑な思いで受け入れました。

ご家族はBが脱会したことを喜ぶ一方で、やめることでBが受けるダメージを心配していました。Bがやめたあとも相談していた宗教家に家族は月一回会い、聖書の勉強をしたり、Bがカルトに入ったことを契機にこれまでの家族のことを考えたりして、家庭を大切にされていました。

7　脱会してからのBの生活

Bは話し合いを始めてから、結局一年間休学しました。教団を離れて一番困ったのは、自由であるために何事も自分で決めて行動しなくてはいけないことでした。母はBがぼーっとしており、悩んでいるのだろうと推測していました。

復学するときにBは信者に会いたくないと考えていました。B自身がやめた人を地獄の世界に堕ちてしまったと思っていたし、信者がやめることはないと思っていたからです。

　復学で心配だったのは休学のブランクがあり、それまで学部の友だちがいなかったので、同級生とやっていけるか、自分がカルトに入っていたことを知られているのではないかということでした。復学のときに学科教員とカウンセラーとで連携・協力していくことをBに了承してもらっていたので、カウンセラーは教員に自然なかたちで飲み会を企画してもらうなどの環境調整を行いました。

　飲み会に参加し、Bは同級生と久しぶりに会ったのですが、突然学校に来なくなったことを心配してくれており、戻ってきたことを歓迎してくれたので安心しました。また教団では飲酒は禁止だったので、そのような会に参加し、新入生のような感覚で楽しめました。

8　Bによるカルトの体験の振り返り

　カルト教団で活動することで人に迷惑をかけたと感じましたが、そのときは一所懸命であり、充実した生活でした。今も信者の人を否定しようとは思えませんでした。教団はある意味で理想的な社会で保護シェルターのようなところで、世の中では解決できない問題が解決され、人生の答えを明確に与えてくれていたと感じています。ただ上の人たちに対しては疑問を感じるという思いを持っていました。

　勧誘活動では人目が気になって精神的に疲れたこと、経済活動では身体的にきつかったこと、ノルマを達成するのが困難であったこと、それでも売り上げが高いと上の人が表彰されたりしたので、団結してやっていたことなどを語っていました。

　しかしながら、辛いばかりではなく、そこでのいろんな体験を通して、自分なりに成長したと感じていました。それほど積極的な性格ではありませんでしたが、活動を通じてそれまでやらなかったことにも積極的に取り組んだことなど、肯定的な側面を認めていました。もうあんな経験はしたくないが、よい経験であったと言っていました。

教団の人は大学を卒業しても働いている人はおらず、教団に奉仕していたので、自分も将来そうなるのだろうと思っていました。一旦活動をしたら戻れないものと感じており、信念を持って活動に取り組んでいたので、教団以外の人に対しては優越感を持っていたと語っていました。

復学してしばらくは勉強や友だちとの関係など大学生活に再び適応することが中心となっていましたが、三カ月くらいしてからは自分のやりたいことを見定めたいと考えていくようになりました。

9　うまくいかなかったCと家族の話し合い

Cが宗教活動に関わっているようだと大学から連絡を受けたCの家族は、カルト問題の相談にのってくれる宗教家を探し出し、どのように対処したらよいか相談に行きました。話し合いに先立って、親御さんは教団について勉強し、Cと家族だけで話し合えるような環境を準備し、話し合いを始めました。

親御さんはCの教団への信仰に対し否定的で、やめさせることを最重要視する姿勢で臨んでおられました。話し合いの中で家族からは、教団の問題点についての説明が多く、Cがどうして教義を信じるようになったか、教団に入ろうと思った動機についてなどを積極的に聞くことはなかったようです。

三日目くらいでCは比較的あっさりと教団をやめると言いました。親はCを信用し、やめるという言葉を鵜呑みにして安心しました。Cが脱会したあとに味わうであろう苦痛についてはあまり心配されていませんでした。

実際に集団生活から一人の下宿生活に戻り、授業にもきちんと出て、元の学生生活に戻ったように見えました。親はその後も何度かCの下宿に行きましたが、教団に関わるようなものはなかったので、言葉通りやめたものと思っていました。しかし後にわかったことは、下宿生活に戻ってからも教団の会合や集団生活の場には出入りし、教団の活動も目立たないかたちで継続していました。すなわち偽装脱会していたのでした。

その後、親御さんもCが信仰を続けていることに気づかれ、今度はCの思いや気持ちを理解していこうと話し合いを続けられています。

六　脱会に到る体験・心理過程

事例A～Cを通じて、入会から教団での生活、脱会にかかるプロセスを述べてきました。これからは、カルトから脱会した人とそうでない人との違いは何か、カルトでの体験を乗り越えるのに、どのような経験をしてきたか、それを支えたのは何か、本人の要因および他者との関係の要因について検討します。

レジリアンスを考える場合に、次のようなことを考えました。本などではマインド・コントロールからの脱出がよく強調されています。確かに最初は外から強制されたものであるのですが、それが内面化され、本人自身の規範になって行動するようになるわけです。ですから、回復は単にマインド・コントロールから脱するということではないだろうと思います。入信してからは、思考にしても行動にしても、

表1　脱会に到る体験・心理過程

カルトの習慣	それからの脱却
教義の絶対視・盲信，熱狂的信仰	教義の批判的検討，否定
教祖の絶対視・無謬性，教祖への同一化，愛と恐怖	嘘，偽り，虚像であったことに気づく，受け入れる。否定
カルトをやめることの恐怖	教え込まれた恐怖は心配ない
カルト的思考，判断，行動	カルト体験の問い直し，自分の誤りを認める
カルトの活動を中心に据えることの充実感	自分の価値観，判断基準，目標の再構築。曖昧な日常生活を送る
信者間の濃密な仲間関係，居場所	仲間に対する愛着を断ち切る。居心地のよい集団生活から，自律した一人の生活，新たな友人関係をつくる
教団外の人に対する優越感	現実の自分を受け入れる

本人たちは疑問を感じずに、当たり前のことと意識せずにやってしまうという点でルーチン化されたものと言えます。それで習慣と言ってもいいんじゃないかと思います。私が最近読んだ本の中で『習慣の力』という本があって、習慣とは心理学的にも脳科学的にも本人たちは自覚せずに自動的に行っていることと書かれていました（デュヒッグ 二〇一三）。カルトからの回復の場合も信仰や教団での習慣から抜けることではないかと考え、「カルトの習慣」からの脱却と表現しました。

教団によって違いはあるものの、「カルトの習慣」とそれから脱却するための要因やプロセスを表1にまとめました。表の左側は、事例A～Cを通じてみてきた「カルトの習慣」の特徴を抽出したものです。表の右側は、それから脱却するために必要な要因とプロセスです。

七　カルト・レジリアンスの要因

ここからは私がカルトに関わった人たちから受けた相

表2　ナラティブから読み解くカルト・レジリアンス

1	提示された疑問や反対意見に聞く耳を持つ
2	提供された情報を多角的に吟味する
3	矛盾や誤りと向き合い，それを認める
4	大切なもの／人との決別をも受け入れる
5	自分の体験を振り返り，その意味を問い直す
6	元の生活に戻る／新たな生活を始める

談のナラティブをもとに、カルト・レジリアンスについて、「カルトの習慣」から脱却する要因とそのプロセスの観点によって検討します。

1　提示された疑問や反対意見に聞く耳を持つ

絶対視している教義や教祖に対して提示された疑問や反対意見に聞く耳を持つためには、話し合う相手との間に信頼関係があることが前提となります。本人の信じているものをたとえ家族であっても他者が批判し、それを聞くようになるには、信頼関係が構築されないとできません。

カルト・レジリアンスには、単に本人の持つ力だけではなく、環境の影響が大きく、他者とのつながり、相互の信頼関係をつくっていくことが重要であると思います。

話し合いを行う上で当人同士に互いの話に耳を傾けるだけの準備状態が整っていることが必要であり、それを心理学用語ではレディネス(readiness)と言いますが、話し合いにはタイミングとレディネスが重要になると考えられます。

信者側の要因としては、教団側の言い分を鵜呑みにして、家族や支援者から提供される情報を拒否するのではなく、聞き流すのでもなく、向き合う開かれた姿勢が必要になります。家族や支援者側の要因としては、教団に対する批判や否定する思いを持っていても、信者の信仰心を最初から否定してしまっては、その前提は成り立ちません。それゆえ子どもが信仰した理由などを共感的に理解しようとして聴く姿勢や「堪えがたきを堪え忍びがたきを忍ぶ」心構えが必要になります。その一方で、子どもの言葉を鵜呑みにして、真の心情を受け止め損なってもいけません。

2　提供された情報を多角的に吟味する

話し合いに際し、信者側には教団側の言い分を鵜呑みにするのではなく、つまり一方向だけではなく、教団の外からの他方向の情報に対して、その正当性、妥当性、信頼性を第三者的視点に立って多角的に吟味する必要があります。

話し合いを続ける中で、信者が教化の時期に潜在的には感じていたはずの、教義や教団のやり方などに対する抑圧された疑問を想起することができるかがポイントになります。それを手がかりとして批判的に検討していくことが必要になります。社会心理学の用語に、フェスティンガーが提唱した「認知的不協和」という言葉があり、人が自身の中で矛盾する認知を同時に抱えた状態、またそのときに覚える不快感を表しています（フェスティンガー／シャクター／リーケン　一九九五）。信者は話し合いをすることで「認知的不協和」を体験することになりますから、自分の経験を相対化して、相矛盾する二つの情報を比較考量することが必要となります。

絶対視していた教義や教祖に対する反対意見は、不協和を増大する圧力になります。この圧力を低減するには、同教団の脱会者の手記を読むことや直接話を聞くことは効果があります。

3　矛盾や誤りと向き合い、それを認める

信者側からすれば、教団の矛盾や誤りを無視できない状況になっても、その事実を認めることはなかなか難しいものです。認めがたいのは、正しいと絶対視していたものを否定しなければならないからです。それは信者の語った言葉で「世界がガラガラと音を立てて崩れる」体験をして、自分や世界が崩壊する不安につながるからです。そして、自己否定にもつながるからです。自分のやってきたことを否定したり、自責の念に駆られたりするわけですが、カルトでの体験を振り返り、信者がそれらと向き合って、誤りは誤りと認めなければなりません。

先ほど世界が崩壊するような恐怖と言いましたが、その恐怖を克服するには恐怖の元を再吟味する必要があります。それは教団から吹き込まれた恐怖であり、そのような恐怖をどうして抱かせようとしたかといった教団側の意図を検討する中で、恐怖感に耐えられるようになってきます。

さらに脱会すると、そのあとどうなるかわからない恐怖もあります。そこで支援では、恐怖に対するケアと喪失体験に対するケアが重要ではないかと思います。

4　大切なもの／人との決別をも受け入れる

大切なものというのは、教団であったり教祖であったり、同じ信者であった仲間であったりするのですが、それらと別れる、決別することも受け入れるというのは、非常に大きい喪失体験になります。信者が教団を離れる上で、最も高い障壁になっていたのが仲間に対する愛着でした。仲間に対する愛着を

断ち切るのは相当なジレンマが生じ、大変難しいものでした。私の関わった人に元の仲間を否定的に言う人はいませんでした。同じ思いで頑張ってきたし、仲間の気持ちもわかるから否定はされませんでした。でも自分のように気づいてほしいし、考えるきっかけを持ってほしいと願っていました。別れる喪失は大きかったのです。

脱会することで、仲間からは裏切り者とか迫害者のレッテルを貼られ、自分が脱落したようにも感じられるので、それらの罪責感にも苛まれるのですが、それに耐えることが必要になります。それを支えてくれるのが教団以外で自分を受け入れ愛してくれる家族や友人などの存在です。支えがあるかないかは、非常に大きい問題であり、ないとかなり難しいのではないかと思います。

居心地のよい教団での集団生活から、一人で自律した生活をしていくことは大変なことです。新たな友人関係や対人関係をつくるなどが課題となります。

そして、喪失感と向き合い、悲嘆の作業(mourning work)をしていく、それに耐えられるというのがカルト・レジリアンスにとっては重要な要因だと思います。

5　自分の体験を振り返り、その意味を問い直す

自分の体験を振り返り、その意味を問い直すというのは、カルトの体験の再評価になります。自分の誤りを認めるとか、カルトの活動をしたことへの自責感に耐えることが必要になります。カルトで活動しているときに自分が勧誘して、そのことに自責の念を持つ人は多いです。

その一方で、カルトに入った真摯な動機を再確認して、自分は誤ったことをしたかもしれないけれど、

元々はきちんとした動機を持っていたのだと整理できることが必要です。

教団の中では教義の通りにやっていればよいし、仲間との濃密な信頼関係もありますし、信者にとってカルトは希望と理想の世界のように思えます。そうしたものから脱する、脱錯覚というのは信者にとって厳しいものです。

回復した人は、カルトでの経験を否定するばかりではなく、よい経験もしたと学んだことを肯定的に評価しています。学んだことを今後に活かしたいと、自分のために大学生活を送ることに意欲を持つようになっていました。教義とは別に自分が学んだこと、教団での生活で自分が成長したことをそれからの生活に活かすという意味で、カルトでの体験を積極的に捉え直されていました。

6　元の生活に戻る／新たな生活を始める

教団では教義に従って、教祖の言う通りにしていればよかったのが、脱会後は自分の価値観や行動の判断基準、新たな目標を持って元の生活に戻るとか、新たな生活を始めることが課題になります。それは守るべき規範のない、曖昧な通常の日常生活を送るということになります。そこで脱会した人には混乱が生じてきます。

理想と現実のギャップに耐えることも必要になります。脱会して、こんなことをしていていいのか、他の人はどのように考えているのかといった疑問を持つことがあります。教団で言われていた理想と現在の現実のギャップに耐えなくてはなりません。

元の生活に戻ったり、新たな生活を始めたりするときに、人を信じることが怖い気持ち、人に接近することへの抵抗感が生じてきますが、それらと折り合いを付ける必要がでてきます。話し合いを通じて脱会した人と自主的に脱会した人との違いとして感じたこととして、自主脱会の人は、人に対する信頼感を持つことが難しいことがありました。

　脱会してから入会前の葛藤と向き合うことも課題になります。それは教団に入る動機と関わることもありますので、入会前の葛藤と向き合って、整理していくことが必要となります。現実の自分と向き合い、今の自分を受け入れることにもつながっていきます。

　私は遊びを交えて、ＬＯＨＡＳ(Lifestyles of Health and Sustainability)に対抗して、ＬＯＦＡＳ(Lifestyles of Freedom and Self-management)という言葉をつくってみました。自由でありつつ人生・生活を自分自身でマネジメントするライフスタイルに慣れ、受け入れて生きていくことで、カルトから抜けて自律した自己になるのではないかと思います。

　最後になりますが、カルト・レジリアンスの要因について、経験に開かれている姿勢、不都合な現実にも向き合う力、多角的にバランスよく考える力、過去から学び前へ進む力などが大切ではないかと思います。

八　質疑応答

質問者　カルトに関わったあとに学生相談室を訪れた人が私のまわりではいません。親御さんの相談を私やカウンセラーが受けることはあります。そこで脱会カウンセラーに接続することはあります。抜けられない間は親御さんの話などを聴きますが、脱会したあとに本人と関わることはほとんどありません。今日の最後のほうでまとめていただいたような発達課題を達成するのは、相当な時間とケアが必要なわけです。しかし現実的には、ケアを受けているような学生が私のまわりでは見当たらない気がするのですが、先生のご経験ではいかがですか。

内野　学生相談の中でも、それほどケアされてはいないと思います。私のところに来られるのは、ごく一部だと思います。私がずっと親御さんの話をお聴きして脱会に到ったケースでも、ご本人が私のところに来られなかったことはあります。それらの人はどうなったかというと、親御さんが相談されていた牧師さんのところに行かれていたり、自助グループ的なネットワークにつながる人もいました。そういうところでお互いに支え合っておられる方もいました。脱会後の人をケアできる体制は、それほど整っていないと思います。

質問者　自主脱会の人は、家族のサポートはそれほどあるわけではないですよね。そういう方たちは、元気になっていくのに一人でもがいている印象を受けるのですけど、先生が関わってレジリアンスを引き出していく中で、どんな役割をされているのか、先生のご意見を伺わせてください。

内野　自主脱会した人に関わったのは数少ないんですが、自分の経験を振り返って、自分の経験をきちんと意味づけていくようなことが大事なのではないかと思います。カルトでは、マインド・コントロールについてよく言われますが、単にマインド・コントロールということではなくて、ある意味でカルトの物語を教え込むわけです。教祖の言う通りに、そして社会のために、自分の祖先のために、末裔のためにしっかり活動すれば、自分を高められ、良い影響を与えられるというよい物語を与えられるわけです。それを信じて一生懸命やるのだけれど、どこかで矛盾を感じたり疑問を感じたりしてやめていくわけです。でも、本当にそれでいいのだろうかとか、あるいは元の生活に戻れば、漫然と生活を送っていたりするように矛盾を感じたりするものです。元の理想的な物語から抜けられなかったり、現実とのギャップに悩んだりすることがあります。だから、カルトでの生活や体験、物語をもう一度自分の中で検討して、現実の自分でもいいんだとか、かつて矛盾したり誤った行動をとっていたけれど、自分はちゃんとやってきたんだというようなことが整理されて、これからの自分にとって悪いことだけではなく、学ぶところがあったと捉え直され、自分の人生の中で意味づけができればいいなと、自主脱会した人たちとの関わりから思います。

質問者　うまくいったところとうまくいかなかったところで、親御さんの配慮の違いという話がありました。自主脱会にしても話し合いによる脱会でもそうなんでしょうか。

内野　自主脱会であれば、親御さんがそのあとのケアの必要性を認識できなければ、ケアにはつながらないと思います。うまくいったところでは親御さんがカウンセリングを勧めてくれたんですけど、たとえば、そんなことは早く忘れなさいということであれば、そのあとの本人の悩みは収まらないと思います。

質問者　親のこういう態度の違いは大きいんですか。

内野　私の少ない経験では、大きいと思います。

意見　私は自主脱会した人も、話し合いにより脱会した人も知っていますが、先生の分類にかなり当てはまると思います。もし彼らの親が否定的な態度をとっていたら、シャットダウンしていただろうなと再確認しました。この分類は、救出を考えている家族には、ぜひ知らせてあげたいです。ヒントになると思います。

内野　私は親御さんに頭が下がる思いです。救い出したい思いは、みなさん一緒なんですけど、うまくいったケースは、子どもさんの気持ちや意思を大切にして、脱会したとしても、その人が味わうであろう苦労などにも思いを馳せて、仕事を休んだりしながら一生懸命話し合っていかれます。その姿勢に学ぶことがあります。一回目に話し合いに失敗して、子どもさんは教団に戻っていかれたのですが、二回目は親御さんも無理やりやめさせようとするのではなくて、本人をケアするような姿勢で話し合っていくと、子どもさんはまだダメージが残っているんですけど抜けられたケースもあります。一回でダメではなくて、親御さんの姿勢が変わることによって、子どもさんにもそれが伝わるということがあります。親御さんはみなさん必死なのですけれど、失敗しても挽回は可能なのだということをお伝えしたいです。

質問者　親御さんだけでは、子どもの脱会やケアは難しいわけですよね。そのまわりの支援する人たち、心理士であったり、宗教家であったり、弁護士であったり関係者がいますが、支援する人たちに必要なものはどういうものだと思いますか。

内野　櫻井先生とも一緒にやっているのですが、メーリングリストで情報を共有するところから始めて、支援を必要としている人がいた場合に、いかに手を差し伸べられるかということが大切だと思います。私が実際にやっていることは、ある種のコーディネーターなんです。一番大変なのはご家族であり、宗教者の方が脱会に到るまでの道筋をつけてくださって、私は後方支援をしたり、抜けたあとにご本人が気持ちや体験を整理するのに付き添うことをやっていますので、ネットワークができたり、コーディネーターがいることが大事ではないかと思います。

質問者　自主脱会の人がなかなか継続的につながらなかったり、中断してしまったりするようですけど、カルト以外の相談に比べて継続しにくいということがあるのでしょうか。

内野　中断していく人は一定の割合でいますが、カルトを自主脱会した人の心理的な大変さからすると、もっと来てもいいはずです。それが続かないというのは、いろいろな要因があるでしょうが、混乱が大きいときには続きにくいですね。

質問者　面接に対する抵抗が起きやすいんでしょうか。

内野　起きやすいと思います。

意見　カルトの自主脱会で疑問を持って離れた人が、自分で調べて入信したはずなのに、自分の決定が間違っていたということで、自分の決定に自信が持てなくなったりとか、新しく人を信頼することが難しいということがあると思います。救出カウンセリングを受けてやめた人は、とりあえず信頼できる情報源があったり、相談できるカウンセラーだったりがいてくれて、外部に信頼できる人がいて、そこから対人関係を広げていけるんです。しかし、私の友だちでも自主脱会した人はそこが難しくて、私が教会や自助グループに誘ったことがあるんですけど、そこに定着しきれずに、信頼しきることが難しくて、気持ちがずっと漂っている人がいて、そこが救出された人と自主脱会の人との違いと思います。

内野　救出された人も最初はすごく反発したり、信頼関係をつくるまでがとても苦労していますね。だから、あとの信頼関係も持ちやすいんだと思います。自主脱会の人は、自分自身が信じれないし、人はもっと信じられない。そのため定着し辛さはあると思います。

質問者　自主脱会した人もカウンセリングを受けたほうがいいということでしょうか。

内野　受けたほうがいいでしょうね。自主脱会した人が誘われて、自助グループに一緒に参加したりするんですけど入り込めないということがあります。

質問者　積極的に相談したりカウンセリングを受けようという姿勢がないんですか。

内野　いえ、本人も必要性は感じているから行くんです。そこで委ねることができない。不調も出て精神科を受診しても全部を話せない。頭ではわかっているけど、心がついていかないのです。

質問者　自主脱会したのだから、よかったよかったというものではないんですか。

内野　そんなふうに自分で判断できることは凄いことなんですが。自分で判断したのだから、自分は大丈夫と思ったり、自分は大丈夫なはずなのになんでこんな状態なんだろうと思ったりするのです。

質問者　自主脱会した人に対するケアはどうしたらいいのでしょうか。

内野　ある人は親の勧めでカウンセリングを受けにきたのですが、四回目くらいの面接で言ったのは、私に会うのも本当は怖いということでした。そういう思いがずっと続いているわけなのです。だから人に身を委ねたり、信じたりというのは、自分で思う以上に難しいようです。だからこそ、すべてを話せるような友だちであったり、同じ教団を脱会した人と一対一で話したり、あるいは、自助グループに参加できると違うように思います。

意見　脱会した人は認知の仕方も歪んでいますし、治療を受ける必要がないと思ったり、自分は治療を受ける価値がないと思ったり、癒される必要はないんだとか思ってしまったりするので、カルトを自主脱会した人には積極的に治療に誘っていくような仕組みがあればと思います。潜在的なニーズがあるので。でも、がっちりしすぎると、また難しいと思いますけど。相手の姿勢を尊重しつつも、相手を引っ張る力を加えてあげたほうがよいように思います。

意見　自助グループが一番ハードルが低いので、あなたに気が合う人がいるかもしれないと誘ったり、ピアカウンセリングとか、ときどき一緒にご飯を食べたり。自主か救出かは関係なく、社会復帰のプロセスはだいたい共通しているので、私はこういうのが大変だったとか、こういうのが助けになったとか、読んでよかった本を貸してあげるとかいいのかなと思います。

内野　自主脱会の人は、自分の中のものを出せていないんだと思います。出すことにためらいがあるし、出すとそれが自己否定につながることもあるし、自分の判断でやめた自負もありますから。

意見　喪失体験をするというプロセスも中途半端な感じが怖い。今も忘れられないのが自主脱会した子で、いろいろな話をしたあと、最後にその人から突き付けられたのは、あなたには家族がいるからわかってもらえるでしょう、私は誰もわかってくれていないと言って、去っていってしまった。自分を支えてくれる人がいないとか、自分には逃げ場がないというのが辛いのだろうなと思います。

内野　あなたにはいるけど、私にはいないと言えたのは、変化のきっかけになったと思います。大事なプロセスと思います。それを受け入れていくということですから。

意見　救出カウンセリングを受けて抜けた人がいるんですけど、その人のお父さんはお医者さんだったので、こういうたとえで話をされました。救出カウンセリングを受けた人は大手術を受けたようなものので、脱会の過程で大きい傷を負ったり、ＩＣＵに入ったり、しばらくは絶対に安静にする必要があるけれど、みながケアをしてくれて、入院するのは短期間で、そのあとの経過や見通しはつく。でも、自主脱会の人は、根治療法ではなくて対処療法で痛みを抱えたまま、一時的に強烈な痛みや大きな傷は負わないけれど、それなりに長い時間痛みを持ち続けていくことになると言われました。

参考文献

加藤敏・八木剛平編、二〇〇九、『レジリアンス――現代精神医学の新しいパラダイム』金原出版。

高木総平・内野悌司編、二〇〇八、『現代のエスプリ四九〇号：カルト――心理臨床の視点から』至文堂。

デュヒッグ、チャールズ、二〇一三、渡会圭子訳『習慣の力』講談社。

ハウザー、スチュアート／アレン、ジョセフ／ゴールデン、イヴ、二〇一一、仁平説子・仁平義明訳『ナラティヴから読み解くリジリエンス――危機的状況から回復した「六七分の九」の少年少女の物語』北大路書房。

フェスティンガー、レオン／リーケン、ヘンリー／シャクター、スタンレー、一九九五、水野博介訳『予言がはずれるとき――この世の破滅を予知した現代のある集団を解明する』勁草書房。

4　脱会後における回復への道のり――脱会者に寄り添って

臨床心理士　鈴木文月

一　はじめに

自分を取り巻く世界がガラガラと音を立てて崩れ落ちていく経験をしたことはありますか？　または想像することはできますか？　自分が信じていた人たち、信じていた考え、信じていた生き方すべてが目の前から消え去ってしまうという経験です。大切に思っていた人が突然いなくなってしまうことだけでも、その苦しみや悲しみははかりしれません。しかし脱会者は、脱会することによって自分のまわりの人々だけではなく、それまでの自分自身についても一度失ってしまうのです。

私が脱会者に出会ったのは大学四年生のときでした。日本脱カルト協会(その当時は日本脱カルト研究会)に参加し、そこで脱会者の深い苦しみを目の当たりにしました。それまでカルトやカルト問題について深く知ることもなく、興味本位でその会に参加した私は激しい衝撃を受けました。その当時の私が想像できる苦しみや悲しみをはるかに超えていたのです。大学では心理学を学び、臨床心理士を目指していたため、その後自分にできることは何かを問い続け、脱会者の支援に携わっていくことになりました。

そして、実際に脱会者の方々やその家族にお会いするたび、その苦悩の深さに立ちすくみます。一見元気そうに笑顔を見せている脱会者でも、失ったものに対する絶望感や自分に対する罪責感が、折に触れて脱会者を包み込みます。そのときには動くことができなくなるほどの暗い闇に包まれ、脱会者はそれが過ぎ去るのをじっと身を硬くして待ち続けます。その暗い闇は、脱会者の長い人生の中で何度も訪れます。周囲の人たちは、時間が経てばその感覚は薄れ、元に戻っていくだろうと思い込みがちですが（ご家族は特にそう思いたいでしょう）、脱会後の後遺症とも呼べるさまざまな症状は簡単には消え去りません。また、カルト脱会者は被害者であり加害者でもある場合があります。そのような脱会者に向けられる〝自業自得〟というような周囲の見方や考え方は、一生涯脱会者の心に突き刺さり続けます。自分を責め続ける人生がどれだけ生きる希望を失うことになるのかを、みなさんは想像できますか？

私が出会ってきた脱会者の方々は、そのような中で懸命に明日を生き抜いていこうとするサバイバーでもあります。誤解されては困るのですが、脱会者が一生回復しないということを述べているのではありません。脱会者に対するさまざまな支援の中で、劇的とは言えなくても必ず回復の過程を脱会者は歩みます。早い方もいれば、ゆっくり進まれる方もいます。しかし、その回復の過程には多くの困難と苦しみがともなっていることを今回みなさんに知っていただければと思います。

二　脱会者の苦悩

はじめに、脱会後の心理的問題について取り上げた研究を見ていきましょう。西田・黒田（二〇〇二）

は、二つの異なったグループの脱会者一五七人に対して質問紙を用いて調査を行いました。その結果、脱会者は脱会後に、①抑うつ・不安傾向、②自信喪失、③自責・後悔、④社会化・親密化困難、⑤家族関係不和、⑥フローティング、⑦異性との接触恐怖、⑧情緒的不安定、⑨心身症的傾向、⑩隠匿傾向、⑪教団に対する怒りの一一の心理的問題を示すことが明らかになりました。これらの症状について詳しく見ていきたいと思います。

脱会者は脱会後に理想や目標、善悪の基準、世界観や歴史観といった個人的に重要な信念を一気に失い、自己存在の崩壊の危機に陥ります。そのことが抑うつ性や不安を高め、情緒的消耗感、無気力、孤独感、絶望感などを引き起こすことになります。また、望ましい集団だと信じて入会したのに、それが誤りであることを知り、自己評価が一気に下がり自信喪失にもつながります。さらに、反社会的な集団に関与したことへの罪悪感や家族に与えた心労や心痛、友人や親類を強く勧めて入会させたことへの自責感にも苦しめられ、長い時間と経済的な損失や社会的支持者を失ってしまったことに対して激しい後悔を抱くことがあります。

社会化・親密化困難とは、カルトに入信してからそれまで暮らしてきた社会を、劣っている社会、望ましくない社会として否定していたのですが、脱会後に元の社会に戻ることによって、社会常識に馴染めず、居心地の悪さを経験する状態です。さらに、脱会者の家族が脱会した本人に不信感を抱いたり、見張ったり、腫れ物に触るような接し方をするため、家族関係についても困難な状態になる場合があります。また、カルトの教えや規則にもよりますが、異性との親密な関係を持つことに対して厳しい禁欲制度や罰則制度がしかれ、結婚や出産などが教祖や指導者から決められていた場合、脱会後、異性との関係性に困難が生じる場合もあります。

フローティングとは、フラッシュバックの症状と同じように、何らかの関連する経験や言葉を聞いたりすると、カルトにいたときのアイデンティティに突然戻ったり変化したりする状態です。フローティングによって対処しにくいさまざまな感情があふれ出し、情緒不安定になったり、脱会後の社会復帰過程においてストレスや不安を高め、心身症状を呈したりする脱会者もいます。また、脱会者はカルトに所属していたことを知られると、その集団に対する他者の否定的評価が自分に向けられることを懸念し、隠匿する傾向が見られます。そして、脱会後何年にもわたってカルトやカルトリーダーに対する怒りを持ち続ける脱会者もいます。

これらの報告を見ていくことで、脱会者が脱会後に抱えるさまざまな苦悩をイメージすることができたのではないでしょうか。しかし、すべての脱会者がすべての症状を呈するわけではなく、これらの症状以外の心理的問題を訴える人もいます。それだけ脱会者一人ひとりの体験が濃密で、日常では得られないような刺激や影響を受けていたことがうかがえます。

それでは、ここから脱会者個々のケースを中心に見ていきましょう。なお、以下に示すケースについては、個人のプライバシー保護のため内容を一部修正しています。

1　脱会直後の混乱

脱会直後の不安定な状態は、ほとんどの脱会者が体験しています。一〇年間カルトでの生活を送ったAさんは、「やめたあとは正直何も思い出したくなかったというか、考えたくなかったですね。本当にしばらく何もしたくない、生きたくない、死ぬこともできない状態で過ごしていました。どちらの世界にも属さない人間のようでした。宙ぶらりんな感じがいつもして、身体も心も現実についていかなかったです。漠然とした不安がいつもあって、明日が来るのがとても怖かった。どんな恐ろしいことが待っているのか考えただけで怖かったです」と話してくれました。

このように脱会直後は、自分でも扱いきれない感情が次々と現れ脱会者を襲います。死ぬことを考える脱会者もかなり多くいます。脱会直後は、家族も支援者も脱会したからこれでもう大丈夫だと安心せずに、脱会者の危機的状況をしっかりと把握し、見守る態勢が必要です。見張る必要はもちろんありませんが、脱会者が思い詰めた表情をして一人でフラフラと何も言わずに外出する際には、「一緒に行かなくて大丈夫？」と心配し、それでも一人で行きたいという場合は、「ご飯作って待っているね」「早く帰っておいでね」などの声かけが重要です。そういった家族や支援者の言葉かけが、最後の最後で脱会者の頭の中によみがえり、死ぬことを思いとどまった方もいました。脱会者が突然すべての世界を失ったときの絶望の深さをけっして軽く見てはなりません。

2　自信の喪失と自責感

脱会直後、脱会者は属していた世界のすべてを失うのと同時に、自分に対する信頼も失います。五年間カルトでの生活を送ったBさんは、「カルトをやめてから、自分の信念がすべて壊されて、すべてが色あせてしまいました。自分はいったい何をやっていたのだろうと思い、自分に対する信頼感がすべてなくなりましたね。自分自身の感覚すら信じられなくなりました」と述べています。そして、自信喪失と共に激しい自責感も脱会者を襲ってきます。自責感は、自らも加害者であった場合はより強烈なものとなります。Cさんは、カルトではその支部をまとめる指導者の立場でした。指導といっても実際にはメンバーの一人ひとりを責め立て、時には吊るし上げを行い、激しい精神的苦痛を与えていたそうです。Cさんは、「今でもその彼（メンバー）のことを思い出します。はっきり言って彼を虐待していたようなものです。今加害者であった自分のことを考えると思考が止まったような感じになります。自分が人を傷つけ心無いことをしたということ、そういう加害者である自分に向き合うのがすごく難しいです」と苦しそうな表情で話されていました。また、効果が実証されていない物品を、健康に良いからと法外な値段で高齢者に売りつけていたというDさんは、「やっぱり自分が騙した人たちのことを最近思い出すことが多いです。これまでそういうことと向き合うのが苦しくて逃げてきました。でも、やっぱりそこから逃げてはいけないと思っています。自分が被害者であり、加害者でもあることを忘れてはいけないって思っています。この苦しみは、一生抱えて持っていかなければいけないのではないかと今は思います」と語られました。

勧誘活動に携わった脱会者の多くは、被害者である一方、加害者であるという事実は「一生かかっても消えない」と、同じように述べています。背負っていかなければならない罪の意識は、たとえ脱会者が元気になって日常生活を取り戻しても、別の出来事で落ち込んだり辛い状況になったりしたときをきっかけに、再び襲いかかり、時に脱会者の生きる意欲を失わせます。このように、カルトにコントロールされていたとはいえ、人を傷つけていた、人を騙していたという体験は、簡単にはぬぐうことのできない深い傷を脱会者に与えます。

3　恐怖心や怒りの感情

脱会して時間が経過すればするほどじわじわと襲ってくる別の感情があります。その代表的なものとして、恐怖心と怒りの感情が挙げられます。カルトに入信していた時期が二年間と比較的短かいEさんであっても、カルトで植え付けられた恐怖心はなかなか消えないようです。Eさんは、「カルトで禁止されていることを少しでもすると、すぐに地獄行きだと思ってしまいます。自分は幸せにはなれない。このままだと地獄に落ちてしまうと、脱会してもう十年も経つのにふと思ってしまう自分がいます」と話してくれました。Bさんは、「脱会直後は、教団に対して裏切ったという気持ちで申し訳なく思っていました。でも時間が経過するにつれ、教団の人たちに対して腹が立ってきました。自分のしていることが一番正しいと思ってやっていることや、教義に照らし合わせて正しかったら何をしてもいい、何をしても許されると思っていることがとても腹立たしいです」と涙ながらにその悔しさを語っていました。また、常にカルトリーダーから脅されていたと言うFさんは、そのリーダーに対して、「天罰にあって死んでほしいですね。いつもあんたには天罰が下るって脅されていたので。逆に天罰にあうところを見たいですね。脱会直後は恐怖のほうが強かったのですが、徐々に怒りに変わっていきましたね」と激しい怒りをあらわにしました。

このように、脱会者の恐怖心や怒りの感情は、私たちが日常感じているものよりはるかに大きいことが想像されます。他者から「天罰が下る」「地獄に落ちる」と繰り返し言われ、時には罵倒され続ける経験は、通常の生活では考えられません。自己を否定され破壊され、人として扱われなかったという経験でもあります。脱会して何年経過しても、その恐怖や怒りは簡単に消え去ることはないでしょう。

4　対人関係における影響

続いて、他者との関係性について見ていきましょう。高校生のときにカルトに入信したGさんは、脱会後、「家族以外の人と接するのがとても怖かったです。他人とは何を話していいかわからず怯えていました。いつもびくびくしていました。人が言い争っている姿を見たときは恐ろしくてその夜眠れなかったです」と、他者との関係性を築くことが非常に困難であったことを話してくれました。また、異性関係において厳しい戒律があり、異性と接触することを禁じるカルトに入信していたBさんは、「脱会後、男性が近くにいるだけで強く意識をしてしまうようになりました。せっかく就職できたのに、職場においてそのことがかなりのストレスとなりました」と述べています。友人関係においても、以前と同じような関係に戻ることができないと話す脱会者もいます。三年間カルトで生活を送り、脱会したHさんは、「教団にいたことは友だちにもずっと隠し続けています。言ってもマイナスになるだけだし、何でも話せるような以前の関係にはもうなれないと思います。教団にいたことを誰かに話すことは今後もしません。話すことで自分の気持ちの発散になるならいいけど、話したくないし、むしろ早く忘れたいです」と話しています。このようにカルトでの体験が、対人関係においても強く影響を及ぼしていることがうかがえます。

三　回復の過程

　ここからは、脱会者がこれまで述べてきたさまざまな症状や苦悩を抱えながら、どのように回復の道を歩んでいったのかその回復のプロセスについて見ていきましょう。回復の道と一言で言っても、かかる年月や体験していく過程は一人ひとり異なります。しかし、その中でもいくつかの共通する傾向や特徴があるようです。

1　再び構築される関係性

　脱会後に生じる対人関係における困難性については前項でお話ししましたが、一方で、これまでとは異なった関係性を構築していくこともあるようです。五年以上家族と連絡をとっていなかったHさんは、「カルトに入る前まではあまり親とはうまくいっていませんでした。脱会後家に戻らないといけなくなったのですが、以前より居やすくなり、落ち着いて過ごせるようになりました。居辛い感じはなくなっていました。父親との関係も良くなり、これまでのように自分に対して父親があまり批判することがなくなりました。戻ったら毎日のように責められると思っていたのですが」と述べています。実は、Hさんがカルトに入信したことがわかった両親は、Hさんを助けるために必死にカルトについて勉強し、一緒に脱会までHさんに寄り添いました。父親もHさんの状態を心配して、夜遅くまでいろいろな話をHさんとしたそうです。Hさん自身は、幼い頃から両親の言いつけを守り、反抗をしたことのないとても〝よい子〟だったと振り返っており、「脱会するときに付き添ってくれた両親に、今まで話せなかった思いをすべて話しました。それまではバリケードを固めたような表面的な関係でしたが、はじめて深いところまで話し合えた気がします。これまでの膿が全部出ました。お互いの気持ちや考えを話し合い、納得いくまで言い合えました。ぶつかることの大切さをやっと知ることができました」と話してくれました。今まで溜めていたものすべてを吐き出すことによって、新たな家族の信頼関係を築いたことがうかがえます。

また、娘との間に長年の確執があったと述べていた六十代のIさんは、「娘が自分の脱会のために一生懸命してくれたことは申し訳ないと思う反面、それだけ自分のためにしてくれる娘を育てることができたのだと思って嬉しかったです。娘と以前はあまりうまく話ができなかったのですが、今回の体験をきっかけに、ざっくばらんに話ができるようになりました」と話してくださいました。Iさんは現在も一人暮らしをしていますが、脱会後、娘から電話が頻繁にかかってくるようになり、また、何かあったらいつでも自分のためにしてくれるという安心感を得ることができ、一人暮らしの孤独感が薄らいだと後に述べています。

両親との関係において、逆に距離をとることができたと述べている脱会者もいます。二年間カルトでの生活を送ったEさんは、「あらためて今回、母との距離が近すぎるなあと思いました。結局父親とは関係を修復できなかったけど、そのことに対して諦めがきっぱりつきました。今は、自分の考えを持って、それをしっかり表明して、かといってぶつかるわけでもなく、新しい関係が築けたらいいなあと思います」と話されていました。

さらに、家族だけではなく、友人との関係性を新たに築くことができた脱会者もいます。「私がしつこく勧誘してしまったことを謝りたくて、カルトに入る以前に仲がよかった友だちに最近連絡をとって会うことができました。そしたら、友だちから本当にやめてよかったって言ってもらえました。なんであのとき止めてあげられなかったのだろうって後悔しているとも言われました。もし同じ状況だったら私も入っていたかもしれないって言ってくれたことがすごく嬉しかったですね。それまでの関係よりもさらに深まった感じでした」と六年間カルトでの生活を送ったGさんはそのように述べていました。

これらの報告から、家族や友人との関わりが脱会者自身の回復の過程において影響を与え、支えになったことがうかがえます。特に、家族や親に対する視点が変わり、親もまた一人の人間として見ることができるようになったことは、カルト入信以前に家族との葛藤を抱えていた脱会者にとっては非常に大きな体験になったことがうかがえます。

2　脱会後の後遺症とのつきあい

続いて、脱会後の後遺症を見ていきましょう。脱会者は、強烈なカルトでの体験からさまざまな症状を脱会後に体験し、その特異な症状が後々まで残ることがあります。それらの後遺症とも言える症状に脱会者はどのように向き合っているのでしょうか。脱会して二〇年が経過しているJさんは、「自分が普通の人と同じような考え方や感受性を持って生活しているのかなあというのがときどき不安になることがあります。反社会的な面が今もあるのかなあとか。普通の人とはちょっと違っているところが残っているのかなあとか思ったりもします。あと、たまにパニックみたいになるのですが、何が引き金になっているのか今もわからないです。それがわかればいいんですけど、仕方ないからそのままという感じです。私、高血圧なのですけど、そのパニックも高血圧みたいなもので、ずっと抱えて生きていくしかないのかなあと思います。そういうのすべて一生背負っていかなければいけないのかなあと思ったりもします。しょうがないですけどね」と苦笑しながら話されていました。

また、少しずつではあるけれど、カルトでの体験が薄れていくのを感じている脱会者もいます。三年間カルトの活動に従事したHさんは、「最近ようやく人の顔を見て話すことができるようになりました。それまでは本当に相手の顔を見ることができなかったですね。あと、今はいろいろ忙しいのもあって、あまりカルトのことは思い出さなくなりました。この前また夢に出てきたのですが、夢の中でも少し離れた感じのところにいて、ぼやけているみたいな感じでした」と話されていました。

脱会者一人ひとり、脱会後も抱えている症状も異なり、向き合い方、消化の時間も異なります。Jさんが述べていたように、慢性的な身体の症状と同じように一生つきあっていくという気持ちになるまでには長い年月がかかるような気がします。覚悟と諦め、そして、そのような自分を認め、受け入れていく過程が必要であることがJさんのお話からうかがえます。

3　カルトでの体験を振り返って

私たちは時折、過去の自分を振り返ったり見つめ直したりするとき、楽しい思い出よりも辛かった思い出のほうが想起されやすく、苦い気持ちや何とも言えない後味の悪さなどで胸が苦しくなるときがあります。できることなら忘れてしまいたい、なかったことにしたいという過去の体験は誰にでもあるのではないでしょうか。脱会者もまた、脱会後、カルトに入っていたことをゆっくりと振り返り、苦しい体験ばかり思い出す方もいますが、濃密な仲間との結びつきを思い出して懐かしい気持ちになる方もいます。みなさんそれぞれ体験が異なりますので振り返る内容も同じではありません。しかしそこには、すさまじい非日常的な体験をした脱会者だから語ることのできる言葉の重みが感じられます。ここでは、印象的であった四人の脱会者の言葉を紹介していきたいと思います。

高校から入信し、大学時代をすべてカルトでの活動に費やしたHさんは、「一〇〇パーセント人を信頼し依存することや、何かを信じてしまうのはとても危険なことだと思いました。でも、他の人にはできない経験をしたと思います。もし入っていなかったら、今どういう人生だったのか想像できないです。入信してしまったことはもちろん悪いことであったけれど、自分自身に対して後悔する気持ちはないです」とはっきりと述べています。また、一〇年間カルトで過ごしたAさんは、カルトで出会った人たちについてあらためて振り返り、「青年部長や教会の人はみんないい人でした。ただ、トップにいる人が間違っているだけで、下の人たちはみんな純粋でした。その人たちと出会えたことは、今の私にとって非常に大きかったですね」と話されています。さらに、カルトの教えについてJさんはこのように述べています。「教団の道徳観は悪いことばかりではないと思いました。今でも大事にしたいというものもあります。たとえば、家族で一生懸命話し合うとか、子どもを怒るときは本気で怒るとか。そういうのはやっぱり大切かなあと今でも思います」。

一方、カルトでの体験を振り返り、〝本当にやめてよかった〟と強く思われる脱会者もいます。一八年の長い年月をカルトで生活したKさんは、「そりゃあ生まれ変わるんだったらカルトと関係のないところで生きたかったです。カルトでの経験は、やっぱり思い出したくない、突き付けられたくないもののほうが多いかなあという気がします。でもたぶんこれから先もずっとそうだと思います。思い出したくない、忘れられないけども、そういうかたちで残っていくかなあと思ったりします。結局歩むところを歩んでいるような思いがあります。この前、カルトをやめないでいたほうがよかったですかって誰かに聞かれて、そのとき私は即座にそんなことありませんって答えてました。あとから思ったらよくあのときパッと言えたなあというような思いがありました。やっぱりそうなんだ、やっぱりやめてよかったんだ、間違いない確信としてあるんだなと感じました。脱会したことはとてもしんどかったけれど、やめたことは絶対によかったと思えているんです」と話してくださいました。

カルトでの体験は、決して体験できてよかったことという簡単なものではなく、大きな苦痛をともなう体験であったことには間違いありません。しかし、脱会者はその体験をなかったことにせず、何かを感じ、それぞれのやり方で決着をつけているように思います。辛かった体験も、思い出すことで何度も咀嚼し消化しているのかもしれません。その過程もまた、回復への道につながるのではないかと思います。

4　今の自分につながっていく

カルトでの体験を振り返るのと同時に、自分を見つめ直す作業を行っている脱会者もいます。一〇年間カルトでの生活を送ったAさんは、「自分なりのやり方や生き方がやっと見えるようになりました。自分がこういうふうに生きたいとか、こういう方向に行きたいということがわかるようになり、やっとスタートが切れた感じがします。今までは自分のことを自分で全くわかっていなかったと思います。今は少しわかるようになったかな。そしてそういう自分を無理やり変えようと思わなくなりました。完璧主義なところがなくなり、いい加減なところも出るようになったと思います。バランスが保てるようになった感じが今はします」と述べられました。

また、高校から入信したHさんは、「やっぱり自分を責めすぎてしまうところはありますが、それはそれで自分なので仕方ないって思います。もういいか、今から今の自分をつくっていけばいいのかなって思うようになりました」とおっしゃっていました。そして、一八年間カルトで生活したKさんは、「自分を変えないといけないと思いながらも、結局変わらないのかなあと思ったりもします。もう何が起きるかわからないのが私ですから。ちょっと揺らぐぐらいでもやっていけるんじゃないのかな。無理せずにちょっとずつ、ゆっくりとやっていきます」と笑顔で語っていました。

ここまでご紹介した脱会者の方々は、カルトでの体験を通して自分自身と向き合い、過去の自分と今の自分に対して折り合いを付け、未来の自分につなげていったように思います。誰しも、自分と向き合うのはとても大変な作業です。まして、過去の自分を許し、現在の自分を認め、そして未来の自分に希望を持つことはたやすいことではありません。しかし、多くの脱会者からそのような言葉を聞くことがあります。回復の道のりの中で、今も脱会者は自分と真摯に向き合い、明日の自分を模索し続けています。

5　脱会後のカウンセリングについて

最後に、脱会後のカウンセリングについて触れたいと思います。脱会者がカウンセリングを受けるまでの経緯ですが、本人がカウンセリングを希望しカウンセラーのもとを訪れる場合と、家族や友人に勧められて来談される場合があります。多くの場合は後者が多いでしょう。特に、脱会直後は混乱状態であり、不安やパニックに襲われたり抑うつ状態が続くことが多いため、周囲の人々が心配し、専門機関を受診させたりカウンセリングを勧めたりします。また、脱会後何年も経過し、どうしてもひっかかる気持ちがある、あらためて気持ちを整理したいと希望され来談される方もいます。いずれにせよ、カウンセリングにおいて、カウンセラーは解決策やアドバイスを提示することはありません。脱会直後の混乱期においても、脱会者の苦しみや悲しみに寄り添いながら、脱会者の主体性が回復するのを見守ります。絶望の淵に立たされたり、混乱の渦に飲み込まれたりしてしまうときも傍らにいます。そして、脱会者が自ら立ち上がり自らの足で歩み出すまで、カウンセラーは辛抱強く待ちます。それがカウンセラーの仕事というよりも、むしろそれしかできないと強く実感させられることのほうが多い気がします。

それでは、脱会者はどのようにカウンセリングを振り返っているのか、少しご紹介したいと思います。なお、筆者が携わった脱会後のカウンセリングにおいては、所属機関ごとに料金は異なりますが、有料でカウンセリングを行いました。

はじめに、五年間のカルト生活を送ったBさんは、「カウンセリングを受けることによって、少しずつ自分らしさを出すことができるようになった気がします。カウンセリングという何を話しても大丈夫という環境がとてもよかったです。この拠り所がなかったら、とてもじゃないけどやっていけなかったと思います。それに、基本的な自分の問題を考えていくきっかけになった気がします」と話されました。

また、高校から入信していたGさんは、カウンセリングの初回に「これまでずっと蓋をして生きてきました。誰も私の過去を知らないところで、今からつきあう人たちと友だちになればいいって思っていました。全然現実と向き合ってこなかったんですよね。忘れようとか、なかったことにしようとしていました。でもやっぱりそれだと苦しいんですよね。だから、こうやってカウンセリングでいろいろなことを思い出し、現実と向き合っていくことは私にとって必要なのだと思います」と今にも倒れてしまいそうなほど切迫した表情で来談されました。二年半のカウンセリングが経過した頃には、「今まで一人で焦ってしまって、すべてに向き合って考えなければいけないって思っていました。でもようやく、少しだけ蓋をしたままでもいいのかなあと思うようになりました」と穏やかな表情で話されました。そして、カウンセリングが終了するときに、「今まで、ずっと自分の気持ちを見ないように避けてきたので、こうやって自分の気持ちと向き合うことが少しでもできて本当によかったです。でも苦しいことは苦しいです。ただ、いつでもまたカウンセリングは受けられる。そういう窓口があるというだけで安心感があります。一人ではない気がします」とおっしゃっていました。

三年間カルトで生活したHさんは、印象的な言葉を残してくれました。「今日バスで来る途中、Yさん(カウンセラー)の存在っていったい何だろうって思ったんです。そしたら、暗いトンネルの中で、〝とりあえず懐中電灯はあります、でも出口は私もわかりません、でも少し前だったら照らせますよ〟っていう感じなんですよね。〝出口はすみません、本当にわからないのです〟って申し訳なさそうに言っていて、でも、〝とりあえず一緒に探してみましょうか〟というような感じです」と、カウンセラーの存在について話されました。カウンセリングの最後の日、Hさんは、「Yさんとお話するようになって、ようやくカルトに入ってしまったことはしょうがない、それはもうそれで入らずにはいられなかったんだと思えるようになりました。カルトでの体験は、今は自分の中でそれでおさまっています」と述べられました。

これまでの脱会者の語りから、脱会者にとって聴いてくれる人が存在することと、何を話しても大丈夫という場が、倒れる寸前である脱会者を支える一つの柱（たとえ細い棒でしかなくても）になっていたことがうかがえます。たとえ暗闇の中でも、一緒に震えたり、笑ったり、泣いたりしてくれる存在であること、脱会者が再び一人で歩み出すことができるよう精一杯サポートをしていくことが脱会後のカウンセリングにおいて重要になるのではないでしょうか。

四　おわりに

ここまで、脱会後におけるさまざまな症状や苦悩の中で回復の道のりを歩んでいる脱会者について述べてきました。脱会者にとっての回復とは、カウンセリングや心理療法においても一つの目標である主体性の回復であり、新たなアイデンティティの確立であると言えるのではないでしょうか。特にカルトによって主体性を奪われ、判断能力や自分で考える力すら奪われていた環境にいた場合、再び自己を取り戻すには長い道のりが必要になるでしょう。

現在、脱会者に対するカウンセリングはけっして一般的ではありません。カウンセリングだけでなく、脱会者を支援する環境や機関、体制が未だ不十分と言わざるをえません。支援者のほとんどがボランティアとして行っているのが現状です。脱会者の心理的援助やカウンセリングは専門家の力が必要です。そして、専門家として力を発揮するためには、面接枠（時間・場所・料金設定など）が土台となります。そして、この枠こそが脱会者にとっても重要な意味を持ちます。周囲の勧めによってカウンセリングを開始した場合であっても、自分のためにカウンセリングを受けるという気持ちが生じなければ主体性の回復には向かいません。そのままではカウンセラーが新たな依存対象になってしまう可能性もあります。しかし、脱会者は経済的な損失が激しく、すべてを失ってしまった人たちがほとんどです。そのためにも、脱会者に対するさまざまな支援体制の構築が望まれます。

また、脱会者の心理的援助に関わっている臨床心理士の数は少なく、脱会者を受け入れる相談機関も不足しています。脱会後に生じる症状についての理解も進んでいません。実際、カウンセラーが所属する相談機関に、カルトという特殊な世界から脱会してきたというクライエントが来談した場合、特に社会的に問題のある危険性の高いカルトであればあるほど、カウンセラーは目の前のクライエントに対して不安や戸惑いを感じるかもしれません。またカルトでの専門用語やカルト特有の後遺症についてすぐに理解することは難しいでしょう。そのため、何気ないカウンセラーの一言で、脱会者は入信していたことに対する自責感を強めたり、孤立感を深めたりすることがあるようです。私たち専門家もまた常に社会的な問題に目を向け、知識を積む必要があるのではないでしょうか。

最後になりましたが、今もなお自責感や罪意識によって声をあげられない脱会者がたくさんいます。

人が人に騙されることがどれだけ辛いことなのか、どれだけ傷を負うことになるのか、この章を読んで少しでも想像していただけると幸いです。そして、脱会者一人ひとりの回復の道のりが、少しでも明るい光で照らされるよう願っております。

参考文献

黒田文月、二〇〇六、「破壊的カルト脱会者の心理的過程――その人間的苦悩」『人間性心理学研究』二三巻二号、一三一―二三頁。

黒田文月、二〇〇七、「家族の宗教問題で悩む青年期男性の心理療法――〝カルト二世の子〟からの解放と自立」『心理臨床学研究』二四巻六号、六六四―六七四頁。

高木総平・内野悌司編、二〇〇八、『現代のエスプリ四九〇号：カルト――心理臨床の視点から』至文堂。

西田公昭・黒田文月、二〇〇三、「破壊的カルト脱会後の心理的問題についての検討――脱会後の経過期間およびカウンセリングの効果」『社会心理学研究』一八巻三号、一九二―二〇三頁。

西田公昭・黒田文月、二〇〇四、「〝破壊的カルト〟での生活が脱会後のメンバーの心理的問題に及ぼす影響」『心理学研究』七五巻一号、九―一五頁。

日本脱カルト協会(JSCPR)編、二〇〇九、『カルトからの脱会と回復のための手引き――〈必ず光が見えてくる〉本人・家族・相談者が対話を続けるために』遠見書房。

5　カルト脱会カウンセリングと緩和ケア精神療法

市立甲府病院緩和ケア内科部長　小林　薫

本日は、主に二つのテーマについて考えていきたいと思います。一つは、喪失とその回復過程に関係する日常性と非日常性の問題を、がん臨床、カルト信者、そして心理臨床という三つの視点から考えてみたいと思います。もう一つは、カウンセラーや家族も含む援助者の側に生じる、教祖が信者を支配するのと同質の「影」の問題に、どう対処していくのかについて考えてみたいと思います。

一　がん臨床における日常と非日常

私は、がん患者さんに緩和ケアとして精神療法を実施する仕事をしていますが、私の精神療法の基礎にはユング派の精神分析的な考え方やトレーニングがあります。精神分析の考え方では、人の心には自覚できる意識(自我)のほかに、無意識の領域が存在すると考えます。宗教的な修行においては、身体にものすごく苦痛を与えたり、社会から孤立した状況に追い込んだりしますが、そうすることで、普段は意識されないその人の持つ無意識的な面が活性化され、意識に対する影響が非常に強まるという局面を見かけます。神や仏が見えたり、啓示を受けたりする瞬間です。一般に意識に対する無意識の影響を強めるには二つ方法があって、意識を弱体化するか、無意識を活性化すればよいわけです。たとえば身体に苦痛を与える方法は前者、禅などの修行で雑念を払った状況はむしろ後者でしょう。それに対して、がんを告知される場面では、患者さんは自分の人生や自分の存在に対する危機に直面して意識（理性）の働きが弱まり、無意識の影響が強まります。ですから、私の臨床場面では、患者さんの意識と無意識のバランスを意識して、無意識の影響について考慮するようにしています。

脱会カウンセリングとがん心理臨床における日常性と非日常性の問題に移ります。がん患者さんの場合、どこに日常性と非日常性の問題があるかを考えます。まず、がんと告知された人が失うものを三つに分ける考え方があります（村田久行『ケアの思想と対人援助――終末期医療と福祉の現場から』改訂増補版、一九九八年）。第一が「時間存在の喪失」です。命が尽きる、この世に生きている自分の存在が時間経過の中で消滅するという認識です。一般に人が自分自身の死を認識するのは幼稚園から小学校低学年くらいだと言われます。実際にはそのときの記憶が残っていない方のほうが多いのですが、その時点ではかなりの衝撃を受けます。自分がいつかこの世界からいなくなるのだと子どもはストレートに受け止めます。しかし、それではその日のご飯が食べられなくなってしまうので、子どもなりにそれに適応します。たとえば「お母さん、私いつか死ぬの？」と聞いたときに、母親は、自分もいつか死ぬということに自身が適応してきた様式で、「そんなこと考えなくていいの。今はご飯を食べなさい」と、子どもに言います。それでも考える子は、お母さんの答えには納得せずに子どもなりに自分の答えを探そうとしますけどね。母親が「大丈夫」と言ってくれる安心だけで乗り切れる子は、逆にそれ以上考えないで「僕には関係ない、私には関係ない、まだ死なないから大丈夫なんだ」と、死という認識に対する防衛機制が働き、死への気づきが無意識化するのです。

私の患者さんの中には、十代で死んでいった患者さんが何人かいます。その子たちの死に対する反応は、大人よりもはるかに潔いという印象です。実際には潔いというよりもごまかせないのです。死を無意識化できない。自分が死ぬということをストレートに認知して、じたばたしても仕方がないということで自分のやりたいことをやったり、何もする気がしなくて、ただぼーっとテレビを見ているだけになったりします。よく大人の患者さんが見せるような、がん告知後に死を認識しても「私は怖くないんだ、私は大丈夫なんだ」というような、巧妙な詭弁のような適応を子どもはしないのです。どうしてそうなるかといえば、普通は十代で死に直面したりすることはないので、おおよそ死を認識する十歳前後からの短い時間では、死を無意識化する適応が、経験不足で未熟なわけです。ここで重要なのは、大人になる過程で人は「死を自分とは無関係なところに追い出す適応」をつくり上げていくわけで、その適応のスタイルが一種の日常性をつくるのです。

日常を維持するためには、非日常の課題である死を、自分の意識しないところに追い出す必要があります。しかし、たとえば子育て真っただ中の女性ががんになった場合、がん告知はその女性の日常性を失わせてしまいます。夫や子どもは日常の中にいるのに、自分だけが非日常の課題にさらされた別の世界に閉じ込められ、孤独感を味わう。それががん告知された方が失う二つ目のもの、「関係存在の喪失」です。本当は「夫もいつか死ぬんだ、子どももいつか死ぬんだ」という認識があれば、死にともなう孤独が自分だけの課題ではないと気づくことができるのですが。

三つ目は「自律存在の喪失」です。これが一番対処の難しい、アイデンティティに関わる問題です。たとえば女性にとって乳がんで乳房を失ったり、子宮がんで子どもの産めない身体になったりすることは、現実にはもう自分が子どもは産まないだろうと思っている五十代の女性でも、心の中では自分自身の存在が不完全な、あるいは不要な存在になってしまったと感じる。病気に向かい合い生きようとすることで、逆に心の中にある自分に傷が付き、必要不可欠な何かを失ってしまうわけです。そのとき、「自律」、すなわち自分で自分の生き方や人生を決める力を失い、誰かに助けてもらい決めてもらわないと生きられない自分になってしまったような感覚を持ちます。この三つ目の喪失は、がん患者さんを心の内面で辛くさせるだけでなく、外側の現実を生きる力を非常に低下させてしまうのです。

以上の三つが、がん患者さんの心に起こる代表的な喪失だと言われています。

ここからの回復過程については、三つの喪失にどのように対処していくかという点から考えてみます。一つ目は「時間存在の回復」ですが、実際には「自己の人生を再発見し、死を超えて継続する何かの存在」を見いだすことに相当します。なぜ再発見という言葉を使うかというと、人は自分が「死んでしまうのだ」と認識したとたんに、これまで生きてきた人生が無意味に感じるからです。それは先述したように、子どものときに一度は「自分はいつか死ぬんだな」ということを知ったにもかかわらず、その後の人生ではそのことを忘れて生きてきているわけです。現実には常時死を意識しては生きられないから、そう適応してきたわけですが、いざ逃れられない死の認識に直面すると、忘れて生きてきたことに罪悪感を持つ。「何で私はそんな大事なことを忘れていたんだろう、いつか死ぬと思っていたらこんな生き方はしなかったのに」というような、後悔のほうが先にでる。そこを「いや、そんなことはない、たとえ死ぬと知っていたとしても、私はこうやって生きたはずだから、私にはこういう人生が大事だったから、こういうふうに生きてきたんだ」というように、自分自身のこれまでの人生の意味をその時点で再発見できると、少なくとも過去に遡って自分を肯定できるようになる。さらには、死を迎える瞬間までの残りの人生で自分が何を果たしたらいいのかが、見えてくることさえあるようです。人はいつか死ぬことを思い出したのだから、今まで生きてきた人生の意味をさらに確かにするために、死を忘れない自分がどう生きたらいいのか、という方向に意識がいくと、死を再発見すると同時に、自分の人生の意味も再発見されてきます。死を忘れている人には詭弁のように聞こえるかもしれませんが、その再発見で時間存在が回復していくのだと思います。たとえ身体は滅びても、滅びない何かのために自分は生きている、という感覚が生じると、時間存在が回復するわけです。

この、身体が滅びても滅びない何か、というテーマが人を、非常に宗教的な問題へと接近させますが、私の臨床では、これを宗教の真偽問題にしないことが必要で、「あなたにも死後の世界があって、死後の世界に魂が残るのだから頑張ろう」などと言ってしまえば、それはただの宗教的教義の押し付けになります。実際に患者さんから死後の世界について「先生はどう感じますか」と訊かれれば、「死んで全部消えてしまうのじゃないといいですよね」、「まあ、私は生きるのがこんなにしんどいのに、死んだら全部借金帳消しみたいになるなんて思ったらやっていられませんから、死んでも何か意味は残ると思いたいし、そうだったらいいですね」くらいは言います。ある意味では、死後の世界のイメージというのは生前の世界のイメージともつながるわけで、自分がなぜ生まれてきたかということと、自分が死んだらそのあとどうなるかということは命題としてほとんど同義なわけです。そこの部分に関しては「私たちはどこから来てどこに行くのだろうかという問題はあるでしょう」というくらいのことは提示しますけど、私も答えは知りません。でもおそらく、こういった哲学的命題の答えは、人から与えられるのでは意味がなく、自分で見つけ自分で感じ、そして信じてはじめて意味があるのではないか、と患者さんには言っています。

二つ目は「関係存在の回復」についてですが、具体的には「死する運命の共有」です。先ほども触れましたが、自分のまわりにいる人たちも誰一人として例外なく死ぬ運命を共有している、ということを、大概のがん患者さんは告知された瞬間には忘れています。私のところにはがん患者さんだけでなくご遺族も受診されますが、がん患者さんの遺族だけではなくて、子どもさんを亡くした親御さんもいます。その方たちは、がんで苦しむ患者さんとは少し質の違う苦しみを味わいます。自分の子どもを亡くしたあとの親の人生では、むしろ自分もいつか死ねるという認識が救いになりうる。「お子さんのいなくなったこの世を生きることは、けっして楽じゃないけど、いつか必ず終わりがあるのだったら頑張れますね」という、そういう意味で死が救いにもなりうるのです。死ぬ運命を子どもも親もみなで共有するわけですから関係性が回復するのです。また、これは死に瀕した人を見守る人々の側にも言えます。がんと判明した患者に、本当のことを伝えないでくれ、と言うご家族に「あなたは自分には死は無関係だと思っているんですね。だから死ぬかもしれないと伝えることが残酷だと思うんですね。あなたも自分の番が来たときには、家族に隠してほしいんですね」と問いかけることがあります。周囲の人が死を忘れた日常の世界に閉じこもり患者さんを孤独にしてしまうのです。そのとき、たとえば家族が、自分もいつか死ぬのだから自分だったらこうしたい、という気持ちに踏み出すことができれば、患者さんとの関係性はその分だけでも回復します。

三つ目は「自律存在の回復」ですが、これには「被援助者の存在意義の発見、『感謝』の本当の意味」ということが関係すると考えていますが、これが一番難しく、だからこそ一番重要な課題だと思います。人を助けることも大事ですが、助けてもらう人がいてはじめて助けるということが起こります。長年、他者を助けて他人のために頑張ってきた人のほうが、人生の最期に、自分にも人に助けてもらう宿命がある、ということを受容するのが実際は難しいかもしれません。多くの患者さんが、最後の時期に他者から援助を受ける自分を「幸せ」とは感じずに、助けを必要とする自分を卑下して「こんなふうに人に迷惑をかけるぐらいなら死んだほうがまし」と言って、自分の不幸を嘆きます。ですから、ここに「『感謝』の本当の意味」というテーマが関係してきます。つまり「感謝」というのは、助けてくれた人に対して「ありがとう」とお礼を言うことではあるのですが、同時に「ああ、私のこの（人に助けてもらえる）ような運命は滅多にあることではない『有り難い』ことだ。私にこういう運命が待っていたのだから、私は本当にここまで生きてきてよかった」という、自分の運命に対する受け入れと感謝の気持ちなわけです。本来人と人が助け合うことは貸し借りではなく、自らの役割を果たすという絶対的なものだと思います。その感謝の気持ちが、助けてくれた人にちゃんと伝えられたときに、どのくらい援助した人のほうが救われるか。助けられた人より、実際には助けた人のほうが救われるのです。病とか老いによって身体能力とか、自分でいろんなことを決めていく力が落ちてしまうことは、命あるものの避けられない宿命です。これは、助けられた存在が助けた存在を救うのだということを学ぶためではないかと、よく感じる場面に出会います。でも実際にできなくなる自分を嘆くがん患者さんを見ていると、

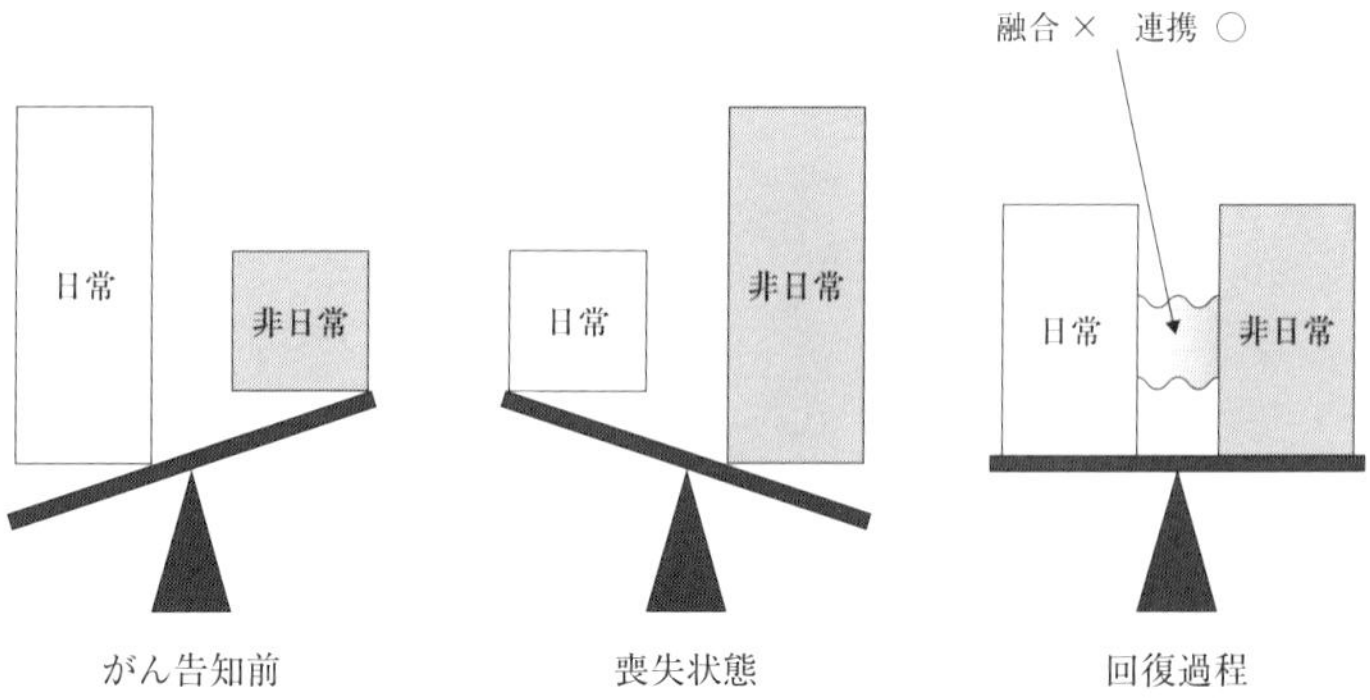

図1　がん告知と心のバランス

この学びが人生最難関の修行なんだなと思います。

以上が、がんが告げられることによって喪失される三つの要素、およびそれぞれの回復過程についてのお話です。

次の図1は今までの話を心理学的な観点から図にまとめてみたものです。

結局、がん患者さんにおける「喪失過程」とは、死という最大の非日常的テーマを巧妙に忘却することで、日常に集中する状態を保っていたところ(図1左)に、がんの告知によって反跳的に死という非日常の重みが増し、日々繰り返される現実生活の日常性が弱体化することを意味します(図1中)。たとえば自分自身の死に突然直面すると、多くの人はそれまでの人生の目標だった出世やお金などが全く無意味なもの、無価値なものに感じられ、日常生活そのものをこれまで通りに送れなくなることは容易に想像できます。ここで注目したいのは、「がん告知前」にけっして日常と非日常のバランスがとれていたわけでなく、死という問題は、長年かかってつくり上げた心の防衛機制によって、まるで日常から締め出された状態になっていることです。だから、がん告知を受けたときの反応に、大きな個人差が生じます。単に死を忘れる適応様式を子どものときのまま成長させなかった人はがん告知の反動が大きく、さまざまな辛い経験を通して死を思い出すことに適応様式を成長させた人はそうならない。死を忘れて生きてきた人ほど、がん告知されると死や人生の意義という非日常的課題がぐんと重たくなって日常とのバランスが崩れ、生の意義を「喪失した状態」になるわけです。ですから病気になる前のその人からは考えられないような、それこそ心配してくれる家族を怒鳴りつけるようないらだった行動が出たり、高額な健康食品に頼ったりする。そして、この状態から回復するには、失われた日常を取り戻すことも重要だけれど、けっしてがん告知前の死を忘れた状態に戻ろうと思ってもダメで、ここにおそらくカルトの脱会問題との共通点があると思います。がん患者さんの回復に、死という非日常的な命題と現実の人生でどう向き合うかが必須のテーマであるように、脱会信者さんにとっても、どの宗教にも哲学や倫理学にも必ず含まれている死や神などの存在に関する非日常のテーマを、日常とは無関係な世界に追い出すのではなく、現実の日常生活や人生の中にどう結びつけるかが大事なのだと思います。

図1右に示した「回復過程」には、日常的な課題と非日常の課題がつながった状態を表していますが、『融合』に×」と書いたのは、非日常を無意識、日常を意識と置き換えてもいいのですが、死を目前にして神や仏、天命といった形而上学的な課題が、現実と区別できないほど直接意識に混じり合ってしまうと、まさに精神病的な状態になってしまうことを示しています。日常と非日常が分裂せずに連携して日々を生きられることは素晴らしいことなのですが、それが区別できないほど融合してしまうことは問題があり、たとえば妄想にとりつかれたり、神の声が聞こえたりするような状況なわけです。精神分析的な考え方、特にユング心理学では、本来無意識のほうが圧倒的に強い力を有していると考えますので、

無意識が融合した状態では、意識や自我は自律性を失い、強大な無意識の影響に取り込まれて、非常に危険な状態になると考えます。たとえば、人の話を聞かなくなり自分の考えだけが正しいと信じ込む状態は、カルトの問題でも見られる状況ではないでしょうか。普段の臨床で私自身が注意しているのは、外来に通い始めてしばらく経過した患者さんが「少し楽になってきました」と言う頃です。それまで自分の無意識に押しやっていた非日常の課題に、向き合い始めた感覚は、時に高揚感を感じさせたりしますが、本来それは長く苦しい道程なはずで、そこで取り返しのつかない選択をしたり、突飛な行動をとらないように、その患者さんが考えたり感じたり信じていることの内容を詳しく聞いて、修正したり場合によっては止めたりしていかないと、取り返しのつかない事態にもなりかねません。日常と非日常がつながることは、我々が人生を全うするためには絶対に必要なことだとは思います。なぜなら、非日常的なテーマこそが心のエネルギーの源だからです。何かに対して意欲が出たり、何かに価値を感じたり、何かを美しいと感じるためには、非日常的なテーマが日常につながって生まれるエネルギーが必要です。ですからがん患者さんが、死を意識しても「生きてきてよかった」と自分の人生を肯定できるような心のエネルギーの供給源として、非日常のテーマと向き合うことは重要なのですが、そこに含まれる危険も承知して見守ることが、私の役割です。

無意識の強力な影響に飲み込まれないよう、取り込まれないようにするための一つの方法論として、意識というか自我を強めるという考え方があります。自我を強める試みには、大きく二つの方向性があると考えています。一つは、いわゆる学びから理性・知性・知識などを高め、自我を強めるという方向で、宗教における修行は心理学的には強大な非日常的体験を耐えられるだけの自我の強化と解釈することもできます。患者さんの中には、外来受診をきっかけに自ら進んで心理・宗教・哲学的な学びを求める人もいます。しかし、どうもこの方向が合わない人もたくさんいるので、二つ目の方向として、他者との交流つまり自分以外の人との対話を通じて自我を強めるという考え方があります。対話が成立するためには、他者を承認し自己を発信することが必要なので、自分以外の存在を受け入れたり距離をとったりという訓練になり、結局無意識とのバランスをとることにも役立ちます。

だから結論として、安定した成長を維持するためには引きこもっていてはダメで、自分とは異なる世界を持っている他者と、不完全でもいいから対話する、やりとりする、ということが、無意識の影響に飲み込まれないためには非常に大事です。ある種の洗脳の過程やカルト内部で信者の外社会とのつながりを遮断するというのは、心の内面の問題つまり無意識のテーマだけを、その信者の人生の唯一の問題とするような状況に置いて、信者の自我（意識）の働きを意図的に弱めることで、無意識に影響されやすい状態をつくり、そこに教団や教祖に都合のよい考えを植え付けるという、心理学的にも成り立つ心理操作手法なのです。

ここまでの内容に、何かご意見やご質問はありますでしょうか。

質問者　脱会カウンセリングに関係すると思うのですけど、よく脱会者が口にするのは前の自分に戻りたくないと、回復なんてしたくないと言うんですよね。元々そういう自分が嫌だったから入ったのに、みんなが「元に戻って」「回復して」と言うが、「そうじゃないんだ」と、彼女、彼らが心の叫びとしてそう言っているんです。みんなが求めるのは日常への回復なのですが、脱会者は自分がどこかでわかってもらえていない、日常ではない自分の非日常的なところが誰もわかってくれない、行き場がないという感じですね。

小林　そうですね、脱会者の場合は、むしろ非日常的テーマに対する意識の向き合い方は、家族や日常の世界にとどまる周囲の人より進んでいるわけです。でもカルト信者の場合は、非日常と日常の連携や両立に失敗したことになるので、ただ「元に戻る」だけでは、むしろこれまでの人生が無意味になってしまう。むしろ、過ちは修正しなければなりませんが、「元に戻る」のではなく「さらに先に行こう」という考え方が必要なのではないでしょうか。私のがん臨床の場合だと、「がんになる前に戻りたい」と言う患者さんに対して、「本当に戻りたいですか？　あのときの自分のほうがいいですか？　今のがんが治ったとして、またいつかがんになったときにもう一回同じショックを受けたいですか？」と訊いたりします。なぜそれを訊く必要があるかというと、脱会とはまた少し違うのですけど、確かに現在の医学では、がんの再発が新たにがんにかかるのと同じ確率まで下がる人もいて、理論的には元々忘れていたのだから、次も忘れてもよいという状態がある。だけど、もしはじめのがんで死を忘れてしまって、次に別のがんになったり、万が一再発したりしたとき、死を忘れて生きてきた後悔や結果は取り返しがつかないほど大きい。そういう方は、死ぬまで死から逃げ続けなければならなくなるからです。子ども時代から最初にがんと言われるまで死を忘れて生きることは、十分な人生経験を積むために必要な防衛機制なのかもしれないけど、はじめにがんを告知され、気づくチャンスを与えられたのに、それを全うできないと取り返しがつかない。むしろ私は、たとえがんが医学的には完治した状態になっても、患者さんががんだったことを忘れないように関わります。だから患者さんの中には、「先生の顔を見ると自分ががんだと思い出すのが辛くて嫌だから、先生の顔は見たくありません」と言って来なくなる方もいます。それで私はいいと思っています。そういう方こそ、もし再発したら、また私のところに来ますので。一方で、がんになる前よりも元気に活動的になっているのに、定期的に私の顔を見にくる方も多い。それはどうしてなのかというと、非日常的な、たとえば死というテーマを抱えながら日常を生きる辛さですね。けして楽なことではない、前より辛いのだけど、でも前より価値があるからやっていける。でも辛いから誰かと対話して、誰かと共有したい。「こんな話は先生にしかできませんから」と言う患者さんがたくさんいます。それは私と出会ったことで、こんな話をして、こんな考え方をして、こういう状況になった責任の一端があるのだから、他に対話の相手がいないのだったら、聞く義務があると思います。だから、「また話したいことがあったらいつでも来てください」となりますね。

二　カルト信者における日常と非日常

では次にいきます。カルトに入信した信者が喪失するものも、「時間存在の喪失」「関係存在の喪失」「自律存在の喪失」の三つの見方から考えることができると思います。

「時間存在の喪失」をカルト問題に当てはめると、たとえば死後の世界での存在を重要視するあまり、現実の生活を軽視することに相当すると思います。私自身の宗教的な見方かもしれませんが、「現世でどんなに苦しい思いをしたり、嫌な思いをしても、それが死んだあとに報われるなら構わない」という考え方は、結局は一種の損得勘定です。損得だから死後にいい思いができるのなら現世で辛くても、場合によっては罪を犯しても構わないのだということにつながっていき、それは必ず実際の生活の軽視になり、この世で生きている自分の存在を時間的にも喪失させてしまいます。やはりこれも無意識的な、非日常のテーマに日常が飲み込まれた一例なのでしょう。本来は日常が成り立つからこそ非日常のテーマにアプローチできるはずなのです。それが、非日常のテーマに偏らせ、日常を軽視するように、カルトの教義や手法によって誘導されてしまう。本人の内的な心の営みの結果なら、まだ救いがありますが。

「関係存在の喪失」に関しては、入信前の人間関係は否定され遮断されるという現実のカルト信者の人生通りです。教義などで求められなくても、実生活を軽視する段階になると、周囲の人間との関係性などは、信者自ら否定したり遮断したりするようになります。

「自律存在の喪失」に関しては、カルトに入信した信者の場合は明白で、絶対的帰依対象（教祖＝神）に対する盲目的服従のことです。教祖や教義上の神に絶対的に帰依することは、ある種の社会的責任放棄ですが、時間存在や関係存在の喪失が、社会とのつながりを弱めたり消したりするので、自律存在の喪失などという状況が起こりうるわけです。服従の関係には、自ら好んで奴隷的な立場になることを望む心の働きが関与していて、服従すれば自分で物事を決めなくて済む、言われたままに生きれば誰かが責任を取ってくれる状況になるわけで、その安心は快感と言えるぐらい安楽な状況だと思います。サルトルの言う「現代人の自由の刑」から逃れられるわけですから。逆に自分で自分の責任を取る、自分で決めるということは苦しいことなわけです。そうすると、カルトから脱会することで喪失を回復することは、新たな苦しみがともなうことになります。「抜けたら楽になるよ」というほど無意味な示唆や指導はないわけです。脱会して自分の意志を頼りに生きるのは、入信し続けるより不安で苦しいことだけれども、そうすればあなたの生きていく人生の意味は高まるはずだ、という視点で寄り添い、脱会者との関係性を回復させながら自律性の回復を図らないと、帰依対象を失った脱会者の心のバランスはとれなくなります。

信者の方は、カルトへの入信は自由意思だと信じています。自分がカルトに出会って、自分で選んでいわゆる喪失の状況になったと思っています。しかし、それは本当にそうなのでしょうか。哲学的な話になりますが、人間の自由意思とはいったい何なのかという問題になってきます。あるカルトでは勧誘者と被勧誘者の関係に「霊の親と霊の子」のような擬似的親子関係を与えますが、心理学では、ある人の自由意思や決定の多くは養育環境に影響されると考えます。ですから私は、患者さんに対して、「あなたが今のあなたであること」と、これまでつくり上げてきた両親や兄弟との関係を話題にします。たとえば、親を盲信的に信じ親の望みに沿って生きるのを依存的と言うなら、問答無用に親に反発するのも表裏一体の依存なのです。親は祖父母からどのような人生を与えられ、どのような理由で自分にそれを与え、自分自身はそれの何を受け入れて、何を受け入れなかったかということを、自分で考えたときにはじめて自立のプロセスが始まります。

ある意味で哲学的に言えば経験論的ですが、人には自由意思が元々あるのではなく、苦しみながら生きる中で自由意思を育てる、自分自身の人生で自由意思はつくり上げるというのが臨床心理学の捉え方です。その見方からすれば、親から離れてカルトに入るというのは、自立と同時に成長的な側面もある。もっとも、カルトの信仰が、親より信じられる、より頼りにできる親の代理を求める行動であって、結局自立ではなく依存対象の変更というケースもあるかもしれません。

もしも私のがんの臨床の現場を、カルト脱会信者の面接に当てはめてみると、「これ（カルト入信）が、あなたの人としての成長過程には必要不可欠だったのですね。ご両親は、あなたが議論して戦うにはちょっと不甲斐なさすぎたから、もっと手強い相手が必要だったということですかね」というような問いかけをするのではないでしょうか。その上で、カルト信者としての活動では、人に迷惑をかけ取り返しのつかないことをしたかもしれませんが、当人の心の中で起こったことについては、おそらくすべてあるがまま受け入れると思います。それを肯定しなければ、その方が脱会後の苦しい現実に立ち向かう意欲やエネルギーは生まれてこないからです。カルトに入信した信者が、日常を喪失してまで得ようとした非日常の課題の重要性だけは、支援する我々も認めることが絶対に必要です。ただカルトから与えられた答えの真偽を確かめるのは脱会後の当人ですから、「教義の真偽を確かめるのは、これから先のあなたの人生ですよね。入信した状態の人生を続けて、それができると思いますか？」という問いかけも必要だと思います。

結局、脱会した状態を維持できるかどうかは、脱会者の心の内面によるわけですが、脱会者当人の人生において、非日常の課題が脱会後に無意味になるということは絶対にありえないと思います。ですから、脱会後の信者には、入信していた頃に中心だったはずの非日常の課題がその後も意味を持つような、入信前とは異なる新たな日常の構築が必要であり、脱会後の支援にはそれを念頭に置くことが必要になってくると思います。

三　心理臨床における日常と非日常

カルトに入信してしまった家族が脱会したあと、親や兄弟が最も陥りやすい失敗は、「日常の回復を求めすぎて、非日常のテーマ（神・死）の重要性を無視する、軽んじる」ということです。たとえば親からすれば、神や教祖、生きる・死ぬという非日常のテーマそのものが、自分の子どもを狂わせた原因だと考えてしまう。しかし先ほどから繰り返し触れてきたように、その親自身も「人はいつか必ず死ぬ」という、非日常の課題を有しているわけです。もし、脱会した子どもさんと真剣に向き合いたければ、親自身が「自分もいつかは死ぬのだ」という、お子さんと共有できる非日常のテーマに向き合ってもらう必要があります。そうでなければ、死や死後のことを真剣に悩み苦しんでいるお子さんに、近づくことができません。死ぬことを忘れて日常を楽しめるというのは、ある意味で忘却の達人でしょうね。でも通常の私生活では忘却の達人になっても、プロとして脱会支援や、がん患者の心理臨床に関わる仕事に携わる人間は、自分自身が、非日常の課題を忘れていないかを意識しておかなければいけないと思います。もちろん、非日常の課題を棚上げにすることは一般の人々の日常なので、このこと自体を否定すると、脱会者やがん患者の家族がついてこられなくなってしまいます。日常の生活とバランスがとれる程度に非日常の課題を取り上げ、家族と脱会者が共に共通の問題認識を持てるように支援者が間をとり持つように働きかけることが大事だと思います。

何とか非日常的なテーマを共有できた段階で注意することがあります。「カウンセラーの先生は、本当に自分と同じような悩みに向き合ってくれる」という脱会者の共感が得られたとしても、本来非日常の課題に対する答えは、人によって異なるはずです。自分の人生の意味や目的が、他者と同じなのはおかしいですから。ところが、カルトの手法は、「これが万人に共通の答えだよ」と信者に単一の答えをすり込んでしまうわけです。そこから抜け出してきた脱会者は、代わりの答えを求めますので、絶対にカウンセラーから答えは与えないことです。脱会者は影響を受けやすい状態にあり、カウンセラーを「この人しか信用できない、この人しか頼れない」と思ってくれたときこそ、答えは脱会者に考えてもらう必要があるのです。がん患者さんとの面接では、「私は自分なりに信じていることはあるけど、それは私の人生にしか使えません」、「面談室で私と話していても、あなたの答えは見つかるはずはないので、家に帰って家族とちゃんと向き合ってください」などと言っています。自分の人生には苦労しかなかったと嘆く初老男性に「奥さんに一回でも『ありがとう』と言ったことがありますか」と問うこともあります。大事なことだとは思いますが、自分でも改まっては言い辛い言葉です。それを真剣な面談の中で相手に問うのですから、この質問や言葉の真意はセラピストである私の心にも残り、結局お互いの人生に影響するわけです。この点が後述する影の問題につながってきます。

脱会者が回復する過程の話をしているのですが、何が回復に相当するかは、現実には定義が難しい。主観的にはその個人が「生きてきてよかった、生まれてきてよかった」と思うことができれば、一つの回復とは思いますが、入信しているときにもそのように感じる瞬間はあるわけです。主観について少し補足すると、日常を見失ったがん患者さんがそうであるように、カルトに入信している人は、自然と向き合って「きれいだな」と思ったり、「自分はちっぽけだな」と思ったりするような原始的な情動にすごく疎くなっているのではないかと思います。むしろ、観念的な方向に偏りすぎているような感じです。がん患者さんの回復過程では、自分を取り戻してきていると感じる方がよく語られるのは、「先生、今日、いいんですよ、すごく。でも私が何をいいと思っているか、誰にもわかりません。私だけにしかわからないんです」という感じで、特別なことでなく、日常の生活の中にある、ふと気がついた当人だけの幸せが見つかった、というのが典型的な回復の兆候です。たとえば、朝、窓からすごくきれいな雲の流れる景色が見えるとかです。それとは対照的に、がんを公表したり闘病宣言することなどは、他者からの賞賛や承認を求めているのではないにしても、アピール性が強く、まだ内的な運命の受容として本物じゃないような気がします。自分だけのものを見つけたがん患者さんには、「ああ、あなたにしかわからないものだったら、それはあなただけのものですよね」とその患者さんの人生が自分だけの固有なものに近づいたことを喜びます。でも、そんなことが人の思惑だけで起こるはずがない。観念の世界だけではなく、現実を生きて、現実に起こるさまざまな出来事や、たまたま起きる偶然をしっかり感じて生きることが必要な感じです。これは宗教的な感覚ではないと思うのだけれど、日本古来の八百万の神が路傍の石にもトイレにさえも、どこにでもいるという思想というか感覚に近い感じです。

私の外来に通う患者さんの七割は女性ですが、特定の宗教を信仰している人はほとんどいません。でも、ある瞬間に「これでいいんだわ」と自分を見つけていかれるんですよね。自分の人生を見つけようという意志に関しては、男性のほうが弱々しくて、女性のほうが圧倒的にたくましい。男性のほうが観念に偏りやすく、女性のほうが現実と内的感覚のバランスをとるのが上手なことと関係があるかもしれません。

完璧な人間がいるわけがないので、もし自分固有の人生を見つけようと思えば、自分の不完全な部分に向き合う必要があります。がんに直面すると、それまで人生で棚上げしてきたことが棚卸しされ現実に問題化します。もし自分の死を意識せずに、突然死んでしまえたなら、そんな大変な問題に直面せず、でも何も解決できないまま終わりです。でも、死を認知してから時間があれば、苦しいけれど、それだけ自分の人生の価値を高めたり、あるべき自分に近づけるチャンスがあると私は考えます。だから最初から言うことはないですけど、「病気になってよかったですね」と言えるがん患者さんは何人もいます。大概は「本当にそう思います」と御返事いただきますね。

精神に関わる仕事をしている私が言うのも逆説的かもしれませんが、日常的な課題が薄い人生って、本当に空しくて薄っぺらな、殺伐とした荒野のような感じの人生だと感じます。よくヘブライというか、キリスト教やイスラム教など砂漠の宗教観では、自然は非常に厳しくて怖いというイメージがあり、東洋の宗教観では、自然は優しく慈しみ育んでくれるイメージと言いますが、心の中の世界って、本当に心の中だけに閉じ込められたら、殺伐とした全然豊かではないそれこそ砂漠のイメージじゃないかと思います。心と現実が結びついたときに、はじめて心の中が豊かになる。宗教でも心理学でも哲学でも、それが現実に結びついてはじめて営みそのものに価値が生じるという感覚があります。

質問者　日常、非日常というテーマについては、どちらも援助者としては大事にしていきますが、一般的なカウンセリングではそんなに日常、非日常のバランスや、双方をつなげることを毎回意識する必要はないと思います。でもカルトと非日常の問題を考えると、脱会を支援するには、カウンセラーが日常と非日常の認識を持っていないと、おそらく援助はできないでしょう。宗教に関連して、日蓮宗の荒行は、一一月一日より翌年の二月一〇日まで百日間、一日二食と三時間の睡眠、日に数度の水行と読経に身を削って行に邁進する非日常の世界です。そこからまた日常に戻り、自分の、お腹が空いたけどどうしようもない、眠たいけどどうしようもない、というようないろんな葛藤や欲望が出てくる状態に身を置きます。そのあとで俗世に出て、信者の方とか一般の方の支援をするときには、そこに降りていくというか、その段階に下がって対応していくようなところがあります。心理臨床の世界では、ちょっと降りていくというか、深めるというか、セラピスト自身が自分の無意識に目を向けていることが大事だと聴いて、私の中では宗教的カウンセリングと臨床心理的カウンセリングとの共通点が見いだされました。おそらくこれからカルトのカウンセリングに関わっていく方々には、そういうところが必要ということなのでしょうね。

小林　私もその通りだと思います。そういう思いを共有できる臨床家の後継者は、今の日本社会の流れの中では、なかなか育ちにくい。こういったことは、本では学べないですよね。経験とか体験など、文字で学ぶ知識との間にものすごく差のある部分で、人から人へ伝えていく必要のある世界ですので。

四　カウンセラー・援助者・家族の側の（影の）問題

脱会者に教祖からの自立を促すのが脱会カウンセリングの側面だとしたら、依存状態にある信者に自立を促すためには援助者が脱会者に対してある種の影響力を持つことになります。これを臨床心理学的には援助者の有する「力」と言いますが、力が存在すれば、たとえ援助者が別の教祖になり代わるのではなくても、脱会者と援助者の関係の中に援助者自身が教祖化するリスクが常に存在しています。たとえば、脱会支援に関わる方からお聴きした話ですが、相談に来ていた人の目つきがある瞬間にパッと変わって、「あ、この人は脱けるな」と感じたときに、えも言われぬ満足感というか恍惚感のようなものを感じたと聞いたことがあります。これは、援助者の「力」の行使による喜びであり、この「力」をコントロールできなければ、援助者自身が「影」に飲み込まれ、教祖化してしまいます。

ユング心理学では「影」という概念を使いますが、「影」は、守銭奴や詐欺師の心には生じません。むしろ本当に人を助けたい、人の役に立ちたいという、「こころからの善意＝本物の光」のような何かがあるときに、「影」は現れると言います。ですから「影」の存在が悪というのではなく、援助者が「強い光」をもって関わろうとするほど自分の中に生じる「影」を認めることが重要で、「光」を強めて「影」を消そうとすればますます「影」は大きくなり、やがて「影」に飲み込まれる、というのがユングの教えです。だから「影」を消すのではなく、自分の中の「光」と「影」を確かめ、対比させ、矛盾を内包した状態に耐えながら、バランスをとり続けなければなりません。

光と影をイメージで表すならば、陰陽太極図のような感じでしょうか。お互いがお互いに入り込んでいながら境界線はあって、お互いの領域を定めているような感じです。たとえば自分の心の中に人を恨む心があっても、それは人としてなかなか消せない。でも一方で人を信じる心、人を助けたい心もどこかにあります。恨みの心は、人を助けたかったり信じたかったりする心があるから、逆に生まれるということです。そういう相対的な関係を、自分の中で再認識できると、恨む心があっても恨みの行動にはならず、恨む心があってもその人の心が傷つかないという状況がありえます。ただ矛盾する二つの思いを抱える葛藤には耐えないといけないですが、生きている限り。

ですから、脱会者が「光」を求める限り、その「光」を与える援助者から「影」の危険性を消すことはできないので、「影」への対処＝援助者の教祖化にどのように対処するかが、援助者自身にとって重要な課題なのです。

まとめとして、脱会カウンセリングのような精神療法家とクライエントの関係に「力」が強く介在するような臨床の場で、「影」に飲み込まれないために必要な基本的態度を、ユング心理学の教えとして説明します。まず「半信半疑」、これは信じることも恐れず、疑うことも恐れず、その両方が必要ということ。次に「盲信しない」、なぜ自分はそのセラピストや宗教・心理学の教義を信じるのか、理由を考え続けること。そして「一面的にならない」、物事には別の見方や考え方がありうるという可能性を忘れないこと。最後に「絶対的なものに囚われない」、自ら決定を放棄せず、考え悩み続ける覚悟をするということです。この「常に信じ、常に疑う」という態度が、宗教と哲学の出発点であることは偶然ではないと思います。また、信じかつ疑う対象は、教義や他者だけではなく自分自身に対してでもあり、それが「影」に飲み込まれないためには重要な態度と考えます。

宗教やカウンセリングにおける「影」の問題に関しては、武野俊弥『嘘を生きる人　妄想を生きる人――個人神話の創造と病』(新曜社、二〇〇五年)をお読みいただくのがよいと思います。武野先生は私のユング心理学の指導者なのですが、この本はオウム真理教の事件に触発されて書かれた本で、ユング心理学的な視点だけでなく宗教的な視点からも、カルトの問題に取り組む参考になると思います。

これは武野先生の言葉ですが、「セラピストの中から美意識的なものが出てくるときに、クライエントが動く」と。美とは一義的なもの、理由のない情動・感覚ですから、要するにセラピスト自身の無意識とか、非日常のテーマが動かないとクライエントは動かないのだと理解しています。精神療法は一見すると言葉を使ってのやりとりなので、言語の力や理性を働かせる営みではあるのだけど、実際にクラ

図2　巨大なバオバブ(無意識)に破壊されそうな星(心)

イエントの心を動かす原動力は、言葉の背景にある無意識的なもので、そこが共鳴しないとクライエントの変容は起こらないはずです。グッゲンビュール・クレイグ先生は、ユング研究所の所長を務めた方ですが、自分は「ユングの理論より、ユングのクライエントに対する考え方とか態度が尊敬できた」と言っていたと聴きました。クレイグの著作『心理療法の光と影――援助専門家の〈力〉』(樋口和彦・安渓真一訳、創元社、一九八一年)も、支援に携わる人には欠かせない知見を与えてくれると思います。ユング自身が自著の中で「臨床の場では理論を用いるべきではない」と述べています。理論はどうでもよいわけではないですが、臨床では態度や誠意など、自分の人として持っているもので臨むことが大切だということですね。

最後に、「非日常的テーマを扱うリスク」についてユング心理学をベースに考えてみたいと思います。この絵(図2)は、『星の王子さま』の星とバオバブの木のつもりです。『星の王子さま』と作者サン＝テグジュペリについては、ユング心理学者M-L・フォン・フランツが、著書『永遠の少年――「星の王子さま」の深層』(松代洋一・椎名恵子訳、紀伊國屋書店、一九八二年)で詳細に分析していますので参考にしてください。王子様の星では、バオバブの木が大きくなると星を破壊してしまうのでせっせと刈り取る話があります。ユング心理学の物語的な理解では、バオバブの木は無意識やそのエネルギーを表していると考えます。バオバブの木が大きくなりすぎると星が壊れるように、肥大化した無意識は、人をまるで神に近づいたような気にさせ、自我を不安定にし、やがて破壊してしまうということが起こります。そして、木を刈り取る作業は、まさに日常を地道にこつこつ生きることに相当します。カルトへの入信もがんにかかることもまさに人生の危機であり、危機は無意識を活性化しますので、活性化した無意識を抱えた人と向き合う援助者自身も、大きなリスクと直面することになります。結局、援助者がこのようなリスクに備えるためには、学術的な勉強だけでは足りず、自分の人生や生活そのもののあり方を、自ら顧みる必要があるということです。

今回はあまり触れなかったのですが、回復過程では、がん臨床で言うと、「共に死にゆく私たち」と表される「仲間の存在」が重要な意味を持ちます。がん臨床の場合は、がん患者さんにとって周囲の人もいずれみな死ぬのだと思い出してもらえれば、仲間はたくさんいるわけです。しかしカルトの信者や脱会者の場合、心の一部でも出せるような仲間の存在は簡単には見つかりませんし、もし見つかっても今度はその仲間同士で依存関係になりやすいです。お互い自立しながら支え合うという関係が維持できるように見守っていかなければなりません。

質問者　精神療法家やカウンセラーはケアを提供する役目なのですが、脱会者に「自分で心を明かせる仲間を持つ努力をすることが、最終的には大事なんですよ」と言いたくなることがあります。また、影の問題と治癒の空間に関して思いあたったことがあります。自己啓発セミナーにはまってしまう人たちなのですが、それを主催する人たちというのはまさに影の部分に支配されているというか、勧誘する相手の態度が変わった瞬間、本当に喜びを感じているのですね。はじめは相手をサポートしているのだけど、意図的に相手の心を変えていって、感情も操作できるということに非常に惹きつけられてしまう。こういう力に魅入られた人たちが自己啓発セミナー業界に流れていって、そのひどいところがホームオブハートのようにクライエントから数百万円のお金を収奪したり、クライエントを集団生活させて完全に取り込んだり、といったことを起こしている。自己啓発セミナーにボランティアで参加している人に、どうして何度も参加しているのか聞くと、人が変わる瞬間を見ることができるし、それを見て感動をシェアできると言うわけです。また、テンションが高い状態で生きていきたいのだけれど、日常に帰るとテンションが下がるので、またセミナーに戻ってしまうというケースがあるようです。

小林　今の、自己啓発セミナーにボランティアで参加している人の話は、先ほど触れた心の中だけに閉じ込められた、砂漠のような人生の一例です。テンション高く現実を生きられるわけがありません。セミナー参加の目的は、心の満足や手応えだけで、現実の生活にないこともカルトの問題と共通しています。心が何かを見いだすことは無意味ではないと思うけど、それを本当に有意義なものにするには、心と現実に折り合いをつけ、それをつなげるための苦労が必要です。そう簡単には折り合わないものを、なんとか合わせる苦痛を味わってはじめて本物になる。もし自己啓発セミナーで信じた自己実現が本当のものであれば、日常生活に帰っても元気はなくならない。周囲に認められたり信じてもらえなくても、その人自身が本当に自己実現の道だと信じているのなら、力も出るし元気で前より頑張れているはずです。そこを内省的に考えてもらう必要がある。影というのは、人のためになると思えば思うほど強くなるもので、はじめから計画的にお金を収奪するような悪意とは違うものです。

質問者　影に関してですが、カウンセラーや臨床心理士の修行をしていない、たとえばエホバの証人の中で、長年者でたくさん弟子を生んでいるような信者は、長老より力があり、影響力を武器にしていました。また、今通っている教会の中にも影響力を持っている人はいて、それを救出カウンセリングでお世話になった牧師先生と脱会した元メンバーの関係性に、もしかしたら脱会後も長期間引きずっている人がいるのではないかなと、ときどき心配になります。脱会者が教祖的ポジションの人を求めてしまうために生じる関係性は、カウンセラー的立場の人にも脱会者の立場の人にも両方存在します。この人だったら頼れると感じた人に依存したり、無料奉仕みたいなことをしてしまったり。ちょっと危ういな、と感じることがあります。

小林　いわゆる奴隷的な立場を求める気持ち自体が影の持つ力の一種で、それは明示的に力で縛られる支配とは違い、影響力という言葉通りの、見えないところで影が響きあう力です。また、自分自身を犠牲にして誰かを助けることは、その相手を加害者にするわけだから、結局人を助けたことにならない。誰かを助けること自体が援助者自身のためになるとは、どういうことなのか理解する必要があります。たとえば病気になったり年老いたりでいろいろなことができなくなったとき、誰かに助けてもらう必要が生じるのは万人共通の宿命です。助けてくれた人に対する感謝だけでなく、助けられたという運命＝自分の人生そのものに対する満足や納得がそこに生じたとき、助けられた人にも助けた人にも得るものが生まれる。生きる苦しさを乗り越えるために仲間と同じ方向に向かって力を出すと、それは互いに強め合い、勇気を生むのだけど、同じ力も人に向かって支配力＝権力になってしまうと、そこに影が生じます。影はすべての人の心にありますが、それはすべての人に光があることと同義なわけです。光と影の両方を抱えて生きる覚悟が、人生には必要なのでしょうね。

第二部　カルト臨床の事例

1　回復を支援する——専門家へのインタビュー

カルト・カウンセリングとは、カルトから回復するために支援するカウンセリングのことを言います。回復するためには、カルトから脱会すること（物理的離脱）とその体験をバネに自立すること（精神的離脱）が必要です。離脱するにはきっかけが大切です。それがいつ訪れるかは人によって異なります。カルトでの長期間に及ぶ生活に疲れ、教えや活動に疑問を持っていても、身体を休め、じっくり自分のことを考える時間がなければ、離脱することがなかなか難しいのがカルトとも言えます。

カルト・カウンセリングの初期には物理的離脱（exit-counseling）、すなわち本人と家族との話し合いの場をセッティングすることに力点が置かれました。しかし、現在は精神的離脱（cult consultation）を促す方法が中心となり、信者のままであってもさまざまなかたちで家族の思いを当人に伝え、長い時間をかけて内省を促すことも試みられています。

カウンセリングを受けるにしても、コンサルテーション（アドバイス）を受けるにしても、本人が納得して受けるものでなくては効果がありません。決意するのは本人であり、それを後押しするのが家族や友人、関係者の熱意です。

脱会を決意し、離脱したとしても、それは長い回復の道筋を歩き始めたにすぎません。その先に何が待ち構えているのか、カルト・カウンセリングに長期間関わってきた専門家に話を伺うことにしました。インタビューはカルト・レジリアンス研究会のメンバーが行いました。質問の内容は次の五点です。

①専門家として被害者に関わってこられた経歴を教えてください。
②カルトへの入信・回心・脱会のプロセスをどう捉えておられますか。
③脱会後に回復していくプロセスには共通の特徴がみられるのでしょうか。
④カルト団体によって回復のプロセスに違いは見られますか。
⑤カルト被害から回復するための要点とは、ひと言でいえば何でしょうか。

この順に回答されたカウンセラーもいますし、順序を変えたり、別な観点を示されたりしたカウンセラーもいます。構成は聞き手が行いました。

杉本誠牧師（聞き手　杉原輪・伴麻子）

略歴

一九四八年愛知県で生まれる

東京神学大学を大学紛争のため中退し、一五年のサラリーマン生活を経て、一九八七年に日本基督教団西尾教会牧師に就任

一九八七年より二七年にわたり脱会支援に関わる。これまで救出カウンセリングに関わったケースは五〇〇事例を超える。そのうちの九割が統一協会。一九九三年には元新体操オリンピック選手山﨑浩子氏の救出に関わる

一九九五年五月に統一協会の妨害行為を提訴し、一九九七年九月に勝訴判決

二〇〇一年に名古屋弁護士会（現：愛知県弁護士会）人権賞を受賞

一九九〇―二〇〇〇年：名古屋「青春を返せ」裁判を支える愛知の会代表

一九九七―二〇〇二年：日本脱カルト協会（当時：日本脱カルト研究会）理事

二〇〇三―二〇〇六年：日本基督教団統一原理問題全国連絡会世話人

現在

日本基督教団西尾教会牧師

愛知県にて「カルト被害者家族の会」を主宰

日本基督教団中部教区「原理問題」対策委員会委員長

著書

『統一協会信者を救え――杉本牧師の証言』緑風出版、一九九三年

カルト問題に関わるきっかけ

牧師になったばかりの一九八七年の九月に、地元の市民グループで講演会を企画したのですが、その内容が「霊感商法と国家秘密法」と題するもので、東北学院大学の浅見定雄教授を招いての講演会でした。するとその企画を進めるうちに、私の自宅に無言電話がかかってきたり、夜中にドアを叩く音がしたり、屋根に小石のようなものがぶつけられるなどの嫌がらせが始まり、最終的には突然ある男性から喫茶店に呼び出されて「お前も朝日の記者みたいになりたいのか」と脅迫されることまで生じました(八七年五月三日、朝日新聞社阪神支局が散弾銃を持った何者かによって襲われ、死傷者を出した)。この脅迫事件が八七年九月二九日に朝日新聞で報じられ、私の名前や教会名が出ましたので、その記事を見て「霊感商法の被害にあった」という家族たちが次々に私のところに相談に来るようになったのです。

その新聞記事を見たという方たちからの相談は七〇件ほどにのぼりました。しかし、当時は牧師になったばかりでもあり教会の牧会のほうに力を入れたかったですし、統一協会については全くわかりませんでしたから、すべて断っていました。北海道から訪ねて来られた方もいましたが、それも断りました。そんな中、私の知り合いのクリスチャンの青年が、家族が統一協会に入信したという方と一緒に相談に来られて、その青年の頼みだけはどうしても断りきれませんでした。そこで、その頃すでに脱会支援に取り組んでおられた牧師さんのところへ家族と一緒に行って相談をしました。その両親はこれまでに何度か娘の説得を試みてきましたが失敗してきたという経緯があって、その娘さんもしたたかな方でした。私が彼女に会いにいくと、彼女は私がまだ説得に慣れていないことを見抜いていて、嬉しそうにしました。そして私に聖書の話をしてほしがり、私も得意になって話していたのですが、今思えばそれによって、本人は余計に「原理」(統一協会の教義である統一原理)の信仰を強くしていったと思います。彼女は脱会を決意し、カウンセリングが完了して自宅へ戻ってきたのですが、その後一週間ほどしてから彼女は教団に戻ってしまいました。偽装脱会だったのです。彼女が出ていったすぐあとに私と父親とで教団施設を探し回りましたが見つかりませんでした。そのときの親の苦しみは、地獄の苦しみですよね。この方のカウンセリングがうまくいっていたなら、私はそれ以後脱会カウンセリングには関わらなかったかもしれません。しかし、その後も両親は私のところへ相談に来られますし、その両親を本当に気の毒に感じて、次のチャンスがあれば絶対にこの子を脱会させたいと思うようになりました。そのためには自分に実力をつけなければならない。そういう動機で次々とやってくるカルトの相談を引き受け始めたんです。そういう話をよくしているので、脱会した子たちはよく「私たちは○○さんを救出するための練習台だから」と言っていたほどです。そして一〇年後にまたその方のカウンセリングに取り組むことができ、彼女は脱会しました。するとその頃にはもう脱会支援から逃れられなくなっていて、現在も相談支援を続けているというわけです。

脱会後の本人への対応を相談初期から家族に強調

これまで五〇〇件ほど脱会カウンセリングに関わってきましたが、かなり早い段階から「やめさせること以上にやめたあとが大事だ」ということを感じました。たとえば統一協会の場合、脱会したあとに早く結婚させようとしたりお見合いをさせようとする親がいます。しかし、統一協会の教義では結婚というものはとても重要な意味を持っていて、教祖である文鮮明が選んだ相手と結婚することが神の御旨であり、そうではない結婚は堕落結婚と言って障害を持った子どもが生まれると教えられています。だから、脱会したばかりの人に見合い結婚を勧めるなんて絶対にしてはいけないことです。

脱会したあとに本人がどういう状態になるかを知るために、現在信者たちがどういうつもりで活動しているのかを徹底的に学んでもらいます。そして脱会させる以上に脱会したあとがどれだけ大事かっていうことを知ってもらう。それからでないとカウンセリングには入れません。だから私のしていることはもうほとんどそれですね。

月一回開催しているカルト被害者の会でも、脱会後のことを強調して話しています。家族にはカウンセリングに入るまで最低半年はその会に通ってもらうようにしていますし、長い方で一〇年通っておられる方もいます。早くに救出できればそのほうがいいという考え方もありますが、親が三年も四年も通ってその間苦しみ続けた経験があると、脱会後の親子関係がよりうまくいくように感じます。実に一〇年かけて本人を救出した家族もおられますが、その家族の脱会後の親子関係がとてもよいのです。親が本当に知りつくしたからです。その一方で、簡単に救出させてしまうと「のど元過ぎれば」と言うもので、親もすぐに忘れてしまって本人に平気で傷つくようなことを言ってしまいかねません。

ただ、それはわざわざ時間をかけなさいという意味ではなくて、たとえば若い人や年数の浅い人の事例だと時期を急いだほうがいい場合もあります。ですから、たとえ準備の期間が短期間であっても、その間に何をするかということが大切です。手段的なことばかり考えているのでは、時間をかけてもうまくいきません。

救出の鍵は「愛情の体力」――親の救出を目指す子どもたち

これまでは入信した子どものことで親が相談に来るケースがほとんどでしたが、最近では親の救出に子どもが取り組むケースが増えてきました。主婦の献金額の平均は三千万―四千万円です。年数が長いほど高額になりますし、借金してでも献金しようとしますから、子どもたちは負の遺産を相続してしまう事態になりかねません。だから、子どもたちが親を救出したいと思う最初の動機はたいてい金銭問題や遺産問題です。子どもたちは自分が結婚を考えるような年代になって、お母さんのことを本当にこのまま放っておいていいのかと考え始め、きょうだいで話し合って相談に来られます。

私はそんな彼らに対して「お金のことを考えていて、お母さんを救出できるの？」と尋ねます。そういう段階から始まって、毎月の相談会に半年、一年と通っていくと、その子どもたちは着実に変わっていきます。子どもを助ける親たちは彼らほど鮮やかに変わらないのではないでしょうか。やはり若さのせいでしょうか、彼らは飲み込みが早く、変化が著しいです。もちろん諦める人はすぐに諦めてしまいますので淘汰されていきますが、半年、一年と通い続ける方たちは、「家族とは何なのか」ということについて真剣に考え始めます。そのような姿を見せられると、この家族のために何とかしてやりたいという気持ちにさせられます。

それでは、統一協会に長年入信しているお母さんがいるとして、そのお母さんを私のところへ連れてくるためには子どもたちは何をしないといけないでしょうか。子どもたちはこれまでお母さんとさんざん喧嘩をして、いくら話してもやめてくれないし普通の話もできないということで、お母さんに近づきもしなくなっています。だから最初に彼らに対して「それはだめだよ」と話します。「まずは普通の母と娘・息子の会話ができるようになりなさい」と。そこから始めさせるわけですね。今まであまりお母さんの家に行かなかった子どもたちがお土産を持って母親の家に行く。お母さんは最初は警戒したりしますけど、不自然ではないようなかたちで何カ月か続けていくと、徐々に親子の関係が戻ってきます。統一協会の主婦たちは本当に信じ込んで活動していますからたくさん献金もしますけど、同時にものすごい不安も持っていると聞きます。次から次へとお金のノルマを言われて、心の中で矛盾を感じながら活動していますから、もしこの教えが嘘だったらという恐怖感はいつも持っています。脱会してからでないと認めませんが、脱会したらみなそう言います。だから統一協会の問題に全く触れないままで、家族の距離が近づいて信頼関係ができていくと、いろんな愚痴というか、活動の中で辛いことをポロっと娘に言い出すことがあります。そういうふうになると救出の可能性が出てきます。

私は保護説得はしませんので、私の自宅まで家族に本人を連れてきてもらう方法をとっています。これは家族にとって相当大変なことです。およそ一週間程度、毎日私のところに通ってきてもらいます。一回来たからといって翌日も来てくれる保障はありません。本人の納得の上で、家族か親族の家から私のところへ通ってもらいます。この方法は拉致監禁とは言えません。ただ、家族の並々ならぬ努力と愛情が必要な方法です。

しかし、およそ不可能と思われたようなケースでも、子どもたちが必死に母親を説得して連れてきてカウンセリングを成功させています。本当に子どもたちが、家族が必死になると連れてこられるのです。このような家族の力を「愛情の体力」と私は呼んでいます。

愛情の体力を発揮するには家族が一つになって取り組むことが重要です。あるケースでは、娘の夫まで会社を休んで協力し、子どもたちと一緒になって母親と話し合って連れてきました。母親は娘に対しては強気に出ますが、娘の夫に涙ながらに頼まれれば来ざるをえないです。そうやって家族が一丸になって覚悟を固めて話し合うことで、事態が動きます。

事例1――三歳の孫の存在

私のところに来てくれたとしても、カウンセリングは容易ではありません。子どもたちの頼みを聞いて来たものの、相手の牧師が杉本だとわかると大騒ぎをして帰ろうとすることもあります。それを家族がもう一度必死に話し合って、カウンセリングが始まるわけです。

ある事例では、母親をカウンセリングしようとする息子夫婦に三歳の子ども（本人にとっては孫）がいて、その子をカウンセリングの現場にも連れてきていました。そのカウンセリングは一回に三、四時間、一〇日続けて取り組みました。話し合いの間、その孫には別の部屋で過ごしてもらったのですが、その子はその一〇日の間、泣いたり騒いだりしてカウンセリングに支障をきたすようなことは一度もしなかったのです。黙って玩具で遊んでいるか静かに寝ていました。三歳の子なりに、空気を感じていたのかもしれません。本人はそういう孫の様子を見て、「ここから逃げ出せない」という気持ちになったそうです。通常の場合、小さい子はカウンセリングの妨げになるからと預けてきてもらうことが多いのですが、この方の場合は預ける先がなかったので連れてきていました。すると、その孫が本人をカウンセリングに向き合わせる重要な働きをしたのです。

つまり、何が幸いするかということは誰にもわからないということです。カルトに入信した家族の救出に取り組むメンバーが本当に愛情を持ってやることに何も無駄はないしマイナスはないのだと思います。たとえカウンセリングの邪魔になるかもしれない子どもですら力になりうる。それが「愛情の体力」です。その愛情が本人に通じたら、カウンセリングができます。

事例２――脱会を通して家族全体が回復する

絶対に困難だと思った主婦のケースで、子どもたちが協力して母親を脱会させた事例があります。母親は二五―三〇年近く統一協会に入信していて、しかも母親は一人暮らしでしたので、ほとんど教団に住み込みのような状態で入り浸っていました。子どもは三人きょうだいで、それぞれ別々のところに住んでいました。正直、これはほとんど救出が不可能なケースだと思いました。しかし離れたところに住んでいる長女が中心になって、相談会に八カ月ほど通ってきて、きょうだい三人で仕事の休みを合わせてこのときに取り組みたい、と言ってきました。それでカウンセリングを引き受けました。

子どもたちが母親に牧師に会うことを了解させるのに、丸一晩かかりました。私のところにも何度も子どもたちから電話がかかってきて、こちらも寝ずに応援しながら待っていました。子どもたちは、母が牧師に会ってくれたら自分たちは三人とも「祝福を受ける」（合同結婚式に参加し、教祖文鮮明に配偶者を選択してもらうこと）とまで約束しました。母親はそれでも決心がつかずにいて、別居しているお父さんが一緒に来てくれるなら行くと、そのお母さんは苦し紛れに言ったそうです。本人はそんなことは起こらないだろうと思って持ちかけた話でした。父親は母とは別居していて、カルトの相談のことにも一切関わっていませんでしたから、協力は難しいだろうと私も思っていました。しかし、子どもたちはお父さんに夜中に電話をして頼み込みました。するとお父さんも、事情はよくわからないまでも子どもたちの必死さに動かされ、協力しようと引き受けたのです。お父さんが自宅に来て、妻が何をそんなに嫌がっているのかわからないままに「とにかく行くぞ！」と言って、お父さんも一緒になって本人を私のところへ連れてくることができました。そして図らずもそのお父さんも一緒にカウンセリングを聞くことになりました。

そうすると、話し合いの中でお父さん自身も変化していかれました。お母さんが脱会したあとも一年くらいお父さんもお母さんに付き添って一緒に被害者の会に通ってこられました。それまではバラバラだった五人の家族がこのことを通して一つになり、お母さんのためにそれぞれが変わりました。父親まで動かしたその三人の子どもたちは、借金を相続したくないからとかそういう理由からではなく、母親について「このまま教団にのめりこんだままでいたら、晩年のお母さんはどうなるんだろう」と本当に哀れに思う愛情から、自分たちが何とかしなければ、今自分たちにできることをしよう、と決心を固めたのです。救出する側がその本質的な気づきを得たら、必ず救出できると思います。

相談支援において一貫して続けていること

個人カルテの作成

私は救出の相談を受けたらその方の個別のカルテを作成し、ファイルに整理して保管してあります。そのカルテには、本人が書いたものや家族が書いたもの、たとえば本人の手紙や家族から送られてきたメールをプリントアウトしたものなど、そういうものを全部入れています。家族には、文章になっていなくてもいいから、本人のことで感じたことや思うこと、本人とやりとりしたもの、そういうものをすべて私に送ってくださいとお願いしています。これをたくさんくださった方ほど解決が早いです。私はこれらの集まった資料を、本人へのカウンセリングをする前にすべて目を通します。そうすることで、カウンセリングの場では本人のことをよく理解した上で会うことができます。本人のことだけでなく親子関係についてもよくわかりますので、いろいろなことを本人に言ってあげることができます。お父さんやお母さんがどれだけ苦しんでこの五年なりを過ごしてこられたかということが手に取るようにわかっていますから。それを本人に伝えられるのは私しかいないわけです。

信頼関係がカウンセリングの鍵

家族もそれだけの情報を預けている私のことを信頼してくれます。救出というのはそういう意味では、信頼関係を築けるかどうかがとても大切です。まずは相談者である家族と私とが本当にそういう信頼関係を築けるかどうか。今度は本人と会って脱会カウンセリングをするときに、いかにして本人と信頼関係を早く築けるか。それを築けなかったら脱会なんてさせられません。ましてや彼らは私のことをサタン（悪魔）だと思っているわけですから。それでも私と家族との間に信頼関係ができていたら、カウンセリングの場でそのことが本人に伝わります。自分の家族はどうしてこの牧師をこんなに信頼してるんだろうというふうに。それは演技ではできませんから、本当の信頼関係を家族との間につくることが、本人との間に信頼関係をつくることにつながるのです。

家族と信頼関係を築くために、私は家族カウンセリングの中で自分自身のことをさらけ出して話しています。相談者の中には牧師に対して、うまいことを言ってお金目的でしているんじゃないかという疑問を持ちながらやってくる人もいます。だから、あなたたちが私のことを本当に信頼できるかどうか見てほしいと伝えます。そして同時に、私もあなたたちが信頼に応じてくれるかどうか、どれだけやる気があって家族を助けようという真剣な気持ちがあるかどうかを見ていくから、と言います。そこから出発します。

被害者の会や個別の相談を通して本当にそういう信頼関係をつくり上げなければ、本人に会うことはできません。私から「そろそろ脱会カウンセリングをやりましょうか」と言う場合は、この家族とは本当に信頼関係ができて私自身この家族のために何とか時間を割いてでも取り組んでやりたいという気持ちになっているときです。それは相談会に来始めた順番でも何でもありません。たとえ短期間であったとしても、この人たちは本当に一生懸命で、かつ私のことを信頼しきってくれているとわかったなら、困難なケースであったとしてもやりましょうと言います。救出に成功した親たちが未解決の相談者の方たちによく「杉本先生に本気になってやってもらおうと思ったら先生を感動させなきゃだめだ」というふうに話していますが、本当にその通りなのです。この家族のために自分の時間を割いて本気で取り組もうという気持ちにさせられた相手でないと、カウンセリングには踏み切れません。

脱会カウンセリングのマニュアル化はできません

過去に心理学者の前で講演をしたときに、「杉本先生は素晴らしいことをしておられるけれど、非常に無駄が多い。それだけの事例があるんだったらもう少し救出をマニュアル化できないのですか」と言われたことがあります。私はそれに対して「いいえ、それはできません」と答えました。カルトはマニュアルで十把一絡げに入信させます。それなのに救出するときにマニュアル化して脱会させるのでは意味がありません。だから、これは一人ひとりどんなに大変でも出会うしかないのです。

私に言わせれば一〇〇ケースあれば一〇〇ケース同じ方法ではやれません。その家族だったらどういう方法でできるかということを家族カウンセリングの中で探し出していくしかありません。あるAという家族がこういう方法でやったから、Bという家族もそれと同じ方法でやれば成功しますなどということは言えません。いろんな家族の事例を聞いて参考にしながら、それでは自分たちの家族はどういうやり方ができるだろうと、その家族が自分たちで気づいて取り組んでいくしかありません。

「それだけの経験があればどんな人でもやめさせられるでしょう」と簡単に言う人もいますが、そんなものではありません。今までこれだけの人がやめたとしても、今相談を受けているこの人は例外的にやめないかもしれません。そのようにして私たちが苦しめられ悩まされる。私たちがそうやって苦しくならないと救出は成功しません。この人は簡単にやめさせられるだろうとこちらが傲慢に思ったら失敗します。自分が一件一件引き受けるごとに本当にヘトヘトに追い込まれて、夜にうなされるくらい（妻に言われるのですが、本当にうなされているそうです）追い込まれないと、一人の人間の魂は動きません。だから、マニュアルで脱会なんてさせられるわけがありませんし、そんな方法はあったとしても取るべきではありません。それでは牧師としてやる意味がありませんから。

本人の回復のために家族が担うべき役割

事例3――失敗した事例から

相談を受け始めて初期の頃、娘の救出のことで両親から相談を受けました。その娘は統合失調症で入院歴のある方でしたが、両親は本人が統合失調症であることを私に隠して相談を進めたので(今でしたら綿密に聞き取りをしますのでそのようなことは起こりえませんが、当時はこういうことが起こってしまいました)、いざカウンセリングを始めると本人には負担が大きすぎて精神不安定・興奮状態に陥り、そのまま精神科に入院せざるをえないような状況になってしまいました。入院して一定程度落ち着いた頃、母親から再度連絡がありカウンセリングの続きをしてほしいと言われました。本人も同意していると言うので、入院中の病院で精神科の主治医の立ち会いのもとでカウンセリングを続けました。

その後本人は退院するのですが、本人と両親は退院後も私のところにカウンセリングを受けに通ってきました。そしてあるとき本人は納得がいったようで、脱会を決意しました。その後は脱会者の会に参加するなかでリハビリが進み、他の脱会者のメンバーとも打ち解けて、脱会者の会に積極的に参加していました。

しかし、まだリハビリ中だったその頃、親は本人に見合いの話を勧めて結婚を決めさせたのです。見合いに際して、相手の男性には統一協会にいたことも精神科に入院していたことも私のところに通っていたこともすべて隠すから、脱会者の会の名簿から娘の名前を消してほしいと両親は私に言ってきました。本人からは今生の別れのような手紙が届いて、結婚後は一切こちらの集まりには来なくなりました。

その後、オウム真理教事件や統一協会の報道が出始めたことをきっかけに、本人は精神的に異常をぶり返してしまったようです。本人の夫が彼女の両親を問い詰めて事情を聞いて、私のところへ訪ねてきました。夫は私にすべてのいきさつを話してくれました。精神的に不穏になった彼女は小さい息子に手をかけるような行動にも出たそうです。夫は彼女とは離婚して自分が子どもを引き取ると話していました。彼女がその後どうしているかはわりません。私はこの親を教育できなかった自分の未熟さを責めました。

家族が担うべきケアの役割

家族にはまず脱会したあとの本人のケアについて徹底的に勉強してもらうと最初に言いましたが、それはこのような経験があったからです。家族カウンセリングの中心はどうやって救出するかということよりも、脱会したあとのことです。脱会後の本人のケアは、最終的には家族が担う立場にあります。一緒に暮らす家族が本人のケアをできなければどうしようもありません。だからそのために学びをしてもらいます。脱会したあとに親に変われと言っても間に合いません。

どれだけ学んで準備をしても、家族が脱会後の本人に完璧に適切な対応をすることは難しいでしょう。しかし、少なくとも本人に寄り添う努力をしている姿を見せるべきだと私はいつも話しています。普段は頑固者の父親が本人のためにそういう努力をしている。それを見せるだけで違います。それに、親が努力している姿を見せてくれると、私からも本人に話してやれます。あなたの父親は頑固者だけど、健気に努力している姿は認めてやろうよ、と。本人はやはり親に対して不満を言いますが、そういう努力の姿を見せ始めた父親だと、彼らも気づいてくれます。すると本人も楽になるところがあって、親を許すきっかけになります。

家族が担うケアというのは、プロがやるようなケアではありません。大切な人にきちんと向き合いたいという思いで、家族がぎこちないながらも本当に下手くそな努力をすることです。その姿を見せれば、本人はそれだけで乗り越えていけます。本人にとって受け止めてくれる場所は家族しかないのですから。

母親の救出の相談に来る子どもたちの場合も同じです。もしも父親が不在で母が一人なのであれば、子どもたちが救出後の母親の面倒をみなければなりません。そういう場合はそのことから話し合います。脱会後のことを真剣に考えていないならば、脱会させても意味がありません。夫(父親)がいる場合には、実際の取り組みは子どもたちが中心になって動くとしても、本人(母親)の脱会後には父親を頼らざるをえませんので、その父親にも相談の段階から関わってもらう必要があります。だから、父親にも相談会に出てきてもらいます。

また、夫が妻の救出の相談に来られたケースで、亭主関白な夫が妻を脱会させたあと、妻を抑えつけてしまうことがあります。妻が相談会に行きたいとか、教会に通いたいと言っても夫が反対してしまうのです。夫にしてみれば何十年も統一協会に妻をとられていて、せっかく取り戻したと思ったら今度はキリスト教の教会に通いたいと言うなんて、というふうに思ってしまったり、無意識のうちに牧師に嫉妬心や対抗心を持ってしまう場合もあります。

私自身、脱会したあとに教会に続けて通いなさいとは言いませんし、強制はしていません。しかし、本人に聖書を学びたい、教会に通いたいという思いがあるとすれば、それは歓迎しますし、家族にもぜひ認めてあげてほしいと思っています。ですから、最近では相談の時点で前もって、脱会後に本人が教会に通いたいと希望する場合がありますと話しています。もちろん強制的にクリスチャンにしようというのではありませんが、本人が希望するなら、それはとてもいいケアになりますから、家族には理解してもらいたいと思っています。

青年のカウンセリングについて

青年（子どもが入信したという親からの相談）のカウンセリングは、以前に比べて難しくなりました。「献身」（統一協会の専従職員となり、月二万円程度の小遣いで合同結婚式に参加するまで働き続けること）している子どもを親がここへ連れてくることはかなり困難です。ただ私は家族が諦めなければ道はあると思います。統一協会は教祖が亡くなってから組織が混乱した状況になっており、今後何が起きるかわかりません。すると本人が自分で組織に疑問を持つ機会が増えるかもしれません。もちろん、自分で気づいて自分で整理して脱会することは難しいです。疑問を持つといっても統一協会をやめるということには到らない、統一協会につまずくという段階です。まさにそのときに家族のことを思い出せるように、そのような家族関係でいることが重要です。

統一協会に「献身」して、たとえば韓国に嫁いでしまった娘に対して、親のほうから関係を切ってしまっているようなケースがよくあります。そういう場合ですと、とにかく何回でも韓国へ足を運ぶよう助言します。親が韓国に来てくれると本人は喜びますよ。すると今度は本人が日本へ来てくれるかもしれません。なかなか脱会カウンセリングには到れないとしても、普通の親だったら当然するだろうことをするべきです。孫ができたなら孫を可愛がってやるべきです。そういう関係をつくっておくと、統一協会の中で何か変だ、おかしいと思ったときに、家族の元に帰るという選択肢に気づいてもらえます。本人を今すぐに私のところに連れてくることはできなくても、親のところに帰省することができる関係であれば、私のところに来てくれる可能性もはるかに大きくなります。親子がそういう関係をつくっておいて、統一協会で何か苦しいことがあってふと親のところに帰ってきてくれるような関係ができていると、その親なら私のところへ本人を連れてこられます。それくらい時間をかけてもいいから、親が諦めないで続けることです。

もう少し言うと、孫たちの受け皿になるという意味もあります。二世の子たちが親に反発して組織を出てきた場合、彼らは祖父母のもとへ助けを求めにいくでしょう。そのときに受け入れてあげられる態勢でいるべきです。場合によっては、それをきっかけに孫の両親(本人たち)にももう一度考えてもらうという流れにもなりえます。孫ができている世代からの相談では、そういうことも話しています。子どものことは一旦諦めたかもしれないご家族でも、孫のことでは諦められないと、私のところへ通っておられます。

カウンセラーの倫理

よく青年の脱会者で、教団の間違いに気づいたときに「じゃあそれに代わる真理は何ですか?」という質問をしてくる人がいます。そういうときに「それは聖書だよ」と答える牧師もいるかもしれませんが、私はそういう言い方はしないようにしています。真理というものはそんなに簡単にわかるものではないからです。「牧師をやっている私にも未だによくわからないことなのに、それを二〇歳やそこらでわかるはずがありません。自分で考えなさい」と話します。私は信仰というものは、牧師になろうが何をしようが、一生求道だと思っています。私たちは求道者です。だから、自分がこれでわかったんだ、真理はこれだと思った瞬間に、それはもう堕落しています。

もちろん私は牧師ですから、その人にクリスチャンになってほしい気持ちはあります。しかし脱会者の伝道に関しては、人一倍気をつけようと意識している牧師の一人です。教団の教義は間違っていてキリスト教のこの教えが本当の真理ですよ、と言ったりはせず、自分で考えてもらいます。宗教はもうこりごりだという選択肢もありだと思って脱会カウンセリングをしています。私のところでは、脱会してクリスチャンになるのは約一パーセントです。それは日本のクリスチャン人口と同じ割合です。家族で洗礼を受けた人は一人もいません。

ただ、聖書をひもといて脱会カウンセリングをすることは種まきの仕事だと思っています。いつか刈り取る日もくるだろうという想いで取り組んでいます。

入信する人のタイプについて

私の印象では、父親との関係が希薄で、父親に対して否定的な感情を持って育った人たちには原理の教えが非常に入りやすいように思います。信者には長女が多いのですが、なぜかというと、お母さんはお父さんの不満を長女に言いがちだからです。長女はお母さんからずっとお父さんの不満を聞かされて育ちます。そういう子にとって、統一協会の教祖である「真(まこと)のお父様」という存在がすごく魅力的に思えるのです。

回復の要点について

基本的には、こうなれば回復している、というふうに一言で言えるような簡単な答えはないと思っています。結局はそれぞれが自分の答えを自分で見つけていかなければならないものです。こうすればいいよ、という答えを当てはめても、それは回復にはなりません。

ただし、目安にしているものはあります。統一協会の脱会者にとって、結婚することは一つの大きな区切りであると言えます。なぜなら、教義の中で教祖の選んだ相手と結婚し、家庭を持つことが祝福であり救いであると説いているからです。その教えと一線を画して結婚に到るということは、教義に対して整理がついていることのわかりやすい現れです。

しかし一方で、脱会して何年も経過し、結婚し、さらに妊娠、と順調に進み、この人はもう完全に回復したんだろうと思っていた人でも、実は妊娠した赤ちゃんが障害を持って生まれてくるのではないかと心配がつきまとっていて、実際に無事に生まれてくれた子どもを見て大変安心した、という話を聞いて本当に驚かされたことがあります。教団の中で世俗の結婚は堕落であり障害を持った赤ちゃんが生まれるなどと教え込まれていたことが消えずに染みついていて、実際に妊娠に到ったときにそのことが思い起こされて不安にさせるのです。これと同様のことを複数の脱会者から聞きましたので、こちらが回復したと思っていても本人にとっては違うのだということを突き付けられました。

「薄皮がはがれるように」――一年が目安

故川崎経子牧師（NPO法人小諸いずみ会「いのちの家」所長）が脱会者の回復の過程について「薄皮がはがれるように回復する」と表現されていましたが、その通りだと思います。月一回の相談会の中で、相談会と並行して主婦の脱会者の会が持たれているのですが、脱会したての奥さんが会に来るたびに表情が変わっていくのがわかります。経験から言って、回復の目安は大体一年です。薄皮がはがれるように、一年経つと確実に変化します。

最近の事例でも一年の変化を実感する出来事がありました。脱会してから毎月主婦の脱会者の会に来られている奥さんがいました。脱会者の主婦の方たちがお茶会をしている隣の部屋では、未解決の家族の方の相談会が行われているのですが、脱会からちょうど一年が経過したとき、その奥さんが自分から、主婦の会ではなくて相談会の方に参加したいと言ってこられたのです。そしてその相談会で自身の体験を証言してくれたのですが、心の深い部分までしっかり言葉にしてくださり、こんなふうに思っていたのかと考えさせられる内容でした。そのように自分の体験や気持ちを話すことは回復にとってとても大切なことです。ただし、相談会で話すとなると負担が大きく、脱会直後に依頼するには酷なことですので、無理にお願いしないようにしています。この方については、相談会で証言をお願いするにはまだ少し早いだろうかと迷っていたところでした。しかし本人から申し出てくれ、一年のうちに本人の回復が進んでいたのだと感じ、嬉しく思いました。

本人が自分で向き合うこと

そのように回復のプロセスは本人の中で静かに進行していきます。脱会後の関わりについて家族やまわりの配慮はもちろん必要ですが、最後は本人自身が自分で乗り越えていくしかありません。そのための一つの力が、気持ちや体験を話すことです。そのためには本人が安心して気持ちを吐露できる環境を整えることが大事だと思います。そして辛い気持ちを押し殺したりごまかしたりするのではなく、その気持ちと向き合って吐き出すというプロセスを経て、乗り越えていく力を本人自身が身につけていくしかありません。まわりは本人に対して過度に保護的にならないで、そのような本人を見守っていく姿勢が大切です。

家族のケア

また、カルトからの回復というときに、本人の回復だけでなく家族も回復し、成長していくプロセスがあります。私のところでは解決済みの親の会が自然発生的にできていて、年に一度の集まりを、かれこれ二〇年続けています。このような経過を見ていると、脱会後のケアは本人だけでなく家族にとっても大事なのだと考えさせられます。

親にとって、子どもがカルトに入信するというのはとても大変なことです。子育てをする中でどの家族にもいろいろなことが起こって、ちょっとしたことでも親はとても辛い気持ちになり、心配し、不安になるのです。それがまして、子どもがカルトに入信するという事態に直面したなら、親はどれだけ辛いでしょうか。そして、脱会させるために必要なエネルギーは並大抵のものではありません。この取り組みは家族にとって本当に一大事なのです。だから、本人のケアはもちろん必要ですが、家族も消耗し、傷ついて、ケアを必要としています。本人だけでなく家族のケアも大切です。

岩﨑隆牧師　（聞き手　鈴木文月・高杉葉子）

現在
日本基督教団六ッ川教会牧師
元日本基督教団統一原理問題連絡会代表世話役

救出活動に携わってきた経歴

最初のきっかけ

一九八四年頃から救出活動に携わり、現在までに関わった人数は数百人になります。救出できた人は、そのうちの九〇パーセントです。私がカルト問題に関わったきっかけは、神学校の四年生のとき、同じキリスト教会出身で神学校の先輩でもあった学生が卒業間際に学校をやめていなくなったことでした。それは、彼が九州のあるキリスト教系のファンダメンタルな団体に入信したためで、このとき、私は教会・神学校から頼まれて彼に会いにいきました。彼は、この団体の本部に行ってすぐに、その女性メンバーと結婚し、農家の納屋の二階に住みつつ、この団体に通っていました。また、この頃、彼の入信に反対していた彼の弟も、そのあとに入信したと聞いています。以上のような件もあって、私は神学校の卒業論文では「突発的回心の心理学的考察（コンバージョン）」についての課題をまとめました。ウィリアム・ジェームス、ポール・E・ジョンソンなどの著書を探りながらの論文でした。

統一協会（員）との出会い

一九八六年、私の所属する日本基督教団は統一協会などに対する対策委員会を組織しました。これは日本基督教団による、この問題に対するはじめての取り組みです。その際、私は声明文の作成にも関わりました。しかし、当時は声明文を出しても、「カルト」問題に取り組む人は非常に少数でした。このような状況の中、私の所属する神奈川県の教区事務所には統一協会に入ってしまった子どもの親たちからの相談が何件もくるようになりました。そのため、私は先輩の牧師と一緒に救出活動を行うことになりました。この救出活動では、統一協会に関する知識も必要になり、当時、出版された何冊かの本を読んだりしました。一九八〇年代の終わり頃から九〇年代の中頃になると相談件数は激増してきました。そして、かなりの人数の脱会にも成功しました。また、この頃になって、ようやく救出方法の感触が得られたような気もしました。九〇年代の中頃には中年の一人の女性を救出しましたが、そのあと、その親戚の入信者二人の脱会にも成功したことがありました。多くの若い女性信者の救出は九〇年代から二〇〇〇年代です。特に一九九二年八月の「合同祝福」（合同結婚式）後には、かなり救出活動に忙殺されました。それは、教会の仕事、学校での講義をしながらの生活が続いていたためです。かけもちで三件の救出活動をしたこともありました。

一九八〇年代の終わり頃には、統一協会員らしき者からの誹謗中傷、妨害はほとんどありませんでしたが、一九九二年の中頃になると庭に停めていた車に爆竹のようなものを投げられたり、無言電話の嫌がらせを受けたりしました。それにしても、信者は必死になって倒れるまで活動しているので、傍らで見ていても非常に気の毒でした。結局、入信すると一般的、社会的な感覚がなくなり、ノルマの達成が宗教的な救いにつながるようになります。信者になる前は、ごく普通の青年男女であり主婦でもありました。しかし、入信によって人格がかなり変容します。そのため、普通に生きていた人間が統一協会に入ってスポイルされていくのを見れば、誰かが救出しなければと、そのような気持ちで救出活動を行ってきました。救出中に、その対象がいなくなってしまったこともありました。それは、多くの場合、その関係者が中途半端な気持ちで関わっていたのではないかと思っています。しかし、今でも、当時いなくなった信者の行く末を心配したことを思い出します。

最近の傾向は、若い人よりも高齢者の入信の相談が多くなっています。若者は「原理講論」(統一協会の経典)について学んでいるためか、私たちの聖書解釈などを論理的に伝えると、すぐに理解し脱会につながりました。もちろん、例外もありました。しかし、年齢の高い婦人たちは迷信や占い、先祖因縁などに関心を持っているためか、その救出に困難さを感じる場合もありました。これまでに関わったケースの中で、特に印象的だったものをお話しします。

◆ケース1　男性のケースで、救出活動の終わり頃になって、「実はアメリカに行って結婚式をした」と、この若い男性信者が突然言いました。そして、そのあと、合同祝福の相手の女性も救出してほしいと言い出しました。そのため、彼女の親に連絡し、彼女に会って救出活動を行いました。彼女は、最初は抵抗していましたが、結局、一カ月ぐらいかけて脱会に到りました。そして、その一年後、私の教会で二回目の結婚式を挙げました。現在は子どもを二人もうけて、毎年、年賀ハガキが届いています。

◆ケース2　女性のケースで、脱会に時間を要した若い彼女は、ようやく脱会をしてアルバイトしたり、私の関係先で事務仕事を手伝ったりしていました。しかし、その間、父親が視力障害になりました。そのとき、父親は彼女に「この悪魔！　お前があんなものに入ったから自分の目が悪くなったんだ！」と当たり散らしました。結局、その女性は居場所がなくなり、いなくなってしまいました。そのあと、どこかわからない場所から偽名を使って「家には帰れないと」という内容の手紙が私に届きました。それ以来、消息不明です。これなどは、脱会した彼女に対する父親の対応に問題のあったケースです。

◆ケース3　女性のケースで、若い女性の両親から「何とか出してほしい」と依頼を受け、その家に通っているうちに本人が家出をしてしまいました。その後、一〇年ぐらい経過して、ある男性から、「実はうちの妻が統一協会員らしき人からものを買ってしまった。連れていくから相談に乗ってほしい」との連絡を受けました。数日後、連れてこられたのが、何と、いなくなった彼女でした。相談場所のドアが開けられ、彼女を見た瞬間、私は思わず「〇〇ちゃん」と言ってしまいました。それは、予想もしない、久しぶりの彼女との対面だったからです。夫の話を聞いてわかったことは、この物品購入は偶然の出来事でした。それは、彼女が自主脱会をしていたからです。彼女は教祖が直接相手を選ぶ「マッチング」、また教祖が宗教的権威をもって式を司る「主礼」による「合同祝福」を期待して信仰生活を続けていましたが、最近、教祖がしないことがわかり、失望して脱会したと言いました。そのため、他の場所で知り合った男性と結婚したと言います。このケースでは、本人がいなくなっても、それがすべての終わりではありませんでした。結果的には意外なことが起こるものだと思った次第です。

入信・回心・脱会・リハビリ・生き直しの構造をどう捉えるか?

入　信

統一協会の場合、自らドアを叩いて入信する人はまずいません。詐欺的な勧誘や、友人を通したFF(フレンド×フレンド)伝道、知り合いからの勧誘が多いようです。また、街頭などで近づいてきた見知らぬ人に言われての入信です。しかし、そのときは強く脅かされないで、むしろ褒められたりすることもあります。また、ちょっとした不安を植え付けられたりします。最初は、どのような団体かもわからず、訳がわからないままに通ってしまい、そのうちに人間関係が濃厚になってきて団体を肯定的に捉えるような心理状態にさせられます。そして、その時点で、はじめて団体名、教祖などを明かされます。しかし、そのときはすでに遅いのです。仲間が自分のためを思ってくれる優しい言葉などを受け入れ、親和的な関係の中で、ますます心を開き許して、集団のすべてを受け入れ信じてしまっているからです。また、団体の反社会性についての判断力も失わされているからです。その結果、幻想の中に埋没し、反社会的な活動に奔走することになります。

回　心

回心とは、多くの場合、宗教的な意味で「悪事を悔い改めて絶対的なものに帰依すること」と捉えられています。しかし、統一協会信者の場合は所属団体を最善と信じ込んで活動しているので、自主的回心は難しいでしょう。

脱　会

統一協会信者は、一般的に集団内で嫌な思いをしておらず、むしろ、彼らは従順さを持って活動し頑張っています。しかし、脱会することには、今まで持っていた価値観の否定が必要となります。それには団体への批判力が高まらなければ難しいでしょう。この教団は、もうダメだという諦めや、こんなことをやっていても仕方がない、何の意味もないというように、団体に対する失望感が強くならなければ脱会することはできません。また、脱会には重大な決意が必要ですが、同時に、かなりの喪失感や虚脱感をともなうでしょう。また、人間関係の絆の断ち切りは、部外者には想像できないものがあると考えられます。今まで抱いていた人間関係をすべて捨ててしまうというのは大変なことでしょう。しかし、何としても、これらを乗り越えなければ脱会には到りません。そのための手助けが、私たちに求められていると思っています。

リハビリ

元の自分に完全には戻れないかもしれませんが、社会、家族などに対して持っていた狭隘で、ある価値観に支配された一方的な見方から離れ去ることがリハビリの基本になると考えられます。家族関係の修復とよく言われますが、本人と家族の間に、完全に元のような親子関係、信頼関係が戻るのは難しいでしょう。ある女性が脱会して半年後くらいに、「家族に何を言っても、まだ信用してくれないんです」と言っていましたが、この言葉は、本人が家族に対して、逆に不信感を抱いていることを示しているようでした。確かに、家族としてみれば、本人の統一協会入信中のふるまいや対応の仕方が強く印象に残っているので、家族は、そう簡単には信じることはできないでしょう。しかし、本人は何とか元の親子関係に戻りたいと思っているのですから、この点について親や兄弟に対するリハビリ的な支援が必要かもしれません。

本人のリハビリとして言えることは、たとえば、聖書にも出てくる焼き印を例に挙げますと、焼き印を押されたときの痛さは時間の経過と共になくなります。しかし、その事実（印）は残ります。つまり、痛さは消えても、ある種の痕跡は自分の中に残るのです。また、これによってフラッシュバックを起こす人もいるようです。しかし、このような「焼き印体験」をあえて人前で言う必要はありません。「これは、あなたにとって大事な人生体験の一つなのだから、自分の中にしまっておけばよい。何かのときに、それを一つの反省材料にしたり、参考にすればよいのだから」と、私は彼らに伝えています。また、「いつまでも痛みを引きずらないで、〝印〟をあなたの人生の肥やしにすればよいのだ」とも言っています。あるいは、「何事もなく温室育ちのような麦よりも、根元を踏まれた麦のほうが強く育って生きられるのだ」と話すこともあります。

生き直し

再生、再出発は、やり直しの出発だと言えます。そのためには、あんなところから脱会してよかった、もっと違った世界で生きようという意識の変革が大切です。誰でも、脱会後には虚脱感に陥りますが、これらの克服が再出発のエネルギーにもなると思っています。今まで持っていた古い価値を捨てて、何か新しい価値、自分にとって本当に役に立つもの、必要なもの、望むもの、それに向かって、まっしぐらに進んでいくことが生き直しの基本ではないかと思います。大変かもしれませんが。

　批判され、糾弾されている団体に入ったということは、かなり特異な体験です。そして、そこに入ってしまった自分も現実にいます。しかし、入ってしまった自分は、それでダメなのではありません。先にも言ったように、今後を見つめるときに、あのような体験をしたことは、今後の自分の強さに変わり、強さを得るための要素だったと思えばいいのです。また、脱会するとき、あの団体に見切りをつけられた自分には生来的な力があったのだと思えばよいでしょう。団体に所属したことで得たもの、たとえそれが負の遺産であったとしても、それは、今後の生活の安全装置の役目にもなり、また、いざというときにこの安全装置は働くからです。

回復のプロセスに見られる対象者の類型や諸特徴、それに応じた対応方法は？

類　型

　回復時に、喪失感、虚脱感、虚無感は生じます。また、まわりは自分を、いったいどう見ているのかと、周囲の目を気にする気持ちは強いと思います。しかし、このような状態に置かれている人たちを類型化することは難しいことです。一人ひとりの性格やパーソナルな部分に違いがあるからです。ただ、全体的に言えることは、親子関係、成育歴などが、その当事者の回復にかなりの違いをもたらすのではないかと思っています。しかし、個々の独自性を念頭に置いての対応は大切です。言い換えれば、相手の誰をも一緒くたにしないということです。

特　徴

特徴を挙げるのも難しいでしょう。たとえば、信心深いという特徴があっても、その人も、かなり現実的で実用的な感覚を持って生きている場合があるからです。なお、特徴について、あえて一つだけ言えることは、「まじめ人間」的な人が入信させられやすいのではないかと思っています。

対応方法

自分の生き方で、自分らしく生きることの勧めは大切ではないでしょうか。無理をしないで自然体で生きればよいのだということの勧めです。自分らしく生きることはアイデンティティの回復ないし獲得だと言えます。確かに、本当の自分がわからなくなったと言う人もいます。その場合、勉学に励んだり仕事に精を出すなりして、自分にとって役に立ちそうなことをしながら、前に進んでいきなさいと伝えます。しかし、個々の感性や心理的な状態の違いから、どのように指導するかは本当に難しいことです。繰り返しになりますが、ただ、その人が無理をせず、徐々に前進すればよいのです。だから、「頑張れ」の一言で、その人を潰さないようにしなければなりません。また、今までのブランクを回復しようとして焦る人もいます。その場合には、「もう少しのんびりしていていいよ」と伝えています。脱会後、糸の切れた凧のようになり、行き先の定まらない人もいます。その場合には、少しの関心事、生活に必要不可欠なものの発見を勧めることもあります。このようなことから、アイデンティティとリアリティは回復、獲得されるのではないでしょうか。

カルト団体によって回復のプロセスに違いは見られるか？

これまで関わった「カルト団体」のメンバーとして、圧倒的に多いのが統一協会、続いて顕正会（三人）、摂理（三人）、オウム真理教（一人）、エホバの証人（一人）、そして、ミニカルトがいくつかありました。しかし、教育的な自己啓発をして人格の変革を標榜する団体のメンバーの救出は難しかった記憶があります。この団体は入会者に疑似科学的なグッズを買わせたりして、目視的、皮膚感覚的な刺激を与えて、自分たちの教えを、他の「カルト」と同様に絶対視させます。そうなれば団体への依存心や依頼心などが次第に高まっていきます。特に、この団体のグッズはオウム真理教のヘッドギアにも共通しているようです。そのため強化刺激の受容性が高まって、団体への依存心、服従心が強まってしまうのです。薬物や身体的刺激は、多くの場合、身体的に受容されるからです。そして、これと心の問題が一体になるから、回復は非常に厄介です。しかし、おしなべて言えば、どの「カルト」からの回復のプロセスにもあまり違いは見られません。それは、彼らにとって絶対価値の放棄なのだからだと思います。

回復の要点を一言で言うと？

その人が、その団体から離れて、入る前に生きていたのと同じような意識と感覚、方法で生きることだと思います。そして、負の要因を一つのバネにして、前にも横にも進むことです。前に向かうだけでは、人は誰でも疲れてしまいます。たまには、ある程度の安全さや普遍性を備えている横道にも進みなさいと勧めることもあります。また、経済的な問題として、回復の初期の時点で「ああ、もったいないことをした」とか、「返してもらいたい」という現実的な感覚を取り戻すことです。

脱会は当事者にも、手助けをする側にも、いろいろな意味で大変なことだと感じています。しかし、救出活動に関わる者は最後の最後まで関わり続けなければなりません。このような熱意と誠意が入信者の心を動かすのではないかと信じています。

パスカル・ズィヴィー(Pascal Zivi)氏　（聞き手　櫻井義秀・高杉葉子・中西尋子）

略歴

一九五七年フランスで生まれる。一三歳のときから柔道を始める
一九八〇年に来日
バートン・ルイス宣教師と稲垣守臣牧師に出会い、クリスチャンになる
札幌のアジア聖書神学校に通い、フランス語を教えながら日本語を覚える
日本キリスト教団札幌十二使徒教会で、破壊的カルトに入ってしまった人の親から相談を受けたことをきっかけにカウンセリングに携わるようになる
一九九四年にマインド・コントロール研究所設立

現在

マインド・コントロール研究所所長

著書

『〝「信仰」という名の虐待〟からの回復――心のアフターケア』いのちのことば社、二〇〇八年
『霊の戦い――虚構と真実』いのちのことば社、二〇一一年（ウイリアム・ウッド牧師との共著）

生い立ちと来日の経緯

私の父はユダヤ人、母はフランス人でカトリックの信者で、第二次世界大戦が終わる頃に二人は出会

いました。父は宗教にあまりこだわっていなかったのでカトリックの信者になって母と結婚しました。私は幼児洗礼を受けたので、自動的にカトリックの信者になりましたが、七歳のときに母と共に交通事故に遭い、母は亡くなりました。私は奇跡的に助かりましたが、宗教が嫌いになりました。さらに、子どものとき人種差別や社会のいろいろな面を見たり、交通事故のトラウマから人間関係が難しくなったりして、神が愛であるかどうかわからなくなり、愛の神はいないと思うようになりました。

学校にも行かなくなりましたが、一三歳のときにクラスメートを通して柔道に出会いました。クラスメートが通う柔道クラブに行って、すぐに柔道が好きになり、柔道を通して人間関係を回復していきました。

一八歳でパリの消防士になりましたが、それでも柔道が好きで柔道の先生になりたいと思い、さらに強くなるために仕事をやめて、一九八〇年に来日しました。講道館の門を叩き、筑波大学柔道部で練習を続けました。留学生としてではありませんでした。アルバイトをしながら五年間毎日通って練習しました。最初、日本滞在は三カ月の予定だったのですが、日本が好きになって長くなり、アメリカ人のバートン・ルイス宣教師に出会いました。教会には宗教を求めてではなく、バートン・ルイス宣教師と交わりたくて通い始めたのですが、聖書を勉強し、信仰を持つようになりました。クリスチャンになったあと、もっと聖書を理解するために札幌のアジア聖書学校に数カ月通うことにしました。

カルト問題に関わるようになった経緯

札幌では札幌十二使徒教会に通い、信仰を守り、生活のためにフランス語を教えました。

カルト問題に関わるようになったのは、息子さんが統一協会に入ってしまった親が札幌十二使徒教会の牧師に相談に来たことがきっかけです。ある日、突然一組の夫婦が教会の牧師館に入ってきて正座して、牧師にこう言いました。「私たちを助けてくれるかどうか、そうでなければ自殺する」。牧師は非常に驚きました。そして、彼は「ちょっと待って、ちょっと待って、もうちょっと説明して」と言いました。それで両親は息子が統一協会に入ってしまったと説明しました。先生は「じゃあ、あなたの子どもは今どこにいるのですか」と聞きましたが、行方不明とのことでした。先生はどうしたらいいか考え、牧師だから「じゃあ、祈りましょう」と。両親の心を支えるために、先生はすべての教会のメンバーに連絡し、メンバーは交代で毎日教会に来て息子さんを見つけるために祈りました。すると息子さんは家に帰ってきました。「千歳空港にいるから迎えにきて」と電話があったのです。そしてカウンセリングを受けさせることができました。

そのとき、まだ私はカウンセリングの手伝いをしませんでしたが、カウンセリングを受けるために教会に通ってくる彼の態度と目に驚きました。「なぜこんな若者がこんなに心を閉ざしているのか、こんな目をするのか」と思いました。統一協会が聖書の御言葉を使って、なぜこのように人を変えてしまうのか、なぜ人は心を変えられてしまうのか。それが私には不思議でした。そこから私のカルトの研究が始まりました。彼の態度と目は今でも覚えています。現在、彼は結婚して子どもも二人います。

それからカルトの勉強を始め、少しずつカウンセリングの手伝いをするようになりましたが、当時はここまで関わるとは全く考えていませんでした。

彼を助けたあと、次の家族が来て、また次の家族が来て、私はもっとカウンセリングを手伝うようになりました。そうしているうちに森山諭先生に札幌で出会いました。そのあと、私は何回も東京に行き、宮村峻さんにも出会いました。私のカルト問題への取り組みは、最初から自分で考えて始めたのではなく、一歩一歩、徐々にその道を歩んできたという感じです。でも、次々とカウンセリングの学びに必要な先生方との出会いがありました。

もう一つの大きな出来事は、一九九〇年にAFF(American Family Foundation)、今のICSA(International Cultic Studies Association)がパリで大きな大会をしたときに、はじめてマインド・コントロールという言葉を知ったことです。スティーヴン・ハッサンの本(浅見定雄訳『マインド・コントロールの恐怖』恒友出版、一九九三年)が出版されてからさらに聞くようになったと思います。私はそのときに、カウンセリングは宗教的な問題だけでなく、精神的にもマインド・コントロールがあることを知って、宗教的にも心理学的にももっと勉強してここまできました。

そして一九九四年に、札幌にマインド・コントロール研究所を設立しました。これまでフランス語を教えながらカウンセリングの仕事をしていましたが、カウンセリングの仕事があまりにも忙しくなり、フランス語を教えるか、カウンセリングかのどちらか一つにしないといけないほどになりました。カウンセリングを続けるために多くの家族の協力があり、教会の信徒からの経済的支援もありました。

これまでカウンセリングをした中で一番多かったのは統一協会からの脱会者です。オウム真理教や他のカルトメンバーたちにもカウンセリングをしました。最近は、ミニカルトの相談が多くなりました。

紀藤さんの本(紀藤正樹『マインド・コントロール―あなたのすぐそばにある危機!』アスコム、二〇一二年)の巻末資料二「トラブルに巻き込まれたときの相談窓口」に、相談窓口の一つとして連絡先が掲載されてからは、自分や自分の妻が「霊能者」からマインド・コントロールされているという相談がよくきています。また悪質な自己啓発セミナーから騙されたという人の相談も増えてきています。

脱会者にとっての「回復」

①自分で考えさせる

カルトはメンバーたちに自由な判断をさせないために操作を行います。それによって指導者あるいは組織は、メンバーたちに自分で考えて決めることは「罪」だと信じ込ませます。特に、指導者や組織の行動と考え方に対して疑問や反対の意見を持つのは「罪」だと教えています。メンバーたちは、それを信じ込んでいるので、自分で考えることをやめて、指導者や組織に従って生活します。入信してから自分で考えることをやめるまでの過程は大変苦しく、葛藤と苦痛をともないます。しかし、自分のアイデンティティーが壊されていく中で、徐々に自分で考えることを完全にストップさせられていきます。カルトの元メンバーたちには、脱会してもそのような操作の影響が強く残っているため、しばらく自分で考えることが極めて困難になっています。考えることができないだけでなく、考えるにはどうすればよいのかもわからなくなっています。これは第三者にとって理解しがたいことかもしれません。長い間、自由に判断することを奪われた人にとって、再び自分で考える力を取り戻すのは非常に苦しいことなのです。しかし、苦しいことであっても、本人が自分で考えられるようにならなければなりません。

本人は考えたくないので、カウンセリングの話し合いから逃げようとするかもしれません。あるいは別の話題を持ち出してくるかもしれません。しかし、カウンセリングを受ける中で、今「何」を考えなければならないのかも、本人が自分で考える必要があります。「どういうふうに」考えなければならないかも、本人が自分で考えなければなりません。そのときに大切なことは、カウンセラーが本人を支えながら、本人に考えさせることです。本人がこの問題に向き合おうとしないときは、カウンセラーが「そのような態度は間違っている」と言わなければなりません。もう一度自分で考える力を取り戻すためにどれだけの時間がかかるかは、それぞれの元メンバーによって変わってきます。短い時間で回復する人もいれば、長い時間がかかる人もいます。

②自分で答えを見つける

自由な判断をさせないための操作によって、メンバーたちは指導者や組織の考え方にいつも依存しています。結果的にメンバーたちはいつも指導者や組織から答えを求めます。メンバーたちには脱会してもその悪い影響が残ります。

この問題に対して、私のカウンセリングのやり方の一つは、脱会者が私にする質問を、私がそのまま本人に投げ返すというやり方です。たとえば、本人が「パスカル、どう思いますか?」と聞くと、私は「あなたはどう思いますか?」と問いかけます。私は、なぜこのようなことをするのでしょうか。元メンバーの多くは私からの答えを求めています。しかし、私からの答えを得ようとすることによって、元メンバーは自分で考えようとしません。

特に日本人の脱会者はその傾向があります。これまでの日本の教育や子育ては「与える、与える」という傾向がありました。与えることが中心で、自分で考えさせないところにカルトがつけ込む隙があると思います。

しかし、本人が私にした質問を投げ返すと、それについて自分で考えなければなりません。回復のためには、自分で考え、答えを見つけなければなりません。最初は本人にとって、自分で考えて答えを見いだすのは難しい。それでも、訓練によって自分で答えを見つけられるようになります。本人が自分で答えを見つけて、その上で自分なりにどのように動くか。これがよいリハビリになると思います。

欧米と日本の違い

アメリカやヨーロッパのカルト問題の本には、リハビリは一、二、三、四と順序を追ってこうしたらいいと書いてありますが、私はそれが日本では通用しないと思っています。元メンバーのみなさんがそれぞれに違うからです。統一協会もオウム真理教も、最近目にするようになったミニカルトも、脱会者は人それぞれです。だからどんなリハビリがふさわしいかどうかは、その人と人間関係を築き上げながら、カウンセリングをしていく中で、お互いに一番ふさわしいリハビリは何かを見つけることができると思います。でもそれは私が見つけるのではなくて本人が見つけるのです。そのための手伝いを私はしているのです。たまに私は本人とぶつかります。特に本人が現実から逃げようとするときです。本人が自分の問題から逃げたら何も解決はできません。カウンセラーは本人を支えながら、たまに厳しく言う必要もあります。厳しく言うこともカウンセリングの中では大切なことです。

最初はどういうリハビリがいいのかどうか、決めることができません。本当に本人と話をしながらその人の心とか、いろんなことがわかった上で、こういうことを言ったらいいかもしれないとわかってきます。でも、一番ふさわしいことは、本人が「あ、私はこうしたらいいのではないか」と自分で気づくことです。

マインド・コントロールのされ方も欧米と日本では全然違います。たとえば私の国（フランス）では、特に私が子どもだった時代は、両親の子育ては「自分で考えなさい、自分で意見を言いなさい、問題があったら人がどうだったという前にあなたはどうだったかを考えなさい」という教育でした。学校では先生が言った同じことを言ったらとても怒られました。「先生はこう言ったが、あなたはどう思う？」と、私の時代の学校では先生はそのように教育しました。同じことを言っても意味がないからです。「あなたはあなたの言葉ではどう言うか」という教育でした。そのような教育を受けた人がマインド・コントロールされたら、「あ、私の考え方が完全に操作されている」と気づくことができます。

日本人は全然違います。日本での教育はコントロールする教育がけっこうありますから、その教育を受けてきた人がカルトに入ったら全く同じことなのです。自分が操作されていることを理解することが難しい。欧米と日本ではこの点で全然違うのです。

だから、たとえばスティーヴン・ハッサンなどのいろいろな本がありますが、ヨーロッパ人やアメリカ人に当てはまることでも、日本人は全然違うと思います。そのような本からはいろいろ大切なことを学ぶことができます。しかし、重要なことは、日本人に適切なリハビリはどのようなものかを考えることです。日本のカルトとはどういうものか、どのように日本人は操作されるのか、脱会するとき日本人の心はどういう悩みがあるのかなど、一つひとつ考えた上で今度はリハビリに何が必要かを考えるわけです。

カウンセリングにあたって

カウンセリングをする際、今、私の目の前にいる本人の状態はどうなのかを判断する必要があります。二〇歳の学生で統一協会を脱会する人もいれば、四十代、五十代で脱会する人もいます。二〇歳と四十代のリハビリでは将来のことが違ってきます。同じようなカウンセリングでは対応できません。ですから、今、私の目の前にいる本人の状態はどうなっているのか、心の状態はどうなっているのか。相手の年齢層によって、どのようにカウンセリングをするかが違ってきます。なぜかと言えば、四十何歳かで脱会した女性が「結婚したかった、子どもを産みたかった」と言っても、カウンセラーは「まだあなたは大丈夫、心配しないで」とは言えません。そのことに本人が絶望して立ち上がれなくなったとすれば、その人のために私(カウンセラー)は何ができるかを考えるよりも、本人が今、自分自身で自分のために何ができるかを考えることが一番大切です。

リハビリには元メンバーも大きな役割を果たします。ただし、元メンバーの誰を会わせるかについては注意がいります。たとえば、ちょっと被害妄想があったり、不安があったりする脱会者に、似たような元メンバーを会わせるのは危険です。お互い様で相乗効果になり、回復するよりも自分たちの不安や被害妄想をもっと大きくします。元メンバーの役割は大切ですが、リハビリを手助けするためには、完全に回復した元メンバーに会わせる必要があります。

たまに元メンバーの中には、幻覚を見るようになっている人がいます。また暴力的になっている人もいれば、あまりにも自殺願望が強い人もいます。そのような場合は病院の精神科に紹介することも必要になってきます。

そこで重要なことは、カウンセリングをするにあたって自分（カウンセラー）はどこからどこまでをできるかという自分の限界を知る必要があるということです。その限界に達する前にすぐ態度を決めること（手を打つこと）が必要です。たとえば、専門の医師や臨床心理士につなげるなどです。リハビリの中でこれらの点を判断することが大切ではないかと私は思っています。

またオウム真理教の元メンバーをカウンセリングする場合であれば、ある段階で本人が心を開いたときに、私は仏教のことは詳しくありませんから、知っているお坊さんを紹介します。本人が「パスカルの信仰はどういうものか」と聞いたら延々と話しますが、やはり仏教の知識が必要となれば専門家を紹介します。しかし、紹介して終わりにするのではなくて、元メンバーの心のフォローは続けます。

日本における脱出カウンセリング

アメリカの脱出カウンセリングは素晴らしいけれども、でもそのままのカウンセリングを日本で行ったらよくないと思います。いいところは参考にする、学ぶ、これは大切だと思います。最近はヨーロッパでも、一部には日本と似たようなカウンセリングが見られます。カウンセリングのために家族の働きがとても大事になって、家族が中心になっています。たとえばスペインでは、次のようなケースがありました。二、三歳の子どもも一緒になっておじさん、おばさん、いとこなど家族、親族全体が集まります。そして、本人が家に帰ってきたら帰さないようにみなで頑張るのです。本人が帰ろうとしたら、二、三歳の子どもが「おじさん、帰らないで」と言って、本人がもう少しとどまる気になって、そこでカウンセリングに入って脱会させたのです。

フランスではこのやり方は無理でした。プライド、個性が強いからです。子どもがカルトに入った責任が家族にあるとしたら、フランスではなかなかそれを認めたがらない親が多いからです。フランスでは個人個人の問題として捉える傾向があります。

私はアメリカやヨーロッパのことも研究していますが、日本はいつもアメリカやヨーロッパを手本にする傾向がありますが、それが間違っていると思います。日本の文化には素晴らしいことがたくさんあります。日本人は日本の文化を考えながらカルトからの脱会支援をすればいいと思います。日本人はそのことをもっと理解するべきです。

日本の脱会カウンセリングに見られる家族の結束は素晴らしいものだと思います。その点は、他の国が日本から学ぶ必要があると思います。

心、魂、肉体の三つのカウンセリング

聖書の中で興味深い御言葉があります。「あなたがたの霊、たましい、からだが完全に守られますように」（「第一テサロニケ人への手紙」五章二三節）。私はこの御言葉を図1のように「心、魂、肉体」と捉え、カウンセリングをするとき、この図をよく使います。心、魂、肉体の三つは中心で一緒になっています（三つの円が交わっている中心部分）。人間には心があり、魂があり、そして肉体があります。だからカウンセリングをするとき、心の面を見る必要があり、肉体的な面も考えないといけないし、魂のことも考えないといけません。私の考え方としてはどれかが抜けるのは危ないと思っています。私はクリス

チャンとして魂のこと、霊のこと、宗教を信じることを否定することは危ないと思っていますが、でもそれだけを強調するのも危ないと思います。心のことも体のことも考える必要があります。

肉体について言えば、医学的に我々は病気になります。カルトをやめたときに体を壊したとすれば、薬を飲む、病院に行くということが大切です。すべてを信仰的にだけ考えて、薬を飲むことに反対するクリスチャンがいますが、私は、それはおかしいと思います。心は心理学的に理解する必要もあります。カウンセリングでは心、魂、肉体の全体を見ることが必要です。

リベラリストの考え方を持つ牧師の中には霊的なことを全部否定する、魂のことを全く考えない牧師がいますが、私はそれも危ないと思います。なぜかというと、カルトの元メンバーの中には、霊的に魂のことに飢えている人がいるからです。これは普通の心理学のカウンセラーでは全く解決できませんし、薬を飲んでもどうにもなりません。その元メンバーが神を信じていることを大切にしないといけません。

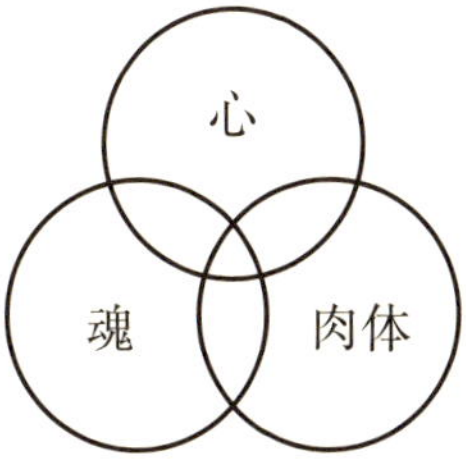

図1　心，魂，肉体の関係

カウンセリングには心理学的な知識を持つ必要があり、最近は韓国からのキリスト教的なカルトが日本に来ていますから、もっと聖書を理解する必要があります。私は目の前にいる元メンバーを見て、霊的な人であれば、霊的なことを中心に話をしないといけないと考えます。同時に、体の問題があれば病院に行かせる、薬を飲ませる必要があります。幻覚を見るなら、精神的な面も考えなければいけません。カウンセリングには心、魂、肉体の三つのことを同時に考えていかなくてはなりません。

「あなたは誰ですか？」

フランス語では「私は、私が」を「Ｊｅ（ジュ）」といいます。「Ｊｅ」とは、フランス人にとっては、自分自身の「精神性」「アイデンティティー」のことを表し、自分の気持ち、考え方を伝えるためにとても必要な言葉です。たとえば、誰かが「あなたは、どう思いますか」と尋ねてきたならば、必ず「Ｊｅ」と言って答えます。「自分はどう生きていきたいか」「私は何なのか」のように自分を見つめるときにも、この言葉は不可欠です。

カルトの中では「私」はいません。いるのは「私たち」だけです。信者に「私」はありえません。「信者としての私」しかなく、「そのままの私」なんてありえません。これはフランス人の哲学者、マックス・ブーデリック（Max Bouderlique）から学びました。

たとえば、人は旅人と出会ったら三つの質問をしますね。「あなたはどこから来たか」「どこに行くか」、そして「あなたは誰ですか」。カルトからすると人間は罪人だから「どこから来たか」は「地獄から来た」になり、「どこに行くか」は「天国に行く」になります。カルトは悪いことは絶対言いませんから。「あなたは誰ですか」については、カルトは自分たちが教えたことで「私は私である」と答えさせます。でもそれは本当に「あなた」なのでしょうか？　「私」なのでしょうか？　フランスでは、この問いかけを通してどれだけ多くの元メンバーたちが助かったか。ブーデリックはフランス人ですから、これを用いてカウンセリングをしていました。カルトのグループの考え方を通しての「私」――でもその「私」は本当に「私」であるか、では、「私」とは何なのか。フランスでのカウンセリングには結構この問いかけが使えます。でも日本では「あなたは誰ですか？」と問うとき、すぐに答えられる人は本当に少ないのです。ですから、先ほどの心、魂、肉体のうち、心のカウンセリングには心理学だけでなく哲学も大切だと思います。カウンセリングするときには幅広く考えないといけません。

私はカウンセリングするとき、ブーデリック先生のようにカウンセリングをします。確かに「あなたは誰ですか？」という質問に対して、最初は多くの日本人は混乱します。しかし彼らは、少しずつ理解しながら、自分の本当の「私」がカルトからどのように操作されたのかがわかってきます。

カルトにいた経験を認めること

これまで元メンバーをカウンセリングしてきた中で一番気づいたことは、自尊心をどれほどなくしているかということです。自分に対して信頼がない、人に対して信頼がない。それは多くの元メンバーのリハビリにおける大きな壁になっています。もう一回自分を信じることが大切です。人生に失敗したと思っている人に対しては、私はいつも「失敗ではない」と言っています。人生の中での一つの出来事として捉えたらいいのです。

確かに元メンバーにとってカルトに入信した経験を認めるのは苦しいことです。脱会すると「この年齢になって何もない、やったことはダメだった」ということになるので、それをなかなか認めたくない人がいます。でもリハビリの中でそれを認めないと回復はなかなか難しい。もう一度自分の人生をやり直すために重要なことは、まずカルトへの入信と脱会の経験を認めることなのです。

脱会者のタイプ――真理探究型・問題解決型・逃避型

脱会者のタイプには、まず、①真理を探し求めていた人がいます。このタイプの人は「私が求めたことはこんなことじゃない」と気づいたら脱会します。最初から真理を求めるという姿勢をしっかり持っていたので、カルトの中である問題や矛盾にぶつかったときに、それに気づいて脱会します。このタイプは、脱会後は結構早く回復します。

次のタイプは、②ある問題があって、それを解決するという目的のために入った人です。たとえば自分自身に問題があってそれを解決するために入ったけれども、でも入ったら韓国人と合同結婚をさせられた。「自分は何のために入ったのか、韓国人と結婚したのはどうしてか」をよく考えて、「ちょっと待って、私は韓国人と結婚するために入ったのではない、自分自身の問題を解決したくて入ったはずだ」と気づきます。そして彼らは脱会します。このタイプも、脱会後は結構早く回復します。この二つ目のタイプには、自分の家族との間に問題があって、それを解決するために入った人もいます。このような人が脱会してから、社会生活に戻るためには家族との関係を回復させせなければならず、そのために家族カウンセリングが必要になってきます。そして、そのあとも家族と本人のケアをしなければなりません。このようなケアにはとても時間がかかります。

もう一つのタイプは、③社会が嫌いで完全に社会から逃げて入ったタイプです。このタイプは、入信したグループの教えが間違っていても、あるいは指導者と組織が犯罪行為を起こしても、彼らにとって問題がありません。そのグループが現実の社会からの逃げ場所になっているので、脱会したとしても、なかなか現実の社会に戻ろうとしません。このタイプの元メンバーは、普通の社会生活に戻るために家族の愛情と支えを必要とします。また、カウンセラーと元メンバーの支えも必要です。

それぞれのタイプの元メンバーが脱会後の回復にどれだけの時間を要するかは異なりますが、タイプに関わりなく、元メンバーはカルトに騙されていたわけですが、自分は加害者でもあったという点を見ようとしない人がいます。その場合は本人の回復に時間がかかります。元メンバーは被害者であると同時に加害者でもあります。カルトのメンバーとして活動していたとき、宗教であることを隠して勧誘して入信させたり、物品を買わせたりしてきたのですから。でも「私は騙されていた」「カルトが悪い」「私は脱会してもこんなに苦労している」と言って、自分は被害者という面だけが意識にあって、なかなか現実を受け止めようとせず、回復するためには努力が必要なのに、努力しようとしないのです。回復するには、まず自分がその気にならないと難しいです。

「サバイバー」である

外国人の元メンバーがリハビリの中でよく言うことは、「我々は被害者じゃなくて、我々はここまで生きることができた、立ち上がることができた。生存者、サバイバーだ」ということです。欧米の元メンバーはよくこの言葉を言います。リハビリの中で、ここまでなぜ自分で頑張ってこられたかを考えさせることもとても大切だと思います。

なぜ立ち上がることができたのか？　その強さがあったからです。私が言ったから（カウンセリングをしたから）元メンバーたちは立ち上がったのではありません。どれだけ本人が自分の中にある能力に気づいて、それを通して前向きになって脱会後の将来をつくり出そうと立ち上がるか、これが回復には一番大切です。元メンバーは自分たちが「サバイバー」・「生存者」という意識を持つのがとても大切です。

回復のプロセスは元メンバーによって違う

元メンバーたちの中で、性的虐待を受けていた女性たちがいます。彼女たちは回復するために本当に大変な苦労をします。そこで、私の話をもっと理解していただくために、次のケースを紹介したいと思います。韓国から逃げ帰ってきた女性の信者は性的な虐待を受けていました。彼女はリハビリのために別の二つのカウンセリングを必要としました。宗教的なカウンセリングと心理的なカウンセリングです。宗教的なカウンセリングを通して統一協会の教えは間違いだったとわかってきました。その次に、彼女は性的虐待によるトラウマの回復のために心理的なカウンセリングが必要になりました。私はこの心理的なカウンセリングはしませんでした。私は彼女に適切な臨床心理士の女性を紹介しました。この元メンバーは今では回復しましたが、長い時間がかかりました。

元メンバーはそれぞれに入信していたときの経験や被害は異なりますから、それによって元メンバーの回復にかかる時間やプロセスは変わってきます。ですから、一つのこれだという回復の仕方はありません。ある人はある方法によって回復したからといって同じ方法を他の脱会者に使ってもうまくいくとは限りません。ですから、リハビリのためのカウンセリングはとても難しいです。

回復に必要なもの

①元メンバーに必要なもの——忍耐・努力・勇気・愛情・寛容

元メンバーのウェンディ・フォード女史は、元メンバーが自分たちの回復のために、忍耐、努力、勇気が必要だと教えています。私はこれに愛情と寛容を付け加えます。

忍耐：自分の回復は必ず時間がかかるので、そのために忍耐が必要です。

努力：回復は簡単ではありません。いろいろな問題が出てきます。それらを乗り越えるために努力が必要です。

勇気：新たに自分自身を信じながら、普通の社会生活に戻るために勇気が必要です。

愛情：多くの元メンバーたちは、いろいろなマイナス（大切な時間やお金をカルトの活動に費やしてしまったこと、自分が被害者だっただけでなく、加害者になってしまったこと、家族に長い間心配をかけたことなど）があるため、自分自身が嫌いです。しかし、回復するためには、ありのままの自分に愛情を持って、自分自身を大事にしていく必要があます。

寛容：自分の中で、いろいろなマイナスがあっても、自分自身を否定すべきではありません。自分のことを「私はかわいそう」と思うのではなくて、自分が被害を受けた、自分が人間として潰された、だから他の人間と比べたら自分はダメな人間だと思うよりも、「私はこうだった」とカルトに入信した経験を一つの経験として受け止めるという、自分に対する寛容が必要です。

②家族に必要なもの――愛情・忍耐・聴くこと

家族は元メンバーを支えるため、特に愛情、忍耐と、聴くことが必要だと思います。

愛情：親や配偶者はカルトを脱会したあとの本人をありのまま認め、愛情を持って受け入れなければなりません。入信前の本人に戻ってほしいと思うのは間違いです。本人はカルトでの経験や脱会後の経験を通して成長しているからです。脱会後の本人が親や配偶者の望んだ姿、考え方でなかったとしても、そのまま受け入れなければなりません。

忍耐：家族にも必要です。子どもや配偶者がカルトに入っていることに気づいたときからカウンセリングを受けさせ、脱会させるまで長い時間を要するからです。脱会の話し合いの場を準備し、本人の合意のもとに話し合いの場に連れてくるまでにも忍耐が必要ですし、カウンセリングを始めてからも忍耐が必要です。本人が脱会してからリハビリが始まりますが、このときにも忍耐が必要です。

聴くこと：アンドレ・グロモラード(Andre Gromolard)というフランス人の神父が次のように言っています。「聴くことは、おそらくそれは、相手のために最も素晴らしい贈り物です」。

元メンバーは、自分の苦しみについて話す必要があります。その苦しみについて説明する必要があります。精神操作によって受けた虐待は、非常に痛みを覚えるもので、化膿した傷のようになっています。その傷を癒すためには、膿を出さなければなりません。親や配偶者は時間をかけて、本人の気持ちをよく聴く必要があります。良い聴き方をすれば、本人は少しずつ、自分に対して、また周囲の人たちに対して、信頼を取り戻せると思うようになります。自分のことが理解されていると感じながら、少しずつ苦しみから解放されていくのです。良い聴き方をするために、親や配偶者は自分の大事な時間と愛情を、相手のために捧げることです。そして、黙って本人の話を、まじめに聴くことです。

ジャン・ドゥゲン(Jon Dugan)牧師　（聞き手　杉原輪・中西尋子・廣瀬太介）

略歴

一九六〇年米国ミネソタ州で生まれる

一九八五年にベサニー宣教団体の宣教師として来日

一九八七年に大阪府河内長野市で開拓伝道を開始、ニューライフキリスト教会を設立。その二年後にカルト問題への取り組みを始めると共にニューライフミニストリーを設立し、主にエホバの証人に関するセミナーや文書による啓蒙活動、救出カウンセリングを行う。これまでに八〇人ほどのカルト信者を救出

二〇〇二年に日本の永住権を取得

現在

宗教法人ジャパンベサニーミッション代表役員・牧師

生い立ち――カルト問題に関心を持つきっかけ

私はミネソタ州にあるキリスト教系共同体に育ちました。それが自分の人生に今も影響を与え続けていますし、カルト問題に強く関心を持つきっかけになりました。一つの敷地内に五〇家族が住み、みな同じ食堂で同じ食事を朝昼晩食べ、みな同じ共同体の中で働くのです。働く場所は、本人の自由意思は関係なく決められました。建前上平等な社会であり、仕事の内容、立場、年数に関係なく、支給される

お小遣い程度のお金はみな一定でした。家族の人数によりますが、月額一万から三万円くらいでした。家賃、光熱費、食費もいりませんから、それで足りるのです。学校は共同体の外の学校に通いました。

現在もその団体は存続していますが、普通の宣教団体の本部のようになり、共同体はなくなりました。ある意味、ソフトランディングし、一般的なキリスト教団体のようになりました。しかし、特殊な環境に育ったものの信仰はありますから、自分が育ったところはカルトだったのだろうかと随分悩みました。でも情報はコントロールされず、脱会したら滅びるという強迫観念はなかったですし、他団体を否定しないで協力し合い認め合う、不満を言う人を排斥することもなかったです。独裁主義的な徹底はなく、それで救われたと思います。

自身のカルト問題に対するテーマ

私のカルト問題に対するテーマは「なぜ人がそのことを信じているのだろうか」という点です。「カルトのグループの何がそんなに魅力的なのか」というところを私は救出の相談の段階で考えます。家族は「脱会させればいいんだ」という単純な思いを持っていますが、私はそれにはちょっと疑問がありま す。本人はカルトにいい点があると思って入ったのに、やめさせたら本人がいいと思った部分はどうなるのでしょうか。元々心に空洞があって何か信じたいから入って、理想とか対象がポンと心に入ったところで物理的にやめさせると、ポンと入ったところはどうなってしまうのだろうかと思うのです。リセットして空っぽにしたらいいのだという見方には、私はちょっと疑問があります。

脱会した多くの人は心理学とか、そちらのほうに向かう傾向があります。それはなぜかというと、やはりなぜ自分が信じたのだろうかということを、信じるという構造を、自分のリハビリのためにも徹底的に分析したいという思いがあるからだと思います。でも分析したところで、それで満たされるのか、生き甲斐がそこからわいてくるのか、それとも何も信じない人間になるのかは、そこのところは心の元気さや回復と関係があるような気がします。もちろん「おかしい」と思ってやめたところで、また違うカルトに、表面が違うだけで、実は中はあまり変わらないところに入って、またそこで挫折して、それを繰り返すというカルトの渡り歩きみたいなことは健全ではないのですが、でもそれをする理由はわからなくはないです。日本の場合は第二次世界大戦のあと、物理的に豊かになればいいという単純路線できて、物質主義者になったところでツケが回ってきて、カルト(に入信する人が出る、カルト問題が起こる)という感じもします。いわば人間の内面的なところを無視し、環境とか物質だけを整えたところで人間が幸せになると思ったら、離婚は急増するし、自殺は増えるという状況になり、そうではないのだということになったのではないでしょうか。

エホバの証人問題への取り組み

宣教師として日本に来たときは一九八〇年代で、エホバの証人は二桁の割合で成長しており、当時、カルトの中で一番目立つグループでした。信者たちは正装して紳士的で、あまり反対の情報が入っていないときはとても日本人にウケがよかったです。入信したのは主婦たちでした。夫は仕事で帰りが遅く、場合によってはちょっと赤線で遊んで帰ってくる。そして子どもが生まれても実家は遠く、育児の手伝いをしてくれる人が誰もいないところに、親切そうなエホバの証人がやってくるのです。玄関に小さい子どもの靴があれば、子育ての話から入って、そしてマンツーマンで相手の時間に合わせて家に入り込んで、座り込んで接近します。その間にご主人は何が起きているのか知らず、急にある夜、妻が集会に行くようになって、ご主人が帰ってきたら留守で置き手紙があって、そこでバトルが始まります。でも、もう妻は「迫害される」という頭になっているので、バトルが始まっても妻にしてみると「正しいことをやっているから迫害されている」としか考えません。それで大変な騒動になるというのが私のまわりにたくさんありました。開拓伝道、教会を始めると同時にその状況を見たら、なぜみな本物を求めずに偽物に走っていくのかという、ちょっと許せない気持ちになり、それをきっかけに私が徹底的に取り組もうと思うようになりました。

エホバの証人が戸別訪問で伝道しているところを見張って、家に入ったところや、立ち話をしたところの家にあとで訪ねていって話をすることもしました。「キリスト教会の者ですけど、キリスト教会によく間違われるグループがあります」と言ってエホバの証人についてのパンフレットを渡しました。小冊子をつくって夜中に家々の郵便受けに投函するとかもしました。それが一九八七年から八九年です。それと同時並行になりますが、相談を頻繁に受けるようになったのは九〇―九一年くらいです。パンフレットをつくって、それをキリスト教の本屋さんのレジのところとかに置いてもらいました。子どもが変なところに入って、何か参考になる本を探しにきた人が、それを手に取って連絡先を見て連絡してくるようになりました。そこから救出相談という時代が始まったのです。

相談は一九九一年くらいから非常に頻繁になって、二〇〇〇年までは毎月、毎週ではなく毎日です。救出相談の依頼がない日がないという状態でした。一日に二、三件あってもおかしくない。電話だけでなく、遠方から突然人が訪ねてくることもありました。エホバが圧倒的に多く、他にはヤマギシ会、真光、まだ事件になっていなかったオウム真理教もありました。

エホバの証人でまだバプテスマ（洗礼）を受けていない人の場合は一日話をしたらやめますので、救出は最初はすごく楽でした。でもエホバの証人が対策を打つようになりましたので、楽な状況がずっと続いたわけではありません。一九九二年には毎週金曜日に四時間から六時間くらいをかけて、一応ご両親の聖書勉強というかたちをとって、勉強している内容がおかしいかどうかを批評させるためにエホバの証人の娘をそこに参加させるというかたちで救出をしました。そこから、エホバの証人の側の情報を断ち切ることや間接的なカウンセリングの方法、反発を起こさせない程度で疑問の種をまくなど、自分の訓練としても学んできたような時期でした。その翌年から本格的に救出カウンセリングに取り組むようになり、一九九三年から二〇〇〇年まで、多い年で一四件、平均すると六、七件やりました。カウンセリングのハウツーを教えてくれたのは、統一協会信者の救出の経験がある牧師でした。

日本の特徴

一つ日本の特徴としては、個人主義のアメリカとは異なり、個人よりも家族という単位や家族の一体感が重視されるために、脱会にあたっての話し合いが成り立っているという点があります。お父さんが一所懸命に頼む、お母さんは泣く、おばあちゃんがわめくというのは、アメリカではあまり影響を及ぼしません。でも日本では大いにあります。「頼むから、あなたのためにずっと泣いて寝られない」というお母さんの一声で、「そうか、嫌だけど、じゃあ牧師さんの話を聞こう」というような場面がたくさんあります。非常に日本的です。カウンセリングから逃げ出さなかったのも、よく言われるのは「家族がここまでやっているんだから」、「みんな仕事を休んでまで来ている」という点です。ある意味、カルトが用いる返報性の法則を逆手にとっているような感じではないでしょうか。そうすると当然ながら、逆に家族との絆が希薄であるほど救出が難しいです。リハビリも難しい。「カルトのほうが、愛があった」と未練があれば、脱会して損をしたという気分になりますから。

カルト信者のタイプ――依存型・充実型・独立型

大まかな分け方ですが、カルトの信者にはタイプがあります。①依存型、②充実型、③独立型です。依存型はなりたい自分とありのままの自分のギャップに苦しんでいる人です。充実型が一番カルトにとってありがたい存在です。カルトの要求、生活様式などが自分の性に合って、信者として活動をすることで喜びを感じたり、達成感を感じたり、充実感を感じたりするタイプです。これがいわばカルトを広めるよき働き手になる人たちなのです。このような人たちはさほど活動に負担を感じておらず、疑問ももちろんないし、自信はすごく持っているので、自分でこけることは少ないけれども、救出はしやすいタイプでもあります。救出しやすい理由は正義感があり、カルトを絶対視している部分があるために、偽りとか、そういうものに目が開かれるときは正義感が後押しになって離れる原動力になります。依存型が一番扱いにくいです。依存型は自分のアイデンティティとか人間としての尊厳、価値などを全部カルトに託していますので。逆に言えば、元からあまり自信がなく、自分はダメな人間と思い込んでいる人なので、自尊心をカルトに求めて入り、恋人を愛するかのような心境でカルトにすがっているタイプなのです。このタイプの人をカウンセリングすると、恋人がいじめられているような感覚を相手が覚えてしまい、強烈に反発して冷静に話し合いに応じようとしないのです。大体依存型タイプは、元々夫や家族との関係がよくない傾向があります。だから自分が夫やお父さんに期待していた精神的なものが満たされていないために、それを全部グループに向けて要求しているところがあると思います。ですから、カウンセリングをしても相手の感情をかき乱すだけで終わってしまい、あまりいい結果が出ない場合が多いです。

独立型は、入っても自分というのはしっかり持ちすぎているがために意外とカルトの影響を受けることが少ないです。これはマイウェイ的なカルト信者です。しかし必ずしもやめるとは限りません。カルトを楽しんでいるかもしれないのです。「一応こういうふうに言われているけど、私はこうしている」というところがあって、問題を起こさない限り、グループから排斥の対象になることもありません。ちょっと野心のある男の人だったら、頑張ってリーダーになって自分の世界をそこでつくっていくという人もいます。独立型はカルトが中心でなくて自分が中心でカルトに依存していないので、都合が悪くなると自発的にやめることもあります。

これまでの経験を振り返ると、充実型の人が、話し合いを始めてから脱会を決めるまでが一番早いです。最初は必ず闘いがありますが、お互い真理のために闘っているので、向き合ってよく闘ってくれます。それでも強いから向き合い続けて、正義感があるから偽りなどを見せられたときに「許せない」という義憤がわき上がってきて、それでもうやめるわけです。やめたら今度は強烈に勉強して、「何が本当なのか」みたいな、猛烈に研究する時期があって、結構あとはすっきりなのです。

このように私は三つのタイプに分けています。もちろんそれぞれの中に微妙なタイプがたくさんあるかと思います。

脱会者がたどる脱会後の経過とリハビリ

脱会したあとはそれぞれがたどる心情的なフェーズがあるように思います。はじめは落胆します。自分の判断などに対する挫折感です。次に怒りを覚えます。自分を騙したカルトに対して、そして今も仲間を騙し続けていることに対する怒りです。その次に探究期間があります。何でこうなったのかという探求、自己分析などの期間です。そのあとに、今度はこれからどうしたらいいのだろうかという不安な時期に入ります。

探求期間までは日々の活動、自分の心を取り戻す行動に走るのですが、探求しつくしたところで、「じゃあ、これからどうしたらいいのだろうか」という第二の落ち込みになります。脱会のときの落ち込みと、第二の落ち込みがあるわけですが、やはりカルトを体験した人たちと集まって、気が済むまでしゃべり続けるというのも大事だと思います。摂理を脱会して誰ともしゃべらない若い青年を何人か知っていますが、その子たちはいつまで経っても回復しないのです。蓋をしたままで、なかったことにするという感じにしていますが、どこかで溜まってきた無念さとか、挫折感、喪失感などが噴き出してくると思います。

ある意味で一番健全なのは、他宗教の事例を聞くことかもしれません。聖神中央教会を出た人が、エホバの証人に関してのパンフレットを読んで「ものすごい助かった」と言うのです（二〇〇五年に聖神中央教会の代表永田保牧師が信者の少女たちに性的暴行を繰り返していたことが明らかになり、信者の脱会が相次いだ。永田保牧師は強姦と準強姦などの罪に問われ、二〇〇六年に懲役二〇年の判決が確定した）。全然、聖神中央教会とは関係のないエホバの話ばかりですが、「（聖神中央教会と）一緒や一緒や」と言っていました。直視するより、ちょっと斜めから見たほうが逆にくっきり見えるという部分があります。

脱会後に立ち直るか直らないかは、元からその人が何の動機でカルトに入ったかということによるでしょうが、信仰とか、宗教とか、神というものを求めて入った人間の場合は、信仰とか、宗教、神とかを全く抜きに果たして完全に健康になれるかは、私は疑問です。信仰のない人たちが救出カウンセリングに取り組むと、全部心理的、精神的問題に置き換える傾向があって、そういう神的存在を抜きにリハビリを進めていくと、元から神を知りたいとか、信じたいという思いがあった人は、何か落ち着かないというか、満たされないということがあるのではないでしょうか。神を抜きにしては納得しない部分があると思います。ただカルトの場合、みなが神を求めて入ったわけではないですので、その人、その人の入った動機によって、出てきたあとのフォローとか、リハビリがきっと変わると思います。

救出の鍵――「疑い」を持たせる

信じたカルトを疑う、疑ってもいいというところに導くこと、救出はそれに尽きるのではないでしょうか。カルトについて事細かく言っても、相手には私がカルトの悪口を言っているだけにしか聞こえないので、疑ってもいい、自分で考えてもいいという気持ちを起こさせるのが救出成功の鍵だと思います。私がよく使うたとえは「靴の中の小石」です。砂利道を歩いているときに小石が一つ入ると、急いでいるなら無視して、時折それが足の裏にあたっても痛みをこらえて我慢する。でも一個が二個になって、三個が四個になって、四個が五個になると無視できないほど痛みが生じるので、どんなに急いでいて面倒くさいと思っても立ち止まって靴から小石を出します。それがカルトをやめるプロセスと同じです。疑問が一つあって、一つならば抑えて無視できる。でも二つ、三つ、四つになるとどうなのか。そして抑えきれないほどの疑問が生じたときは、立ち止まって面倒くさいと思っても考えないといけないというときがきます。カウンセリングの中では、このプロセスを短縮するのです。たくさん小石を入れていくということをするのです。

カルトの信者として生きている中では、グループに愛があると思ったのに最近のリーダーはとても気難しい人だったとか、清い組織と思ったのに実は不正があったりとか、その一つひとつが小石になっていきます。そのたびごとに消化していくのですが、リーダーに優しさ、愛がないけれども人間にではなくエホバに目をとめなさいと自分に言い聞かすとか、まわりの世界はどろどろしているけど、この組織は清いとか。サタンが活躍しているからみんな気をつけないといけないと自分に言い聞かせて、その一つひとつの不祥事を気になる領域から遠ざけようとする。それがだんだん重なってくると、あるとき疲れて、「おかしいかもね」となるわけです。

今だったらインターネットで検索して、反対の情報が出てくると「見てはいけない」、「でも信仰があるのだったら見ても影響されるはずはない」というような葛藤の中で禁断のものを見てしまうという感じが多いのではないでしょうか。

インターネットの発達によって救出の必要性は少なくなり、自主脱会が増えます。ですから、かつて鳴りっぱなしの電話が今は一カ月に一件くるかこないかという変化もあります。インターネットがあるから、別に私に電話をしなくても自分で情報を探せる時代だからです。インターネットが発達している国々ではエホバの証人の成長は止まります。数字では一九八〇年代半ばの成長が一三パーセント。今はゼロかマイナス一パーセント。もう全然違います。罪悪感がなくマウスでクリックできますね。いや、ちょっとは罪悪感があるかもしれませんが、密室だから誰にもわからない。かつては、本屋さんに行って本を注文しないといけない、図書館に行って探さないといけないというプロセスが、すごい罪悪感があるプロセスでした。

カルトとこの世の基準について

聖書を使うカルトは聖書的基準とそれに加えてカルトの基準という二重の基準を持っています。聖書的基準は聖書的基準なので、別にそのグループの人でなくてもみな同じように持っているわけです。問題はカルトでは聖書的基準とカルトの基準が同質化され、一枚になっているのです。たとえば「姦淫を犯してはならない」と「輸血してはならない」が同じレベルの倫理になっています。でも「姦淫を犯してはならない」は仏教徒も言うし、他の宗教も言うし、普通のキリスト教会も言う。「輸血してはいけない」と言うのはエホバ独特です。でもエホバの証人の中ではどちらも神の律法になっているのです。そうすると、神の律法であるものとないものとの区別が非常に難しいわけなのです。

地雷がたくさん埋めてある場所は、踏んだらいつ爆発が起こるかもわからないです。そのため、びくびくして人間が怯えるわけです。地雷が本当にあるところとないところがわかれば安心して歩けるのですが、カルトは心の中に地雷をたくさん埋めていくのです。その地雷は神の律法に合致しているものと合致していないものの二種類があり、カルト信者には区別ができていません。でも、たとえば「盗んだらいけない」は別に宗教に入っていなくてもいけないことだとわかる。良心という世界があるからです。でも誕生日を祝うことはいけないとは思わないですよね。だから、心の中に埋め込まれているカルトの地雷と本来人間の心にある善悪基準の二つが、カルトの世界では一つになっているのです。ですから、脱会後はカルトの地雷はどれなのかを整理する必要があります。

捨てるものと捨てないもの

脱会したあと、本当の罪とカルト教団的罪の区別を徹底させないと本人が不安な気持ちを持ちます。区別をしないと、すべてを放り出して放蕩に走ることもなきにしもあらずです。英語では「赤ん坊を風呂の湯と一緒に捨ててはいけない（Don't throw the baby out with the bathwater）」という諺がありま す。アメリカの開拓時代は家に風呂がないですから、桶を台所に置いて沸かしたお湯をそこに入れて風呂にして、赤ん坊を入れて洗います。最後は湯を捨てるのですが、でも捨てる前にまずは赤ん坊をとっておきなさいというたとえ話です。全部放り出すのではなく、よいものとよくないものをちゃんと区別したあとに捨てなさいという意味で使われます。カルト脱会者もカルトから受けたよいものとよくないものとをちゃんと判別してから捨てないと、もしかしたら本当はよかったものも捨ててしまうこともありえます。全部自分の体験を否定してしまう必要はないのです。カルトに入るのはいいことがあると思って入るのであって「嫌だな」と思って入る人は一人もいないですから。誘惑になるということは、よさそうに見えるから誘惑になるのであって、もしかしたら自分の周囲に、友達や家族にない輝かしいものがそこに見えるかもしれないので入るわけです。カルトを脱会したら、やめた反動ですべて真っ黒(悪いもの)にしたくなりますが、カルトに入った自分のかつての決断を全部何から何までダメだったと自分を否定する必要はありません。

事例1――対象者への共感が大事

子どもをカルトにとられた親はカルトを否定するばかりですが、私は「本人からすると家族にそこまで魅力があるのか？　ひょっとしたらカルトのほうが魅力あるんじゃない？」と言いたいことがあります。ですからカルトに走った子どもや奥さんをけなしたり否定したりするのは、私はアンフェアだと思います。だからカルトのよい点を認めながら救出しましょうということです。つまり共感です。私は救出カウンセリングを長年続けていく中で、その人のやっていることやその人の世界を認める、肯定するという気持ちが自然と強くなってきました。宗教家として私が信じている真理があることとか、神がいることとか、人間が神に従えば社会がもっとよくなることとか、そのような点で共感できる領域がありますので、それをカウンセリングの最初に言い、「単にあなたの信仰を奪いたいとか、なくしたいとかではない」ということをアピールします。そうして同時に、私はカルトを否定するばかりの家族を戒めます。要は、カウンセリングされる対象者が本来言いたいことを代弁して私が家族に言うのです。そうすると本人との信頼関係が生まれてくる。パフォーマンスではないのですが、そうすると「この人もそういう目で見てくれるんだ」という気持ちになってくれます。

昔このようなことがありました。当時、二六歳の青年の両親から相談があり、話し合いにあたる場所に親族も十数名きたのですが、家族には救出に関する十分な準備がされておらず、ただ人数だけ動員しているところがありました。彼らは、私が青年と話をしてカウンセリングをしている最中にいろいろ雑談をしているのですが、雑談の中でどんな話が出るのかと言うと、女遊びの話です。青年の叔父さんや従兄にあたる人が、日本の風俗と海外の風俗はどっちが安いかとか。一昔前の日本にはありがちな話題なのかもしれませんが、私は「嫌だな」と思いながら黙って何も言いませんでした。今でもそのことを非常に後悔しています。青年が正しく生きようと頑張っているところで彼が悪者にされて、女遊びについて公然としゃべっている人たちが正しいという側に立っているというのは非常に矛盾しています。そのあと、親族は帰って父、母、姉、本人の四人だけになったときに、父親が浮気をして母親を裏切った経験があるという話が出てきました。当時、私は若かったこともあるのでしょうが、私よりも一五歳も二〇歳も年上だったその父親に対して、遠慮しながら「それはちょっとよくないんじゃないか」と弱々しく個人的に言っただけで、謝らせることも非を認めさせることもしませんでした。そして青年は二週間半くらい経ったあとに逃げてしまいました。振り返ってあの状況を考えるとき、どちらが正しいのかと思います。宗教だけを比較してみると父親も宗教観はたいしたことがないし、息子はカルトですが、生き方そのものを見れば息子のほうが立派かもしれません。そうすると、親は堂々と「お前は間違っているからやめなさい」と息子に言う資格はあるのだろうかと思います。ですからカウンセリングには、対象者の認めるべきところを認め、共感できるところを共感し、その人を潰すとか否定するようなことをしないことが大事だと思います。

事例2――「避難」あるいは「心の浮気」としての入信

中国地方のある男性は暴力、暴言で奥さんをやめさせようとしました。それではなかなか埒があかないとわかったときにやっと相談に来られました。ご主人が奥さんのカウンセリングを依頼してきた場合、私は一番最初にご主人に、「暴力が今までにあったか、暴言はどうか？　浮気は？」と直球で聞きます。なぜ直球で聞くかというと、必ず出てくる話だからです。私が聞かなくても話し合ってカウンセリングをする中で奥さんの口から出てきます。救出カウンセリングの現場は非日常の世界ですから、気を遣ったり、世間体を気にしたりする必要はないですから。ご主人はしぶしぶ認めましたので、「まずは奥さんに優しくしなさい。奥さんがエホバの証人の集会に行きたがれば行かせてあげなさい」と言いました。「じゃあ、それをすればやめさせられるんですか？」と。「はい、できます」と。それで三カ月か半年くらい、ご主人は頑張ったのです。奥さんは柔軟性のある方でしたので、比較的早い段階で脱会を決めたのですが、結局ご主人は猫をかぶっているだけ、要するにカウンセリングをしている一定期間我慢していただけでした。その後突然奥さんから電話がかかってきました。「行ってもいいですか？」と。「いいですよ、何で？」と聞くと、「家から追い出されたから」と。聞いたら、結局ご主人は彼女がやめたあと、暴言、暴力で追い出しました。要するに、元々原因の一部分だった家庭のあり方とか言動が改善しないまま、ただ救出を成功させても、また暴言や暴力を再開したら、何も変わっていないのです。ですからカルトに入信するというのは、たとえばそのような横暴な相手から避難するため、逃げるためで、入るとそこで仲間にも同じような迫害話があり、共感してなぐさめてくれるので、それが夫から自分を守るための一つの避難所のようになっているところがあります。

また、私はある意味でエホバの証人への入信は「心の浮気」だと思います。まじめな人は本当の浮気はしないですが、ご主人に挫折している人はいわばエホバが愛人になったり、会衆組織にいる立派な男性への憧れがあるなど、それを夫婦関係の代わりにし、精神的な部分を全部そこで満たしてもらうというところがあります。また自分の息子をここで育てたら立派な人になると。あの父親だったらどうなるかわからないけど、ここだったら息子は立派になると考えるわけです。

事例3――世間体を気にしていると救出は無理

救出の依頼者はお父さんだったりお母さんだったり、結婚相手だったり恋人だったりいろいろですが、最初に依頼してきた人の力だけでは絶対救出ができません。「協力者は誰ですか?」と聞くと、「恥ずかしいからみんなに言ってない」と言う方が多いです。「うちは田舎だから、嫁がエホバに入ったなんて恥ずかしいわ」と。そのような方には、私は「悪いですけどあなたが他の人に言っていないなら救出はできませんよ」と言います。「協力してくれそうな人のリストを作ってきてください」と言っても、世間体を第一に考えてそれを作ろうとしない、協力者を探そうとしない人は、はっきり言って救出は無理です。世間体を気にする、労苦を惜しむ、時間をかけて準備したくない人は、もう突き放すしかないです。無理なカウンセリングに取り組むと、ごたごたになり、あとがもっと悪くなるだけです。数としては救出を依頼してくる人のうち、よくて五人中一組に取り組みます。一〇人なら一、二組くらいです。

私は三年突き放し続けた人もいます。その依頼者は「一七代の先祖を祀っている。息子の嫁が祀らないので困っている。牧師さん、嫁をやめさせてください」と。「お寺さんに相談に行ったらどうですか？」と言うと「行ったけどやってくれない。牧師さんに何とかしてほしい、嫁を仏教に戻してほしい」と。よく言えば正直な方です。ずっと突き放していたのですが、二、三年経ったとき、浅見定雄先生に講演会をしていただく機会がありました。そのときに彼女の息子がはじめて顔を出したのです。要するに入信している方の夫です。彼は強いお母さんのもとに育っただけにちょっと優柔不断なところがあったのですが、悪い人ではない。彼も妻を救出したいと。そこで彼に「奥さんの家族はどうですか？」と聞いてみました。彼が奥さんの家族に相談すると、奥さんの両親ときょうだい全員が一斉に集まりました。姑さんとは全く考え方や理解が違い、この家族が中心になればうまくいくと思いました。そして救出に取り組み、見事に成功しました。ポイントは協力者の態勢と、取り組むべき人と取り組むべきでない人の選別だと思います。救出の成功は、家族八割、カウンセリング二割です。どれだけ上手に話し合いをもってカウンセリングをしても、家族の理解がない場合や状況が整っていない場合は絶対に失敗します。家族の絆や理解、取り組みが上手ならば、下手にカウンセリングしても成功します。

事例4――夫婦の絆の回復

エホバの証人が信者に対して信仰について家族やカウンセラーと話し合うという状況になったときは逃げるとか声を出すとかしなさいという対策を打ち出してから、子どもが二人いる四十代前半の婦人のカウンセリングに取り組んだことがあります。話し合いをもつために借りたアパートで彼女は話をすることもカウンセリングを受けることも拒否して、ちょっと奇妙な光景なのですが、手で耳を覆ってずっと「ワァー」と叫び続けるのです。彼女は全く耳を貸そうとしないのですが、私はめげずにその場にいるご主人や彼女のお母さんとしゃべりました。長くしゃべるのは得意なので。長くしゃべっていると「何の話しているのかな」と気になってくるわけです。彼女が抵抗を感じるような話ではなく、夫婦はどうあるべきか、家族はどうあるべきかなど家庭論的な話をしたのですが、そうするとだんだん「ワァー」の声が小さくなってきました。でも本人は絶対聞いていないフリをしないといけない。

カルトに入ると夫婦の夜の生活が犠牲になります。夜の生活が犠牲になると信頼関係やコミュニケーションが欠落していくという話をしていたところ、突然彼女が大きな声で「それなら一〇年もないです！」と言うのです。ご主人は大学の有名な教授で研究が忙しく、仕事を愛して奥さんを顧みていなかったのでしょう。奥さんを捨てたつもりはないのですが、夫婦の溝が大きくなっていたのだと思います。その日、帰りがけにご主人に「奥さんの布団のところに自分の布団を寄せて、身体的愛情を表すならば彼女は心を開きますよ」と言いました。彼はその通りにして、四日目に彼女はエホバの証人をやめる決心をしました。ですから夫婦の絆の回復というのは、やはり救出に欠かせないことです。

絆を回復できる家族と回復できない家族

人間は基本的に自分の価値観に従って生活を送っています。家族を大事にしているつもりでも実は中心がずれているという人は結構多いと思います。男性は特に。よく言われますが、脱会の話し合いが長引くと絶対に諦めないのは母親で、早くから諦めるのが父親です。父親は対外的な責任を果たすことで自分の自尊心を維持し、女性は若いときは美貌ですが、家庭を持てば子どもとの関係、夫との関係というところに目を向けます。長年その価値観で生きてきたにもかかわらず、家族の誰かがカルトに走ると自分の家庭はこうあるべきというプランが崩れてしまうわけです。就職しない、結婚しない、それで慌てるのです。宗教問題というよりも家族形成のこうあるべきというプランが崩れる。その中で中心がずれていない家族は、いわば「私が死ぬまではこの子を絶対に離さない」という根性があります。ですから価値観がずれていない家族は大変な宗教問題があったとしても、必ず問題が解決したあとにより絆が強くなります。ということは、最初から絆は切れていないわけなのです。しかし、はじめからコミュニケーションがあまりなく、絆が切れている家族は、円満そうに見えても一つそのような計画外のことが起きると水面下にあった亀裂が全部一気に噴き出てくるだけの話だと思います。そこで親にとって子どもはどれほど大事か、夫婦であればこの妻はどれほど大事かという真価が問われるのです。救出がうまくいった、いかなかったというのは、元からあった家族の価値観が表に現れただけのことではないかと思います。

私のところに相談者が来ると、今のような話を何時間もするのですが、二〇年あまりのいろいろなエピソードを紹介するだけで、理解のよい人はそれを自分に当てはめて考えます。人がよくてもなかなか問題を理解できない人もいます。そのような方には救出しないというか、取り組まないという選択も一つはあるということをお伝えしようとします。たとえば、子どもさんが事故に遭って失明した場合、親子の縁を切りますか？　切らないですよね。ハンディを抱えている子どもとしてずっと世話をします。それと一緒で、カルトに入ったからといって縁を切りますか？　たとえ一生入ったままでも。こういう基本的なところ、状況はどうであろうともこの人のことを捨てない、諦めないという一番極端な覚悟から出発しないといけないと思います。

　ときどきご家族が「我慢できない」とか「耐えられない」とか言います。私が「そのグループに入って何がそんなに都合悪いんですか?」と聞くと、「世間体」とか、エホバの証人の場合であれば「法事のときに焼香しないから恥ずかしい」と言います。それを聞いて「その程度?」と私は思います。では失明するのと焼香しないのと選ぶとしたらどっちを選びますか? 五体満足でいいのではないですか? たまにしかない焼香をするかしないか、そんなに大きな問題ですか? ちょっとそこで価値観の修正というのでしょうか、よくよく価値観について考えてほしいです。統一協会のほうが金銭被害とか、行方不明になるとか社会的に大きな問題ですが、エホバの証人の場合は一般的な宗教活動に参加しないという宗教的部分の問題が大きいですから。

カルトからの回復の要点

　カルトに入信して活動を続けるところに、必ず思考停止というものが働いています。自分で考えないという頭にさせられるか、なるかというプロセスがあるからです。キリスト教の基本は「求めなさい。そうすれば与えられます。捜しなさい。そうすれば見つかります」(「マタイの福音書」七章七節)ということなので、真理というものを突き止めるにあたっては各自の探究心というものがとても大事です。しかし、カルトの場合は自分で考えて発見したものではなく、考えることをしなくなった結果インプットされたものが真理になっています。そうなると、いわばブレインフリーズという、頭が停止状態ということです。脱会すると考える自由、判断する自由という世界がそこにあるわけですが、長年自分で考える習慣を失って、正しい正しくないという善悪の判断を自分でする習慣を失った人間が、カルトの代わりに答えを与えてくれる人を求めてしまうと、結果として同じことを繰り返してしまう危険性があります。ですから、悩む自由、疑問を持つ自由、探す自由、考える自由を取り戻すことが大事だと思います。

キリスト教の大前提は、神が誰にでもどこにでも、求めればご自身を現すという教えです。特定の場所や組織は関係ありませんし、自分の頭や自分の考えなどを疑うとか恐れる必要もありません。特定の場所や特定の人間に何か求める必要はないわけなのです。ですから、もう一度探究の心を覚えて、悩みながら疑問を持ちながら探し続けるプロセスの中に、深い迷路から少しずつ出てきて、明るみに出てくる道筋がきっとあると思います。ある人が言っていました。「悩むことは大事。カルトにいると悩みがない」。考えていないから。悩みを恐れるのですから。でも、悩むということは生きている証拠です。

大きな問題、たとえば「神とは？」「苦しみとは？」「死後は？」などに絶対に単純な答えはありません。エホバの証人は三位一体を否定しています。エホバ神だけです。「こっちのほうがわかりやすい」とよく言うのです。それはそうです。人間がつくったものだからわかりやすいのです。しかし、わかりやすい神というのは神じゃないです。それは人間がつくった神、偶像なのです。わかりにくいから神なのです。ですから、死後、平安、天国など、そのような非常に大きなテーマというものは単純ではないのです。

貫名英舜師（聞き手　遠藤みゆき）

現在
静岡県常泉寺住職
立正福祉会「青少年こころの相談室」相談員
著書
『カルトから家族を守る』（楠山泰道師との共著）、毎日新聞社、二〇〇〇年

これまで入信トラブルに関わってきた経緯

今から二〇年ほど前、オウム真理教の「富士山総本部」という教団施設が市内北部にあり、また、同施設に居住するメンバー数百人が市民として登録していました。街に出れば、日常的にオウムのメンバーと顔を合わせることが多く、彼らが何を考え、何をしようとしているのかに興味を覚えるようになりました。

市役所のロビーや銀行などで彼らをよく見かけることがあり、あるとき、僧侶の衣を着けていたときに話しかけたことがあります。「君たちは何を信じて何をしたいのか」と。そのときに答えが「坊主に私たちの高度な教えがわかるわけがないでしょう」、あるいは、「近づくな。（修行によって得られた霊的な力の）ステージが下がる」などというものでありました。新宗教の信者にはよくあることですが、

特有の選民エリート意識と言うか、特権意識が彼らに埋め込まれていたと思います。

私はオウム事件のずっと以前から、日蓮宗の研究機関である現代宗教研究所の研究員として、主として宗教社会学の立場から新宗教研究に従事していました。創価学会、立正佼成会、霊友会といったお題目系の既成新宗教の動向研究に加えて、一九八〇年代成立の阿含宗、ＧＬＡ、真如苑、幸福の科学といったいわゆる「新・新宗教」も研究対象としていました。

私の研究のスタンスは、なぜ、このような新宗教に多くの人々、特に若い世代が惹かれるのか、その〝魅力〟の根源を解明したいという点にあります。

長くこの研究をやっていますと、新宗教の教義や実践と言っても本当の意味で革新的、独創的なものがあるわけではないことに気がつきます。多くは長い歴史の中で試されたものの掘り起こしや焼き直しです。したがって、これらの新宗教へのアプローチの方法は、どのような再組成を試みているのか、どこからどのようなものを引き出して再組成しているかを分析することで、その本質を明らかにする作業が中心となります。また、外国から輸入された思想運動の影響も加味していく必要があり、さらに、若者を取り巻く情報環境、とりわけ、サブカルチャーについてもその影響を読み取る必要があります。

オウム真理教を考える上で、一九六〇年代の世界的な「政治の季節」のあとの文化運動の流行、いわゆるニューエイジという思想運動の影響が大きかったと考えています。宗教に関しては「霊性主義（スピリチュアリズム）」、ならびに、自己の身体を使ってある「行」を行うという体験主義の傾向が強かったと思います。また、「意識の変革」や「覚醒」、「心身合一」という実践理論もオウムに強い影響をもたらしたと考えています。

また、ニューエイジに先立つカウンターカルチャー（対抗文化）はキリスト教文明への対抗アイテムとして、つまり、キリスト教ではない宗教としていくつかの在来宗教が取り上げられる結果をもたらしました。なぜ、オウムが仏教であったのかという根本理由はそこにあったと考えるものです。

オウムは間違いなく「宗教カルト」であり、また、「破壊的カルト」に変質した宗教運動体でありました。私たち仏教の宗教者は、仏教がなぜこのように〝カルト化〟したのかという課題を突きつけられたという認識が必要なのではないでしょうか。

さて、私がこれまでに「入信トラブル」として相談を受けた団体は、オウムや法の華三法行の他に、いくつかの法華（題目）系と浄土（念仏）系の新宗教団体です。また、祈祷系、占い系、カリスマ系の小さい教団もあります。私のこの問題への取り組みの基本は、ある教団の信条、実践をあげつらって批判することではありません。あくまでも、入信によって生じた家庭内のトラブル、摩擦によるストレスを緩和し、家族としての信頼関係をつくり直すことで、家庭の正常化を図るという範囲に置いています。もちろん、そのために必要な処置として脱会の説得も行いますが、それ自体が目的ではありません。場合によっては、あまり深入りしない程度に入信状態を維持しながら、長い時間をかけて、問題の解消に向かうという方法もとります。あくまでも、事例個別の対症方法をとります。

入信・回心・脱会・リハビリ、再生の構造をどう捉えるか？

入　信

なぜその人が特定組織に入信したのか、その背景は人によって違います。理由のない人間の行動はないからです。まずは、それを把握することに努めます。それを話してくれるまでじっと待つということになります。この時点で本人が入信の背景を客観的に振り返ることができれば、ほぼ脱会と社会への再生の基盤ができたと考えます。

また、オウム真理教のメンバーが気づかなければならないことは、自分がどのような時代の状況や、この時代のマスコミなどが流すどういった情報の環境で育ってきたのかということです。そして、自分が実存の不安を感じ、宗教に何らかの「救い」を得たいと考えたときに、オウムという「宗教」がたまたまリアリティのあるものに映ったに過ぎないということに気がついてもらいたいのです。

オウム以後に活発に活動する新宗教のいくつかは「ナショナリズム」を意匠としており、それらに若者が惹かれていますが、これは世界の、特に東アジアの国際関係構造の大きな変化が影響していると考えるべきです。ここまで、中国脅威論や韓国との関係悪化、北朝鮮の不穏な動きが連日マスコミで伝えられれば、「ナショナリズム」を扇動する宗教の主張に引き込まれる若者が出ないほうがおかしいでしょう。

宗教に対する人々の願望は「不安」の解消です。そして、入信者はただ騙されたというわけではなく、その宗教の意匠に対してどこかに共鳴している部分があるということです。まずは、入信の根底にある「不安」の正体を本人に見極めさせるということがなければ、本人を「気づき」のステージに導くことは難しいと言えます。

もちろん、実際の「不安」や「不満」はこのような観念そのものから出てきているわけではなく、ごく些細な親子関係の齟齬、人間関係のストレス、あるいは、自己実現の阻害要因などから出てきています。実際のナラティブ・カウンセリングは、このような実際の諸問題から入っていくことになりますが、その奥底に現代に生きるということ自体から派生する「時代の苦」というものがあることから離れてはならないと思います。

揺れ動き

人は誰でも揺れ動きながら生きています。そして入信中にも、本当にこれでよいのだろうかという疑問の想起という揺れ動きがあります。もし、教団に人の精神を操る犯罪性があるとすれば、この心の揺れを組織の都合のよいようにコントロールし、組織から離反しないようにしむけることを意図的に行うことです。

よく指摘されることですが、問題の多い組織はメンバーの日々の暮らしを監視し、心の揺れが「組織離れ」につながらないようにします。組織内に上下・横の人間関係をつくり出し、常に、ホウレンソウ（報告・連絡・相談）という情報管理のシステムの中にメンバーを縛り付けます。さらに、教祖に関して過度な権威とカリスマを喧伝したり、脱会そのものが多大な損害をメンバーに与える（「脱会すれば地獄に落ちる！」）と吹き込むなどの人為的な処置を施します。しかし、それでも、メンバーは疑問を持ちます。そして、自分が常識で考えることと教団が与える情報との間のギャップに心が揺れているのです。

このメンバーの精神をコントロールする技法、ならびに情報は、教団によってそれぞれ異なります。私たちはそれぞれの教団がどんな情報をメンバーに与え、また、どのようなシステムでメンバーを管理するかを知識として知っておきます。

この知識が、面談のときのこちらの言語戦略に生かされます。「たぶん、私がこう言えば君はこのように考えて反発するだろうけれども……」という言葉によって、相手の定型的な反発を抑える言語戦略を行います。また、「君は……と言うだろうけれど、それに疑問は感じていないの？」という言い方も有効です。要するに、本人に考えさせることであり、思い当たらせることです。もちろん、そこで即決して自分の信仰の非を認め、脱会を決意するなどという結末に到ることはありません。ただ、着実に本人の内部で疑問が増幅していくことは確かです。

決　心

入信は簡単です。しかし、入信を解消することは簡単ではありません。教団の教えに疑問を持った、ということだけで脱会に到るのはまれなケースです。ほとんどの場合、内的要因、外的要因、そして、組織を抜け出たあと、自分をあらためて受け入れてくれるものがあるかどうかに不安を覚えます。この不安を克服する勇気が必要であるということになります。ちなみに、内的要因というのは脱会すれば多大な不利益を被るとすり込まれたことへの不安、外的要因とは教団の中における人間関係のことです。教えを棄てることと、たとえ人為的に仕組まれた人間関係であっても、それを「裏切る」ことの後ろめたさです。

この段階における私たちの関与は、この意味で本人の不安に対する支援と励ましということになります。また、脱会後の受け皿としての家族の体制を整えることも必要です。

脱会とその後

脱会しました、それで終わりということにはならない……、これがこの問題において最大限留意されなければならないところです。脱会後も「心の揺れ」は続いているからです。通常、脱会した直後は、教団、教祖や上位幹部、そして、教えに対して、侮蔑あるいは憎悪の感情を強く抱き、私たちに対してもこの感情への同調を求めます。しかし、この反発の時期が過ぎますと、次に起こってくるのが、そうしたものに騙されたことへの悔恨、あるいは自己嫌悪です。脱会直後の憎悪の感情が強ければ強いほど、この〝引き波〟としての自己に対するネガティブな感情も大きくなります。この自分を〝責める〟感情によって、かえって予期せぬ状況に到ることがあることを充分に注意しなければなりません。

脱会後カウンセリング

簡単に信じてしまった自分自身に対する悔恨、自己嫌悪の気持ちが強くなるときがあることが普通の反応であると事前に告知しておくことが必要です。手術などの医療を受けたあとと全く同じで、回復までには一定のプロセスがあると本人が事前に知っておくことが、結局は早期の社会への再生への道筋であることをよくわからせておく必要があるということです。

このことを本人に伝える場合の要点は、そもそも人間は間違えることもあるものであり、この試行錯誤の結果、再度立ち直って「成長」していくのが人間というもの、という点です。したがって、誰にでもあることという文脈の説得が最も的確だと思います。

また、必要に応じて、宗教的な文脈に依拠した説得も効果的です。成立宗教はそれぞれの価値観、すなわち、世界観と人間観を提示します。我々の自我を構成する要素には、このような宗教（あるいは倫理）の価値観が含まれます。入信しているときの「自我」は、やはり、特定の宗教的な価値観——もちろん、ひどく偏ったものですが——によって構成されていました。教団を憎む感情は、このような価値観の総体を否定することになりかねません。もう一度、正常な自立的な自我を再生させるためには、より普遍的な価値観を受け入れることも必要なはずです。宗教的な文脈を依用した説得とはこういうことです。しかし、当然のことながら、カウンセラーとして相対している限りにおいて、それが自分の教団へのリクルートであってはなりません。

揺れ戻し

脱会後しばらくして「フラッシュバック」という特有な反応を起こすこともあるという事実を知っておかなければなりません。また、もう一つ、組織からの引き戻し工作を受けるのではないかという幻想が急によみがえる場合があります。

フラッシュバックや幻想は時間の経過と共に回数や衝撃度が減じていきますが、長期にわたって苦しめられることを本人に知らしめておくことが必要です。

オウムの場合は「神秘体験」という論理的には説明がつかない強烈な身体体験をしているケースが多くありました。数十年経って、出てくることもありました。また、他の教団ですが、夜中に急に異常な不安感に襲われて一晩中激しい過呼吸に苦しんだという経験が語られることもあります。

いずれにしても、そういう反応が起こることをあらかじめ告知しておくことが大切です。また、カウンセリングからしばらく時間を置いたあとも、連絡のチャンネルを切らないでおくという処置も必要でしょう。

回復のプロセスに見られる対象者の類型や諸特徴、それに応じた対応方法は？

原則として、面談に応じたメンバーと向き合うときには、できる限り、本人が話し出すまで待っている、また、こちらからコメントを加えずに、相手が話し続けることに耳を傾ける、というかたちに徹します。相手が何をどのように信じているのか、そして、なぜ今、私の前に現れたのかという本人自らの「語り」への傾聴に徹することにしています。そして、相手との目線を合わせた会話の〝キャッチボール〟を基本にします。

要するに、「説得」ではないということです。したがって、頭から相手の言い分を否定するような態度は示しません。教えや活動に関しても、よいものはよいと率直に評価することもします。また、言葉のやりとりにおいて、相手の言い分を理解できないという場合に出会うことがあります。この場合、わからないときは「わからない」と答え、教えてほしいと受け答えすることを恐れません。また、相手が判断を求める場合がありますが、「あなたはそれをどう価値評価するのか？」という逆質問でもって応じることになります。

繰り返しますが、教団の存在に反対しているわけではありません。あくまでも、一人の人間がよりよき道を歩けるようにと考える宗教者にして支援者なのです。そして、目指すところは本人の「気づき」なのです。本人の「語り」の中で自らの信念が必ずしも普遍的なものではないということに気づかせていくということが着地点です。

人間の〝信念〟は絶えず変化します。仏教的に言えば「諸行無常」です。したがって、教団のメンバーは、いずれは自己の信念を変える「脱会予備軍」です。そして、脱会のために大切なのは「気づき」です。誤解を恐れずに言えば、信仰を一生涯、かたちを寸分も変えずに保持できる人間は一人もいないと考えるからです。少なくとも、人間が人為的にこしらえた「幻想の体系」にすぎないものが永遠に続くなんてことはありえないと考えるものです。

このことを念頭において「語り」を傾聴します。問題のある教団に共通していることですが、彼らは周囲からの批判が起こることを予期し、その批判に対しての答え方をマニュアルとして教え込まれています。国会の想定問答集のようなものが備えられています。特に、この傾向はお題目系新宗教に多い。「ああいえば上祐」という有名なフレーズがありますが、問題ある教団、または教祖や幹部は自己の組織を防衛するために、押されたらこう押し返すというマニュアルを備えていますから、この仕掛けに乗らないことが肝要です。

さて、新宗教の教義はさまざまな思想の組み合わせによりつくり上げられているということはすでに述べました。そして、脱会説得においてはその作為的な教義を解体していく必要があります。そのためには多様な思想について知らないと対応できません。

また、問題のある教団に共通する戦略として、親家族からメンバーを引き離して、教団の組織内に分離しようとします。しかし、最終的に還るところは家族のところです。また、入信中も、本人に関わるのは家族なので、入信した家族への説明も欠くことができません。また、家族が原因で入信をしてしまうという事例も多いのが実情です。ある一例ですが、奥さんがある問題の多い教団に入信して多額の献金を家庭から持ち出してしまったことがあり、ご主人から相談を受けたことがあります。ご主人はまじめで仕事熱心、実はそのことが原因で、奥さんはさみしさ、空虚さを感じて入信するという結果になってしまった。この原因をご主人が理解し、問題が解決したあと、ご主人はよい勉強だったと振り返りました。そこでは家族の「和解」が行われています。家族間の理解の仲介に入ることをしています。まずは家族に対する説明をします。しかし、残念なことに、家族の崩壊という病理がより進行した現代、そういった家族へのアプローチは以前よりも有効性が落ちているのが悩みの種です。

カルト団体によって回復のプロセスに違いは見られるか？

教団にもさまざまな諸相があり、一概に言えないことは確かです。仮に「カルト度」というものがあるとして、その評度の高いもの――教祖のカリスマ性の高さや信者の囲い込みの程度の高さ、神秘体験など――に関わった人ほど、後遺症の程度は高いということは言えそうです。この後遺症の程度により回復プロセスが変わってくるということは言えるかもしれません。また、別のことを言うことになりますが、入信はある意味で現実逃避であり、生きるに値しない現世から幻想の彼方への隠遁なんていう面があります。要するに、このおもしろくない現世より、あっちの世界のほうがよかったという感覚というものがあると言えます。そういうときにどうするかですが、私は居直って「この世がおもしろいわけないだろ。しかし、だからといって幻想に逃げ込んでいいってもんじゃない」と言うことにしています（笑）。ついでに、「行くよりも還るほうが難しいってことも考えてよ」なんてことも言い添えます。結論が出ない話ですが、要するに、人間の願望としては逃避もありうるということは肯定してあげます。ただし、薬物依存が本人は気持ちがいいかもしれませんが、周囲に対しては迷惑をかける行為です。これと同じように、ある宗教的組織に対する過度の依存も同じであるということも示唆するべきでしょう。

回復の要点を一言で言うと？

難しい質問です。目指すところは、脱会と回復の過程を通じて、その人が社会的に妥当な人格を備えた人として再び歩き出すことだと考えています。端的に言えば、〝大人〟になることです。私の仕事は、そういう〝大人〟になるという人間の成長を手助けするところにあると思っています。そして、宗教はそうした人が〝大人〟になることにおいて、一定の成長モデルを示すものだと考えています。しかし、宗教家の一人として感じることですが、今、社会からそうした宗教の本来的な存在理由が失われていっているように感じます。特に、オウム真理教事件以後、世間が、宗教の通常の機能が働く世界をさらに狭めているように感じます。

世俗に生きながらも精神の自由を保つことは極めて難しいのだけれども、仕方がないと言えます。とにかく、カルト体験者はこういう生き方しか我々にはありえないということを受け入れるしかないでしょう。それでも、日本の社会は比較的自由な信仰的態度に対しての寛容さは保たれていると言えます。頑張って、この世界で生きていってもらいたいと願うばかりです。

カルトでの体験は、よい人生体験をした、自分にはそぐわないと気づいてやめたということは自分が成長したことなのだということを受け入れてもらいたいと思います。自我の自立（independence）と自律(autonomy)という二つの成長がそこになされたのだと考えてもらいたいと思います。

最後に、私は一応仏教の僧侶ですから、仏教の文脈に沿った考えをお話しします。それは「成仏」という問題です。私の考えによれば、「成仏」とは人間が人間に成長していった結果の様態です。人間とは何かという定義は多様ですが、私の信じる『法華経』によれば人間は仏陀から遣わされた使者であり、自らの人格の陶冶と衆生救済をしていく存在であるということになります。また、仏教という宗教の存在理由は「抜苦与楽」であり、自らの「苦」の克服と共にこの世の生きとし生きるものの「苦」を取り除くための不断の精進に生きる者であることを理想としています。ただ、それだけに生きるというのが、私の考えるものです。そして、そこに生きることに徹する者にだけ「成仏」という果報が置かれていると。

宗教がなぜあるのかという根源的な理由は、人は生き、老いる、病む、死ぬ生き物だからです。しかも、自分の死をあらかじめイマジネーションできるのは人間だけなので、そこに「苦」——なぜ、結局は死んでしまう空しい人生を人は生きなければならないのか——があります。この絶対矛盾と不条理に立ち向かったのが仏陀だと思います。仏陀はそこでけっして絶望してはいない、これがすごいのです。それでも、人は「苦」を抱えながらも生きなければならない、人間としての使命を果たさなければならない、と。

楠山泰道師　（聞き手　廣瀬太介）

現在

宗教法人日蓮宗大明寺住職
同右　深愛幼稚園園長
社会福祉法人立正福祉会理事
同右　青少年心の相談室室長

著書

『カルトから家族を守る』（貫名英舜師との共著）、毎日新聞社、二〇〇〇年
『法華経の輝き――混迷の時代を照らす真実の教え』大法輪閣、二〇一四年

カルト問題に関わるようになった経緯

さまざまな相談

私は高校の教員を三〇年務めました。子どもたちと生活をする中で「このままでは人が駄目になる」、そんな違和感を抱くようになりました。赴任当初の一九七〇年頃は、暴走族・少女買春・いじめ・登校拒否などの非行問題が中心で、学校はもとより地域での少年補導（学校警察連絡協議会、青少年指導員、生活指導）に取り組んでいました。

将来必ず迎える少子高齢化時代、その社会を担う若者をどう育てていけばよいのか。同じような危機感を持つ先輩たちとの出会いもあり、社会福祉法人「立正福祉会家庭児童相談室」を立ち上げ、子どもの健全育成を目標に、立正大学・日蓮宗の協力のもと相談事業を開始しました。

一九八〇年代に入ると、社会変動と共に非行・いじめ・不登校・リストカット・自殺など複雑な相談が多くなっていきました。その受け皿として、お寺に「愛心会」というお囃子や纏《まとい》を披露する会をつくりました。それまで関わった青少年も交え、人と人との交流の場、言い換えれば健全育成の遊び場（居場所）をつくったのです。

そして一九九〇年代、一連のカルト問題の相談が寄せられるようになります。特にオウム真理教は衝撃でした。それは、問題の底辺に若者の叫びを感じたからです。私が教員になった頃から危惧していた社会問題が現実となりました。

そこで、これらの問題に多方面から研究・対応していくために、弁護士、ジャーナリスト、宗教家、心理学者、精神科医をはじめ危機感を持つ多くの仲間と共に、「日本脱カルト研究会」（後に日本脱カルト協会）を設立することになります。

福祉法人の相談室と日本脱カルト協会、その他、全国青少年教化協議会による「てらネットＥＮ」、生野学園の設立者で精神科医の森下一先生などとネットワークを構築し、カルト問題、いじめ、自殺、引きこもりなどの相談に対応しました。予防を大事とし「治すことより、ならない人づくり」をスローガンに各地に相談室を立ち上げ、相談員養成講座や公開講座を開講するなど啓蒙運動に努めてきました。

オウムとの出会い

オウム問題が起こった当初、入信者の親が子どもをオウムから連れ出し、あるお寺に監禁したことがありました。そこの僧侶は武道家で、スパルタで脱会させようとすると、本人は隙をみて逃走しました。この一件でオウムの信徒は、僧侶に強い嫌悪感を抱くようになったのです。

オウムに入信した子を持つ親が私の相談室を訪れたとき、最初はその僧侶と同じ認識で私を見ていたと思います。「あなたに何ができるの?」という冷たい視線を感じました。やはり、これまでの仏教関係者の取り組みに不満を抱いていたのでしょう。

ここで、私がオウム真理教問題と関わるようになった経緯をお話しします。

私は日蓮宗僧侶であると同時に高校の教員でもあり、その経験から地域の青少年健全育成という仕事に関わってきたことは先にお話した通りです。いじめ、引きこもり、自死、そしてカルト入信と、状況が深刻化していることは今も変わりません。その中でもカルト問題の相談が増え始めたのは、いわゆる第三次宗教ブームの「新々宗教」と呼ばれる時代で、しつこい勧誘を断りたい、あるいは脱会したい、脱会させたいという相談を受けるようになりました。

しかしテレビでは、占いや霊現象、超能力などをもてはやすオカルト番組が視聴率をあげ、カルト流行の栄養剤を垂れ流し続けます。やがてカルト相談の主流は教団との金銭がらみのトラブルになりました。マインド・コントロールのテクニックも巧妙になり、対応する困難さはますます深刻になっていきました。

一九八〇年代後半には、「幸福の科学」「統一協会」「オウム真理教」などの教団が活発化し、世間も注目するようになりました。この頃、あるテレビ局で大学の学園祭を取材した番組があり、大学生が「缶蹴り」をして遊ぶ様子が流れました。マイクを向けられた学生が「失った青春を取り戻しています」と答えていたのが印象に残り、受験勉強、偏差値教育の弊害を見たような気がしました。

オウム真理教に入信した青年が「自己発見の旅に出ます」と書き置きして出家したことを思うと、知識の習得と他者との競争という面では確かに勝利者かもしれませんが、その反面、現実社会との接合面が希薄になり、異様な大人が形成されたのではないかと思えてなりません。人の言いなりになるよい子を演じ、受験戦争という現代社会が与える幻想の価値を手にしたのであり、その結果、生きることそれ自体の意味の喪失に気づくことになるのでしょう。そして、他者の存在に共感したり、社会で実際に汗を流し体験する感動もないまま、やがてカルトの示すユートピアに引き込まれていくのです。

彼らは、非行に走り社会とぶつかりながら自分のスタンスを見つけていく若者とは対照的ですが、自分を見つけたいという「心の叫び」は同じように思えます。この若者の「心の叫び」「心の飢え」に答えたのがカルト宗教です。体験未熟な若者は、自分の頭で考えることをせず、誰かがマニュアルとして提示してくれることを望みます。脆弱な心と精神を持つ、そんな若者たちの需要を満たすものとして流行したのが「カルト」ではないでしょうか。その意味でオウム真理教という教団の発生と拡大は、必然であったように思います。

このように伝統仏教の一員としての無力さを感じざるをえなかったことが、私がこの問題に関わる動機の一つです。伝統仏教の持つ社会的機能の一つとして、人が成長過程で出会うさまざまな根源的懐疑に対して、歴史的蓄積を背景としてその自己解決への示唆を与え続けることがあります。いくら科学が進歩しようとも人間に向けて問われる根源的懐疑そのものは消えることはありえません。しかし、戦後、特に高度成長期における宗教それ自体の形骸化に対して、伝統仏教は何の異議を唱える努力もしませんでした。オウム問題が我々伝統仏教に属する者の怠慢に由来するものであれば、我々自身の「結果責任」が問われることになるのではないか。私が統一協会の問題からオウム真理教へと関わっていくのには、このような自責の念があったのです。

私がカルト問題に最初に関わったのは、知人の娘さんのケースでした。知人は非行問題で縁のできた教育委員会関係者です。統一協会に入信し、専従職員として働く「献身」のために家を出る娘を両親が車に乗せ、私の相談室に駆け込んできたのです。その後、数カ月に及ぶカウンセリングの結果、脱会の意志を固め、自ら脱会届を支部協会に提出しました。すると、それまで優しく親切だった仲間から厳しい言葉を投げかけられました。「あなたはサタンに支配された」とまで言われたことで、気持ちの整理がついたといいます。

その母親が所属していたキリスト教の牧師が、統一協会被害者家族の会「あじさいの会」の主催者でした。同じようにオウムに入信した子を持つ親から、「オウムは仏教教義を使っていますが、どなたか仏教に詳しい方でこの問題に協力してくださる方を知りませんか」と助けを求められ、私のことが紹介されたのです。牧師から協力要請の電話が入りました。これが「オウム被害者家族の会」の始まりです。月に二回、教会と私の寺で勉強会を開くようになりました。そのときのテーマは次のものです。

①オウム真理教の宗教教義は何か。信徒は何をどのように信じているのか。
②影響を受けたとするチベット仏教やヨガとは、本当はどのような教えなのか。

③選民思想と終末論、排他独善主義の宗教的心理とはどのようなものか。
④なぜ現代の若者の多くがこのような教えに惹かれたのか。
⑤なぜ彼らが出家と称して、社会から隔離される道を選んだのか。
⑥なぜ教祖の命令を疑いもせず、反社会的な破壊活動に従事したのか。
⑦なぜ今なお組織から抜け出すことができないのか。
⑧どうすれば家族の声を本人に届かせることができるのか。
⑨どうすれば家族の間にコミュニケーションを再構築できるのか。
⑩どうすれば社会へ帰すことができるのか。

試行錯誤の勉強会となりました。一番辛かったのは、息子がオウムに入信した日蓮宗の檀徒から、「いろんな有名なお寺に行ったけど、どこも門前払いで助けてくれなかった。私はお坊さんを信じない。お寺から墓石を担いで出ていく」と言われたことです。そのとき、「あなたの息子さんが脱会するまで、私はこの問題から手をひきません」と約束したのを覚えています。

このような経過をたどりながら、実際の信徒との接触が始まったのは一九九五年五月でした。三月の強制捜査、そのあとの一斉捜査で不法侵入などの微罪逮捕後に釈放された信者や、未成年で保護された信者のカウンセリングが始まりました。

オウム真理教のマインド・コントロールは想像を超えるものでした。両親の保護のもと週三回一日五時間という過酷な面談を行いましたが、その最中、マントラを唱えて聞く耳を持たなかったり、会場のホテルの窓を開け「監禁されています、助けてください」と叫ぶ信者もいました。カウンセリングというよりも修羅場です。

そこで、両親に「逃げても構いませんので私のお寺に連れてきてください。それも自由にタクシーや乗り合いバスに乗って、途中で買い物でもしながら私の寺に来てください」とお願いしました。一緒に修行しながら話をしよう、オウムの本もそろっているから読みたいものを読めばいい、ヨガもどうぞという姿勢でいると、信者は「私はまだ修行の途中で未熟です。教えてくれますか？」と対応してくれるようになりました。そして数カ月後には脱会を決意し、さらに数カ月をかけて見事に社会復帰を果たしたのです。それがオウム信者に対する私の最初のカウンセリングでした。

生い立ち

オウムとのぶつかり合いはまさに修羅場でした。邪魔者は〝ポアしろ〟とVXガスや爆弾テロなどで次々と狙われていくわけです。私を狙って学校にサリンをまかれるということも考えられることでした。自分が殺されたり家族が犠牲になるのは仕方がないと覚悟は決めていましたが、檀家さんや学校、生徒にまで迷惑をかけるのではないかと思うと、非常に恐ろしいものがありました。この問題に取り組むには、体を張らなければできません。命をかけなければと思いました。

そう私が思えるようになったのは、父の存在が大きかったと思います。父は寺で保護司をしており、私が子どもの頃、刺青をして日本刀を振り回している人がたくさん寺にいました。そんな人の目の前に立って、「やるならやってみろ」と言えるような父でした。それでも彼らが少年院を出て帰るところがなければ、引き取って寺に住まわせていました。

そのような環境で育ちましたので、命をかけないと病んでいる人は救えないという気迫を実践で教えられました。

暴走族との出会い

人を苦しみから救うには、同じ時間を共有し、まずその人に親しみを感じられるようにならなければできません。私はそれを暴走族や非行少年と関わる中で思い知らされました。

こちらが僧侶だからと偉そうなことを言っても、彼らは全く相手にしてくれません。ところがあるとき、私の言うことを絶対的に聞くようになりました。それは、関わってもらったことによって、そして助けてもらったことによって、恩義を感じるようになったからだと思います。

ある暴走族のメンバーがいました。中学時代からさんざん悪さをやって人を怪我させ、それでも頑張って勉強して工業高校へ入ったにもかかわらず、彼はそこでまた同じことを繰り返して怪我を負わせてしまったのです。先生に「次にやったら退学」と言われたとき、私は彼を呼んで「ここで男の約束をしろ。お前が強いのは知っている。だけど、どんなことがあっても二度と暴力を振るうな。振るった段階で学校もお前の人生も駄目になる」と伝えました。約束できるかと聞くと、「約束する」と彼。「男と男の約束だ、絶対に破るな」と念を押しました。

そのあと、暴走族同士の抗争があったとき、リーダーだった彼は相手から顔が腫れ上がるほど殴られても一度も手を出しませんでした。仲間から「何で手を出さないんだ」と責められたとき、「俺は男の約束をしたんだ」と言ったことで、その日から「こいつはすごい」「ただものじゃない」と余計に仲間の信頼を得ていったのです。

私のところには、問題を起こした「悪い子」と、カルトに入信してユートピアを現実視する「よい子」が同居することになりました。お互いに相手を受け入れることのない両極端な若者です。

ある日、やっとの思いでオウムの拠点があった上九一色村から逃げ出してきた若い女性がいました。薬を盛られ監禁されていたのです。一年あまり、暗く狭い部屋で、恐怖の映像や教祖・麻原の声を聞かされていました。私のところでかくまい治療を受けさせましたが、数カ月の間は毎晩恐怖にうなされていました。その彼女を救ったのは元暴走族の一言でした。「そんなに怖いのなら、昔の仲間を集めて乗り込んでやるから心配するな」。そのあとは彼らと一緒にカラオケ、ドライブにと元気を取り戻し、社会復帰することができたのです。

暴走族とオウム

暴走族とは修羅場を繰り返し、話し合いを重ねました。リーダーを説得して信頼関係を結べば、あとは自然についてきます。「そろそろバイクは卒業して車に転向すれば」「大人になる時期だな」、そんな会話ができるようになれば引退はもうすぐです。そのうち遊びにくるようになり、寺は暴走族の集会場のようになっていきました。

彼らが寺に集まり泊り込みで話し合ったり飲み明かしていたとき、オウムをやめた元信者たちも脱会者の会「泉の会」をつくって泊り込みで意見交換をしていました。一階に元オウム信徒、二階には元暴走族。この二つのグループは絶対に相容れることはありません。それは、プライドのかたまりでユートピアを現実視しているグループと、プライドよりも現実に生きる行動力のグループだからです。

たとえば、ある冬の合宿の最終日のこと。雪が積もり寺の坂は下りられません。朝起きると元暴走族のメンバーは雪かきをしています。理由もへったくれもありません。自分がオートバイで下りなければならないから雪かきをしているだけです。その一方、元信者たちは親が車で迎えにくるのですが、車は坂を上がってこられません。「親が困らないようにお前らも手伝えば」と私が言うと、「何でですか」と彼ら。これが彼らのプライドです。頭でしかものを考えないのです。自分たちが困らなければわからないのでしょうか。それとも誰かがやってくれると思っているのでしょうか。

「何で自分らがそんなことをやるのか」と元信者が答えたのを聞いて、元暴走族のメンバーは言いました。「自分で食えるようになってからものを言えよ。俺たちは朝早くから土方やペンキ塗りをして食い扶ちを稼いで生きている。お前らは言うことだけ言って、てめぇで食ってねぇじゃねぇか」と。片方は受験勉強をして偏差値の高い大学に入ったエリート、片方はほとんどが高校を中退した落ちこぼれ。プライドとはいったい何なのか、人間らしさとは何なのかを深く考えさせられました。

オウム事件と前後して、中高生を含む青少年が関わった不可解で残虐な犯罪が続発した事実が、現在もしばしばマスコミに取り上げられます。これらの罪を犯した青少年たちには、その動機や心理においてある共通項があるように感じられます。極めて自己愛が強く、それゆえに自己中心的で独善的な思い込みに走り、他者への憎悪、蔑視、そして、加虐的破壊衝動を募らせる。このようなメンタリティーはオウムに関わった者たちのそれと、大部分が重なり合って見えるのです。

日常生活の中でごく普通の若者のふるまいに、同じようなものを見いだしてしまうのは私だけでしょうか。オウムや青少年による凶悪犯罪の心理は、実は彼らだけに固有のものではなかったのではないか、たまたま一つの事件として表面化しただけのものではなかったのかという疑問が続いています。

現代の若者の過剰な自己愛と他者への思いやりの欠如という精神構造が、いつ、なぜ、どこから、どのように生まれてきたのか。この問題を詳細に分析しなければ、慈悲の精神や他者との協働などを説かなければならない青少年に向けての教化はその入り口で挫折するのではないかと私は憂慮しています。私がオウム問題に未だに固執し続ける理由はここにあります。

入信、脱会、そして回復のプロセス

入信のプロセス

◆自分を証明できない人たち　カルト入信、引きこもりの人たちを見ていると、多くが何かしらの重荷を背負いその重さに耐えられなくなって、自分を見失い自信をなくして、社会に適応できなくなっているように思います。少子化で親は過干渉となり、期待感も大きくその期待に応えようと頑張りますが、やがてその重さに潰れてしまう。そんな感じがします。

人間は成長のどこかの段階で、自分という存在を考えるはずです。「自分」というものを自分の中で発見したときに、それを認識して外に出して証明したいと思うはずです。ですが、自分を証明する段階で「そんなことをしたらお前は落ちこぼれだよ」「お前は駄目なんだよ」「親の期待にそえないよ」と言われると、その証明したいものをしまい込んで、したいことを我慢し、親や先生に褒められる自分を見せようとします。そうやってずっと「よい子」のまま成長していくと、自分を証明したくなったときには証明する自分が見つからず、「自分探しの旅に出ます」ということになるのです。

大学まで行って自分探しです。自分の目的も生き甲斐も居場所も存在理由もわからないまま漂流しているように思えます。だから自分を見つけたくて、証明したくて、オウム真理教という幻想の世界に入信し、教祖の言いつけを守ることで実証できると思い込み、「こんなに素晴らしい世界を……」と、マインド・コントロールされていくのです。

その結果、カルトでしか通用しないプライドを持った人格へと変貌していきます。脱会後のケアでもそのプライドは壊すことができません。やたらに壊せば生きることすらできなくなるからです。壊さないように信頼関係を構築し、その上で現実の社会に適応させるべく、脱会者の会などの受け皿を用意して、社会復帰へのプロセスを経ていかなければなりません。

焦りは禁物です。カルトでつくられた自分に疑問を持ち、生きる目的とさえ思った価値観を手放すことになるのが脱会なのです。生きる目的を失うことにもなりかねません。精神的なよりどころをなくすことにもなります。現実の社会に復帰すれば、一瞬にしてカルトのユートピアは役に立たないことがわかります。プライドも傷つきます。その意味では、現実の社会の中で反抗し問題を起こした暴走族のほうが、社会に適応するための技術やスタンスを身につけているのです。

人には成長する過程で、「反抗期」と呼ばれる時期があります。そのプロセスは、自己発見→自己認識→自己証明という発達経過です。そこで認識した自分を証明したくなる時期が反抗期にあたります。その行為が反社会的行動となれば、当然痛い目に合います。先生に反抗して指導されたり、場合によっては退学させられたり、警察に補導されたりすることになります。

しかし一定の年齢になれば、その体験が自分つくりに役立った実体験学習だったと認識できます。自分のスタンスを発見し、社会に適応できる自分を見つけることになります。問題なのは、その反抗期がなく大人になることかもしれません。

カルトの脱会者も社会復帰したあとは、カルトにいた自分を後悔しないで、自分つくりの過程の一段階にできればと願います。また、脱会後のカウンセリングでは、家族にも「家族関係の再構築を考えるよい機会にしてほしい」と伝えています。

◆カルトでの体験　破壊的カルトの入信で体験する精神世界は、まさにユートピアの幻想の世界です。神秘的な世界は、若者にとっては経験のない新鮮さがあります。とても興味深く感じるでしょう。まるで子どもの頃に見ていた「宇宙戦艦ヤマト」や「ガンダム」の世界を仮想体験できる感覚なのかも知れません。

カルト信者が合宿や修行に参加する動機は、「精神的な弱さを克服したい」「強くなりたい」「真理を求めたい」「我を発見しよう」「何か特別な能力を得よう」とさまざまですが、マインド・コントロールによって現実と隔離された価値観を持つ自分へと変貌していくことになります。修行と称して妄想世界や神秘体験を実体験として認識すると、外部からいくらその体験を否定しても、実体験したから本物だと言って、否定することができなくなるのです。

このような体験は伝統宗教でも起こりますが、そこには経験豊富な指導者がいて、危険を回避して現実に苦しむ人を救済するための修行であること、そして、現実社会が実践の場であることを示唆し監督できる環境があります。幻想を否定し現実に引き戻す指導者がいるのです。

問題なのはそうした環境もなく、独裁者としてその指導者が排他的独善主義をあたかも唯一絶対の教えとし、①経済的野心の非常に強い教祖、②市民社会に対する被害妄想的な教祖、③別組織に対する対抗意識の強い教祖、④信者を扇動してひたすら組織拡大を目指す教祖、⑤支配欲の強い教祖となることです。そうなればもう破壊的カルトです。

◆コンプレックスを克服した教祖　破壊的カルトの教祖となる過程には、「人を支配したい」とか「巨額な資金を手にして自分の思い通りにできる組織を持ちたい」という欲望があります。

たとえば「ライフスペース」というカルト教団がありました。自己啓発セミナーなどを主要な事業内容としていましたが次第に変質し、主宰者がインドのサイババに指名されたシャクティパット・グルであると自称したり、頭部を手で叩き続けるシャクティパットで病気を治せるといった主張をするようになりました。

彼らが犯した「成田ミイラ化遺体事件」では、主宰者に殺人罪での有罪判決が出ています。これは、脳内出血で入院していた男性を連れ出し、治療を受けさせねば死亡する可能性が高いことを知りながらも、適切な治療を受けさせず死亡させたという主旨の判決です。ただし控訴審は、確定的殺意を当初から持ち合わせていたとは考えにくいとして未必の故意を認定し、主宰者に対し減刑する判決を言い渡しました。

この教団の教祖は最初、自己啓発セミナーという事業で金儲けを始めました。ですが、セミナーは何段階かの研修が終われば卒業です。そこで顧客を長くつなぎとめて資金源にするために、宗教を利用して信者にするのです。マインド・コントロールしていくことで言いなりになり、財産だけでなく心身共に思うようにされ、性的餌食になるケースも多く見られます。

また、カルトの教祖に見られる大きな特徴として、コンプレックスを持つことが挙げられます。ライフスペースの教祖もサイババの真似をして否定されたり、自分には血液がないから法廷には出られないなどと発言しました。オウム真理教の麻原教祖も同じようなことをしていますが、こちらも目が不自由だったり、選挙の敗北により怨念に近いコンプレックスを感じていたと思われます。

その他にも事業に失敗したり、親が他のカルト宗教の経験者でその失敗を参考にカルトの教祖となるケースなど、マスコミにあがった問題教団の教祖の履歴などを詳しく調べていくと、なぜかコンプレックスの持ち主がカルトの教祖になるケースが多いように感じます。K教団教祖のS教団教祖に対するコンプレックス、などもその一例です。教祖の欲望は、コンプレックスから解放されたいという強い願いが、独善的で排他的なカルトをつくる野望へと変わっていくのではないかと思います。

それに加え、現代社会にはカルトに依存する素材があふれています。孤立感や敗北感、疎外感や喪失感など、自分を発見できない社会病理が重なって依存が高まるのです。

病んでいる人が、教祖のことを「この人なら救ってくれるかもしれない」と崇めた時点から依存は始まります。逆に依存させるテクニックさえ知っていれば、簡単に信者を手中におさめられます。次は、そこから抜けさせない方法を考えればいいわけです。信者のニーズを知り、個人の悩みを何らかの方法で聞き出し、「こうやったら強くなりますよ」「こうやったらよくなりますよ」と教える一方で、「ここから離れたら駄目になりますよ」というマインド・コントロールで操作していきます。そのやり方を会得しているのがカルトの教祖です。

宗教依存は決して悪いことではありません。むしろ宗教にすがることで癒され、再び社会に挑戦できるようになればよいのです。宗教が存続している理由はそこにあったはずです。ただ、依存した先が破壊的カルトで、危険な教祖だったら悲劇です。それを見極める知識が必要であり、学校でも予防教育や宗教の基礎教育くらいはぜひとも学べるようにしてほしいと思います。

脱会のプロセス

◆宗教の役割　瞑想しているうちに神秘的な体験をし、おかしくなって霊的な世界に閉じこもってしまう人が多いわけですが、宗教の役目の一つに、「霊的苦痛」から解放するという役割があります。「霊的苦痛」は言い換えれば、何かがとりついたり金縛りになって動けなくなったり、叫んだりわめいたりぴょんぴょん飛び跳ねたりする「霊的憑依型」「悪霊憑依型」とでも言うのでしょうか。妄想、幻聴、幻想なのかもしれませんが、本人は現実に憑依に苦しみます。魔物がついてるとか、狐つき、祟りとかと言われる現象です。

こういう状態になると、精神異常として精神科へ通わざるをえなくなります。もちろん精神科では治りません。薬で治せたり治療で治せるものとは違う霊的妄想（仏教では「もうぞう」と言います）の世界があるからです。それを治すのも宗教でした。宗教者は修行という行程の中で、人を救うための技法（修法）を習得したり、自ら体験して超越する方法を得るのです。

現代社会は、法律、ルール、そして良識という合理性を合意形成の基盤としています。一方、宗教の教義や行為規範は、超自然的で反証不可能な構成要素、非合理性を含んでいますから、合理と非合理の相反する二つの価値体系が、日常生活の上で葛藤を招くことがあります。

合理性優先の立場、すなわち「世俗的」な立場に立てば、宗教に含まれる非合理性は「迷信」、あるいは「幻想」と評価を下されることになりますし、それらはしばしば無意味であり、さらには有害なものとして認知され、排除されるべき対象となります。しかし、各民族あるいは国民には長い歴史の中でつちかわれた基底的宗教心情が存在しているのと同時に、非合理性も個人の内面、家族親族間、そして、地域共同体の共通理念として内側に棲息しているのも事実です。それらが背景となってさまざまな年間行事、公的私的な通過儀礼が行われているのです。

社会の大多数の支持を受けるものを「習俗」あるいは「慣習」と言い、その社会の中では特に問題にされることはなかったということです。霊・因縁・祟り・厄なども、広く我が国の国民の内面に保持されている基底的宗教心情です。

普段は無宗教を自認する多くの国民の約八〇〇〇万人が正月に寺社に初参りに出かけ、また夏には多くの人たちが先祖の霊を供養するために墓参りを行っています。しかし、日本人はそれらを特定の「宗教」であると自覚しているわけではありません。それは深層文化として意識に組み込まれた宗教心情だからだと思います。

しかし、この基底的な宗教心情を巧妙に利用して、過剰な畏怖の心情に導き、その結果として利益に結び付けようとしている組織が多数存在していることも事実です。「先祖の霊を祀らないとがんになる」「入信しないと罰が当たる」。何らかの不幸を抱えている人は、これらの言葉に心を動かされます。これらの言葉は、社会が容認する「良識」の範囲を超えたルール違反であり、加えてそこに著しい経済的、身体的収奪が行われれば、明らかな人権侵害ならびに犯罪です。

しかし、この宗教における「良識」の範囲を明確にすることについては、客観的な尺度からははなしえないことも事実として認めなければならないのです。カルトに冒された家族は、ここに常にジレンマを感じます。ジレンマを一挙に解消する唯一の手立ては、宗教のすべてを「迷信」として社会から放逐するしかありませんが、それは無理です。とすれば、ある宗教の表象について、それが時代と社会の「良識」に照らし合わせてその領域を超えているか否かを常に検討し、違法性があるか否かについて、その時代における社会一般の合意を取りつけていくしか方法がないのではないかと思います。

近代の合理主義は、脱教会・脱魔術化を出発点にしています。聖書や教典などに代わって、科学合理主義が新しい「真理」として自己主張することを言います。しかし、我々はすべてが合理主義によって支配されているわけでありません。挫折体験をしたり、思いもしない不条理な事態にさらされたり、あるいは将来に対する不安を感じたりするときに、「人間の知覚でははかりえないもの」の存在を意識する基底的宗教心情が呼び起こされることもあります。

日本人の基層的宗教心情である「因縁」「霊障」「宿命」などの不可視の何かに自分は冒されているのではないかと考えることは、当然ありうるということです。神仏・霊の祟り、神仏や先祖や水子の霊などの超自然的存在に対して本来なすべき信仰や宗教儀礼（お参りや供儀、潔斎など）を怠ったため、人間を懲らしめるために「見えないスピリチュアルな力」を行使して災害や病気などとして現証すると思い込むのです。

宗教はこれらの苦痛を排除して、安心を与える技法（修法）の役目を担っていたのです。

◆**現実の中で生きる**　蓮華は泥沼に咲いています。その泥をいとわずして、清浄な花は少しも汚れをとどめず、すがすがしく咲いています。もしこれが、澄んだ綺麗な水の中にあるとすれば、価値は半分になってしまいます。

泥沼をいとわずして泥沼の中にあり、周囲の汚れに染められずに咲く蓮華――。この泥沼は「人間の汚れた現実世界」に当てはまります。蓮華一つで庭全体が清らかなものになるように、一人の菩薩の存在によって家全体、町全体、職場全体、そして社会全体が清らかになるようにと釈尊は浄仏国土を願ったのです。

菩薩は仏の境地を理想として修行に励む人間の類型です。仏の心をもって自分の心としようと努力すること。仏の心とは慈悲を本体とし、菩薩における生き方の原動力も慈悲です。菩薩の慈悲は、自分の生存によって周囲の人々の幸福が増すように、苦悩から解放されるようにと念願することなのです。

法華経では菩薩をもって望ましきものとし、これと対比することによって声聞・縁覚の二乗根性（自分だけが悟りを得たいと願う人）を否定します。しかしそれは、利己的で独善的な生活のあり方やものの考え方を否定するもので、二乗と呼ばれる人を否定するものではありません。もし人そのものが否定されれば、仏の慈悲には限界があることになります。

実際に法華経においては、声聞・縁覚の境地にあった者が次々と狭い信仰のあり方から解脱し、菩薩たる決意をなして受記（悟りの約束）を得ているのです。この経の本意が菩薩という人間類型の足場にあることを会得すれば、声聞・縁覚の道を進んできたことが生きてくるのです。

たとえカルトに囚われ自分しか見えなくなっても、この本質がわかれば、それは無駄にはならないことがわかります。それはちょうど、二階の部屋に行くために階段を登り、その階段の途中でこれが二階の部屋であると思い込んで止まってしまったことで、階段は階段の役目を果たせなくなるのと同じです。二階にまで登ってみると階段を登った意義が生まれ、階段も階段の役目が生きてくることになります。

こうして法華経は、すべての人が菩薩たることを期待するのです。この菩薩の修行が菩薩道であり、法華経の実践倫理です。

カウンセリングでは、「いま君が組んでいるのが、オウムの蓮華座だよね。蓮華の意味を知ってる？　そう、ハスのことだね。仏教でいうハスにはとても大切な意味があるんだけど」と切り出します。「ハスは水が澄んでいる川や湖には生えない。泥沼にしか咲かない。水が泥で濁っても美しく清らかに開き、真っ白な花を咲かせる。本物のハスの花を一度見てごらん。泥の中で生きているとは思えないくらい、清楚で純粋な花を咲かせるから」。

仏教ではそこに煩悩という泥を栄養として開いた「悟り」という花を見ます。人は煩悩という泥なくしては悟れません。仏様が台座としている蓮華は、娑婆という人間の住む世界で修行しなければ仏にはなりえないということを表しているのです。

「オウムの修行は厳しいだろう。でも、煩悩が断ち切れた？　断ち切れないよね。肉体を持つ限り食べなければいけないし、寝なければいけない。いくら頑張っても煩悩は断ち切れないのだから、破壊すべきでないのだ。この世の現実の中にあって得ていくのが大乗仏教の本質。もう一度、現実社会、煩悩の中に戻ってみなさい。そうすれば、自分だけの修行に喜びを見いだすことが大事なのではなく、泥の中で他の人の悩みや苦しみを喜びに変えていくことが自分の喜びとなり、命の存在理由も生きることの価値も、見つかるはずだから」。

菩薩の修行と実践は、この現実の社会の中でしかできない修行です。オウム真理教でも教えていた六波羅蜜という行法は、人間をより完成させるための修行方法で仏教の基本教義です。けっして来世の成仏を願ったものではありません。信者は六波羅蜜を実践しながら来世の地獄とか来世の成仏、輪廻転生を信じていますが、たとえば布施行でも教団に布施するのではなく、他人に対して施しを与える奉仕の精神が大事なのです。したがって六波羅蜜という行法は、オウムの教団の中にいてはできない修行であることを示します。

「現実の中に生きる修行方法が大切なのだ。お前たちはこの世の中をよくするために、オウムに入って修行しているのだろう。人を救おうとしているのだから、その中にいたのでは駄目なんだ」と説いたことで、葛藤しながらも本当の仏教の大きさに気づいて脱会した人もいます。

◆新しい師を求める

チベットヨガでは、よいグル（指導者）に出会うまでグルを変えなさい、一人のグルにずっとついていってはいけないと言います。なぜなら、その人が間違っていたらずっと間違ったままになるからです。いろんな人についてこの人だと思う人を見つければ、それが一番幸せなことです。いろいろな体験をしてこいということなのでしょう。

どの世界でもそうですが、多くのことを経験し社会を見ることで視野が広がります。釈尊の頃も六師外道と呼ばれるさまざまな哲学があって、弟子たちは転々としながら釈尊のところへとたどり着きました。釈尊にたどり着いても疑問を抱けばまた転々として、後々再び戻ってくるということが行われていました。そのとき、釈尊は自分のもとを去っていくことをけっして非難したり攻撃したりはしなかったそうです。それは、わかるまで体験しなさいということだと思います。

一方、カルトの特徴は独善的排他主義です。自分が一番正しいのであって、グルでなくてはいけないということを常に弟子に訴え、自分が万能であるかのようにふるまいます。それは、優秀な医師ですら「医学では救えない苦しみがある」と、救いの答えを求めるために入信していたことでもわかります。

確かに医学は万能ではありません。真面目な医師ほど人の死に敗北感を感じるのかもしれません。また、医学(科学)が万能だと思っている人もいます。すべての人を救える医者になりたいというユートピアを描いて入信した人もいました。

残念ですが、宗教も万能ではありません。むしろ万能になる必要がないのが宗教です。もっと泥臭く、苦しみながら悩みながら、より大きな人間になっていくために何が必要かを学んでいくところに宗教があります。人間が自分の力を信じるところがなくては、宗教の存在はありえないだろうと思います。自分の力で乗り越えようとし、苦しみに出会って克服できなかったときに、それを補うための生き方として宗教を使えばいいのです。

宗教が万能であると完全に依存するのは大きな間違いです。むしろ、宗教から離れて現実的に生きてはじめて、なぜ宗教が必要かわかってくるのではないでしょうか。

けっして宗教は万能ではないのです。宗教が万能だったら、医学もいらなければ他のどんな学問もいらないのです。

回復のプロセス

◆信頼関係を築く

カルトから現実の社会に戻ったとしても、コンプレックスがあるとすれば、そこで虐げられてしまう人が多いと思います。コンプレックスの裏側には野望があるはずです。克服してこうなりたいああなりたいという願いは、どんな人間でも持っています。言葉を換えれば悪いプライドです。まじめな人ほど「世の中、適当に生きていけばいいよ」とは言えません。なぜなら、コンプレックスのおかげで、野望が膨らんでプライドが強くなっているからです。彼らは、カルトをやめてもコンプレックスを持っていますから、プライドを傷つけられると全くおかしな方向へと流れていきます。

カウンセリングの一番のポイントはプライドを傷つけないこと。脱会後、コンプレックスがある分だけ、プライドを傷つけられることが一番恐いのです。プライドを傷つけないためには、上から目線ではなく同じ立場から信頼関係をつくり上げることが必要です。

したがって、「自分が」というプライドを捨てて関わることです。プライドを捨てても、生きていけることを見せてあげることです。プライドを捨てたほうが世の中楽しく生きることができ、人からも尊敬される。変にプライドにこだわることで嫌われることもあると、社会で実践しながら見せてあげることです。

オウム真理教で支部長クラスの地位にあり、特にヨガを指導していた幹部が警察に捕まって執行猶予となり、私のところでカウンセリングをすることになりました。普段はジーパンとシャツでカウンセリングをしていますが、相手がそれなりの修行成就者と自負している幹部だと思い、布教服と袈裟をつけて丁重にお迎えしました。

「あなたは何年か修行をした方だと思います。私を見て何か感じますか？　私もそれなりに修行はしてきました。あなたを見てそれなりの判断はできますが……」と、最初の挨拶から始めました。するとしばらく私を見て、「あなたとは会うべき人だと判断できました」と返ってきました。「私もそう思います。法友としてこれからも社会のために協力してもらえると……」という会話でカウンセリングを始めました。

このようなかたちで信頼関係ができれば、あとは時間の問題です。最初は「あなたは」、そのうち「楠山さんは」、やがて「先生は」、そして今は「親父は」というように、呼び方も変化していきます。

私が住職としてふんぞり返っていたらプライドは守れますが、逆にジーパンとTシャツで庭掃除でもしていたら親しみがあっていいのではないでしょうか。それによって檀家さんが離れていくことはありません。他のお坊さんから「そんな格好、住職として駄目じゃないか」と怒られることはありますが、プライドを捨ててもプライドはあります。自分という人間を失うことのない、しっかりとしたプライドを持てます。

そのことを、普段のつきあいの中でどのように教えていくかが大事です。それは教養でも学問でもありません、生きるための哲学であり、実践です。社会で楽しく遊びながら学んでいく知恵なのです。

◆受け皿をつくる

私のところの相談室で回復の成功率が高いのは、受け皿があるからです。音楽が好きならバンドの仲間、バイクが好きならバイクの仲間、祭りが好きなら祭りの仲間、そのほかゴルフ、テニス、茶道、ボランティアなどいろんな仲間がいるからです。その受け皿に入れてあげることによって、社会との接点や人間関係をつくることができます。人や社会と関われる場所をつくってあげなければば、やめたあとになかなか社会復帰できないからです。

カルトに完全に依存してその中でしか生きられない人間にさせられた人たちは、その場から切り離されて、一番辛く、適応できなかった嫌な世界に戻されるのですから、どうやって生きていけばよいのか悩むはずです。そういう中で自分というものを発揮して自立していくためには、相当な勇気と努力がないとできません。いきなりそれをさせられたら潰れてしまいます。潰れないようにしてあげるには、受け皿の中で少し訓練することです。子どもが遊びながら成長するのと同じように、失われたものを取り戻していくのを待つことが必要です。よい人間関係ができて社会で頑張れるようになったところで、さよならしてあげればいいのです。

たとえば、受け皿の一つに纏《まとい》の会があります。学校へ行けなくなった子がそこへ入ったときに、纏の振り方を指導したのは非行少年たちです。いじめられっ子がいじめっ子の中に入っていったようなものです。すると当然、ワーワーやられます。でも遊ぶ仲間だから楽しい。やられながら切磋琢磨して、遊びながら強さを教わっていきます。

「お前できたじゃねえか」とか、「ケンカもできたのかよ」と褒めたたえられるようになると、一年遅れであっても学校へ行けるようになります。非行少年には中退者も多いし、警察に捕まった人も多い。学校に行かない理由は違いますが、行かないことがどういうことか、彼らはよく知っています。ですから、「行かなきゃ駄目」と彼らは言います。「行かないとこうなっちゃうよ」と一生懸命に説明するのです。年齢の近い先輩と後輩だから、我々が説明するよりずっと効果があります。

カルトに変革させられた自分が本物だと思い込み社会適応できなくなった人たち、学校や社会と関われずに苦しむ人たち、非行に走り自己証明をして痛い目にあった人たち――いずれにしても、自分を知るためや自分の生きるスタンスを見つけるために何かをしようとしてもがいた人たちです。実はみな同じ心情を持っているのかもしれません。それだけに、傷の癒し方を乗り越えた者から学ぶことができるのかもしれません。

◆現実の悩みにぶつかる　どうなったら回復できたのかと言いますと、もちろん社会復帰、自立(自律)です。自分で働いて、好きな子ができて恋愛して、理想と現実の区別ができるようになれば本物です。

受け皿が必要なうちはまだ訓練中です。たとえば、脱会した信徒が、脱会支援をするため「心理学を勉強しています」「臨床心理士になりました」「ボランティア活動を」と言うのも、もしかしたらまだ精神的に自律できていないのかもしれません。

引きこもりでカウンセリングを受けた人が、その関係施設でしか働くことができないというのも同じです。その世界が安全な居場所、唯一自分のプライドが守れる場所、もしくは特定の領域への逃避なのかもしれません。よい子のプライドを捨てられないためか、理想の領域でしか自分を保てないのかもしれません。

現実の社会で働く場所は見つけられても、それは理想とは違いますし、認めてもらうことも褒められることもありません。特に、カルトという理想境の中でカルトの自分を正当化させた人にとっては辛い現実です。脱会後にボランティアに興味を示し、何か奉仕活動がしたいという人も、「役に立ちたい」という正当化した自分を見せたいか、自分なりに納得したいのかもしれません。その意味では、脱会後にその世界を求める人はかなりいます。

ありのままの自分を見せられる、プライドを捨てがむしゃらに挑戦する、どんなに辛くても逃げないで自分で生きる。社会復帰して、家族の問題、子どもの問題、夫婦関係、恋人との問題、仕事の問題など、現実に生きていく中での悩みを実際に相談するようになったら本物だと思っています。それでようやく、カルトから離れて現実の悩みに直面して、カルトの自分から自立したことになるのです。

「いつでも遊びにきていいよ」と、あとは人間対人間のつきあいです。彼らとは今でも年一回程度、キャンプや旅行会をしています。中にはまじめだった元信者から飲み屋に誘われることも。「先生と飲めるのが嬉しくて」と。「昔はこうだったね」と笑えればいいのです。

対象者の類型とそれらへの対応

入信した人たちのタイプ

カルトに入信するタイプを分類するのは難しいのですが、男性と女性では違いがあるように思えます。たとえば男性の場合は理想的なユートピアを求めて入信するケースが多く、女性の場合は家族の幸せを願うものであったり、恋愛関係のトラブル、結婚問題など、比較的現実的な問題を解決するために入信しているケースが多く見られます。その意味では脱会して社会復帰するのも女性のほうが早いようで、理想より現実的なのが女性ということです。子どもを産んで育てるのですから当然です。

私のところにある「纏の会」でも最近は女性の活躍が目立ちます。祭りで神輿を担ぐのも女性が増えているようで、男性がややおとなしくなっているのが現状です。その意味では、ますます女性のカルト入信は増えていくのではないでしょうか。男性不振、草食系というのも最近の傾向です。

その他には、宗教的なものを求めて入るタイプがいます。超能力や神秘体験、オカルト的でスピリチュアルなものに憧れを持って入る人も多いようです。

それから、現実的な苦しみから逃避するタイプ。いろんなことに疲れ現実の中で生きられなくなった、社会の中で生きることが怖くなってしまったなどの理由です。それは高学歴者に多いようです。たとえば、エリート大学に入学したもののそれまでに負けたことが全くなかったために、負けることへの恐怖感から何かに依存していこうとする人がいます。

あとは、自分を発見しようとしているタイプ。これは先程例に挙げた、重荷を背負わされている人たちです。強くなりたい、駄目な自分を変えたい、病気を克服したい、親の不仲を超越したい、親のプレッシャーから逃れたいなどの背景を見ることもできます。

しかし、入信の動機をいかに分類してタイプに分けても、だからカルトに入信することになるとは限りません。仏教では生きていく上で避けることのできない苦しみとして、

・**生**（生まれる苦しみ）
・**老**（老いる苦しみ）
・**病**（病気になる苦しみ）
・**死**（死することの苦しみ）
・**愛別離苦**（愛する者と離れ、別れる苦しみ）
・**怨憎会苦**（怨み憎む者と出会う苦しみ）

・求不得苦（求めるものを得られない苦しみ）
・五蘊盛苦（肉体的、精神的苦しみ）
を「四苦八苦」として説いていますが、だからこそ、わかっている苦しみにどのように対応して、安心できる人生にするのかを示しています。

タイプ別の対応

タイプによって関わり方は変わります。女性の場合は現実的思考の場合が多いので、テーマとしては幸せや女性らしい生き方などですが、時には結婚についても話し合ったりします。それに対して男性の場合は、男としての生き方、人生哲学のようなことです。

今の時代、理想像のモデルが社会の中で見つけられないのではないでしょうか。男性でも女性でも憧れるモデルが見えないのでしょう。「かっこいい」対象になることも大事です。兄貴のモデル、親父のモデルになれればいいと思うのです。

また、宗教的なこと、神秘体験や超能力を信じている人、求めている人には、宗教者として修行体験などの話をします。あくまでも真剣に、実体験として妄想や幻聴も含めて。決して否定はしません。本人には実体験としてあるからです。その体験を通してどう生きることが大事か、どう自己向上に役立たせるかが大事になります。体験談や同調するだけでは意味がありません。

それぞれのタイプや体験に応じて、私は自分自身を変貌させて関わっています。時には自分が多重人格ではないかと思うくらいです。相手に自然に同調しながら対応していく。基本は傾聴ですが、その中に自分の経験を役立たせるということです。人を救うには自分をしまうことも必要ですから、忍耐強くなければだめです。ストレスは溜まりますね。

　個別の事例によっては、「音楽に興味あるのか。どんな音楽かな？　ジャズなら生演奏しているいい店があるけど、行ってみようか」というように、食べ物でも、宗教体験でも、共通する趣味や知識で信頼関係を得ることが基本です。無理にタイプを分ける必要はないのですが、経験から自然に見極めができるようになると思います。

　経験が豊富で、多趣味な人は魅力があります。いろいろな引き出しは、初期のカウンセリングには特に必要な要素です。語りの中に多くの問題解決に必要なノウハウが隠されていて、何気ない会話で救われることは多くあります。相手は多くの話の中で、自分にとって必要なことを見極めます。「私はお坊さんですから、宗教的なことしかわかりません」と言っていたら、ほとんどの人を救うことはできないと思います。

カルト教団の違いを超えて関わるための方法

臨床仏教

◆宗教者の役割　私の人生にとってカルト問題は、大きなウェイトを占めています。人の苦しみと向かい合うのは、単に仕事や奉仕では済まされません。自己犠牲はもちろん、家族にも仕事の関係者にも迷惑をかけます。
　場合によっては自分の命までかけなければ、救済できないこともあります。まさに「命がけ」。オウム真理教では坂本弁護士一家殺害をはじめ、弁護士やカウンセラー、家族の会の会長がＶＸガスなどで命を狙われるということがありました。

カルトだけではありません。自殺志望者とのカウンセリングも、ほんの一瞬で命がなくなります。目を離すことも油断もできません。二四時間真剣勝負です。どうしてそんな仕事をするのか、お金にもならないのに馬鹿げた話です。

いくら話してもいくら手を差し伸べても、わかってくれないこともあります。心を閉ざし、敵として向かい合っているということでしょう。また、脱会してから「ありがとう」の一言もなく立ち去る家族もいます。そればかりか、時間がかかると非難する家族も。この親の子どもだったら私もカルトに入信すると思えることとすらあります。

それでも自分の役割だと思い、二〇年以上もこの問題に関わり続けています。宗教者であり、宗教の名のもとに犯した犯罪だからこそ、宗教者が「宗教違反です」と指摘すると共に、その犠牲者に宗教者として手を差し伸べることが必要だからです。非行問題も、引きこもりも、教育者としてもやるべきことだからです。「人を殺してみたかった」と命の尊厳も生きている理由もわからない、それを教えられない教育ならば、教育者として導かなくてはならないからです。

宗教者としては、宗教にあるまじき姿と「宗教の違反」については生きている限り指摘していきたいと思います。宗教は人を救うものでなければならないし、人を幸せにするものでなくてはなりません。その基準はそれぞれの宗教で違いがあってもいいのですが、その願いを破るような宗教は宗教違反です。自分の中で「宗教とは何か」を知らなければ、宗教違反と言うことはできません。

私にとってカルト問題は、宗教の闇の部分を見たような気がしました。修羅場をずっと見てきたから、宗教の持つ危険性と役割の大切さが見えてきたのだと思います。

ある集団に属する者が、個人の判断を超えて集団の共有する価値観に自己の価値観を合わせようとする性格を有しており、その集団共有の価値観を宗教のかたちで語るときに、異質な宗教は警戒するべき他者として立ち現れてきます。自分が所属する集団を侵すと考えられたとき、その外部の宗教に対して敵対心が生まれ、攻撃的暴力が肯定されるのです。

ここで言う共有する価値観としての宗教は、「国家」や「民族」に置き換えることもできます。異質な他者を前にしたとき、集団は異質な他者の異なる観念や価値観を一様に押しつぶそうとします。異質な他者は自分の考えを廃棄させられて、集団の統一的な価値観に合わせられるのです。このような集団、「宗教」であれ「国家」であれ「民族」であれ、個人の価値観を押しつぶすことによって、容易に善良な市民が暴力的な存在に変身することを可能とするのです。

暴力を生み出すのは、宗教ではなく人間の関係構造としての集団なのです。しかし、人は一人で生きることはできず、必ず、何らかの集団に属さなければなりません。したがって、集団の中にあっても共同幻想に幻惑されることなく、理性的にどのように「覚醒」していくかが問題になります。

実は、宗教は(私の知る限りにおいて仏教では)、この「覚醒」している個、すなわち、自律している個であることを推奨しているのだと思います。

◆宗教の違反　カルト宗教の特徴を一口で言えば、暴力をも肯定する排他的独善主義ですが、内容的に細分化すれば次のようになります。

①教祖のカリスマ性の強さ・教えを疑うことに対する強い抑制
②他者への敵対心・自己の正当化
③世界終末論
④罰・堕獄の教え
⑤選民思想

また、メンバー個人よりも組織（教祖や幹部）の安全が優先され、信者個人の人権は徹底して軽んじられます。メンバーは、組織経営のための資金提供者として位置づけられるか、または、次の被害者となる新規のメンバーをかき集める勧誘活動に従事する道具として扱われるなどの傾向が見られます。

こうした奴隷的な組織に対する貢献を持続させるために、①から⑤の教義が巧妙に用いられます。すなわち、教祖は世界を救う偉大にして唯一の存在であり、正しいがゆえに悪なる他者の攻撃に常にさらされている。しかも、世界の破滅のときが差し迫っていて、正義のための戦いから落後してはならない。もし落後したならば、神に選ばれたことの資格が失われ、不信の他者と同じように罰を受け、死後に地獄に堕ちることになる。カルト宗教はたいてい、このような構えになっています。メンバーはこれらの教えを受け入れることで、「安心（あんじん）」を得たと錯覚する。自分は超越者に特別に選ばれた者であり、世界の終末において悪なる敵と戦い世界を救済する戦士であり、死に際しては堕獄を免れて安楽な世界に再生することが約束された存在である。実存的な悩みのすべてが解消された。すなわち、「癒し」がついに我がものとなった、と思うのです。このような思考回路の生成は、明らかな宗教の違反です。宗教はこの集団の共同幻想に囚われない個の覚醒と自律を促すものであるのです。

最近、「臨床仏教師」という養成講座がブームになりつつあります。言うまでもなく、仏教は元々臨床でなければなりません。あえて臨床仏教という名称をつけなければならないことが問題だと思います。その臨床の一環としてカルト問題を捉えています。私の宗教観は、カルト問題、ひきこもり問題、非行問題なども含め、人を育てたり、社会を浄化したりするのが宗教であり、「救済」とその病理を生み出す社会に対して警告を発することも宗教の役割だと思います。

様々な人々との関わりと社会との接点

当然ですが、宗教は社会との接点をしっかりと持っていなければいけません。社会からかけ離れた宗教は、現実には役に立たない宗教ということです。カルト問題も非行問題も、宗教者として社会と接点を持つ土壌だと思っています。

オウムの問題に取り組み始めた当初は、カルト問題で悩んでいる人たちを救うためにとか、カルト問題を解決するためにとか、なぜ破壊的カルトが生まれてくるのかということに対して、同じ目的を持つ医師、弁護士、研究者、ジャーナリスト、宗教者などが集まって、それぞれの立場で協力し合っていました。

臨床データを研究者が分析し、牧師が関わってきたキリスト教系カルトのノウハウと僧侶である私が関わっていた仏教系カルトのノウハウなどを相互に情報交換して、お互いに協力し試行錯誤しながらそれぞれが関わっている教団に対処していました。お互いに強い信頼感がありました。

キリスト教の牧師が私を評価してくれて、「一緒にやりましょう」と言って、歩み寄り協力し合いました。医師は医師の立場で、法律学者は法律の立場でこの問題を見て研究し、宗教者は宗教の立場でこの問題を見て研究し対応する。取り組み始めた当初は、目的を共有するさまざまな立場の人たちが集まり、論議し合っていました。宗教は万能ではないし、医学も法律も万能ではありません。万能ではないからこそ、違う領域の人たちと一緒に協力し、それゆえに成果をあげられたのだと思います。

私にとって、カルト問題を介して、素晴らしい仲間と出会い、新しい視点と視野で宗教を見ることができたということです。

カルトからの回復の要点

カルト問題で一番大事なのは人間関係です。人を信じ、人を好きにならなければ絶対にできません。人が嫌いになったら人を救うことは絶対にできないのです。

嫌な人や駄目な人でも好きになるよう努力します。人が好きになれないときは問題と関わるのをやめるときです。

信頼や友情という大事なものをものさしにしなければカウンセリングはできないと思います。その人とどのように信頼関係を結ぶか、その人間をどう活かせるかと考えることが課題です。下手な論議も下手な注釈もいらないです。その人が世の中で幸せだと感じ、生きていけるようになれば、それだけでいいのです。重要なのは、人を信頼すること、人を好きになること、人が生きられるようなること。

依存した破壊的カルトからの解放は、脱会後のリハビリが重要ということです。所属していた団体を信頼してすべてを依存して生きていたのに、つかまっていた手を放すのです。きっと谷底を見るような気持ちでしょう。放しても着地できる安全な場所が必要です。それが家族であったり、友人であったり、カウンセラーです。

過去に辛い思いがある場所に戻るのも、適応できなかった現実社会に戻らなければならないことも、辛く不安です。その現実に一緒に関わりながら不安を解消していかなければ、復帰はできません。「カウンセリングなんかやめて一緒に遊びにいこうよ」と言って、現場に飛び出す。遊びながら少しずつ不安を解消することも大事です。

焦らず時間をかけて、挑戦できるように、旅立てるように育てることです。けっして入信前に戻すことではありません。自立させてあげることです。卒業です。一人で飛び立つ勇気と自信を持って、逃げないで挑戦できるように。

2　回復の経験を語る――元信者六名の証言

ここでは、統一教会(統一協会)元信者の方に次のような共通の質問をしています。

①統一教会(統一協会)に巻き込まれたプロセスについて説明してもらえませんか。
②脱会を決意したとき、どのようなことが決め手になったのでしょうか。
③脱会後、何が一番苦しかったでしょうか。
④カルト被害から立ち上がる際、何を心の支えとしてきましたか。
⑤みなさんにとってカルトの体験は人生にどのような意味があったと思いますか。

この順で文章を書いてくれた人もいれば、自分の考えた問題を中心に書いてくれた人もいます。なお、証言の中で「統一教会」「統一協会」の両方の略称が用いられますが、これらはおおよそ、元信者の方々が書いてくれたままのものです。

以下では、二つの略称が一般的に用いられる場合の意味の違いを含め、証言で触れられる統一教会(統一協会)の組織や活動、教義について概説いたします。あわせて、その組織内部で用いられる用語の解説を付しました。あとに続く元信者の方々六名の証言を、より深く理解する助けとなるものと考えています。

統一教会(統一協会)概説・用語解説

中西尋子

統一教会(統一協会)概説

正式名称は「世界基督教統一神霊協会」。「統一教会」は教団による略称、「統一協会」は批判的立場から用いられる略称です。ここでは便宜上「統一教会」を用います。

統一教会は一九五四年ソウルで文鮮明(一九二〇―二〇一二)によって設立されました。日本宣教は一九五八年から始められ、一九六四年に宗教法人の認証を得ました。同年、全国大学連合原理研究会(略称：原理研究会、CARP：Collegiate Association for the Research of the Principles)を設立し、学生を中心に信者を獲得しますが、入信をめぐって問題が相次ぎ「親泣かせの『原理運動』学生間にひろがる学業放棄や家出」(『朝日新聞』一九六七年七月七日)と報じられ、社会問題化しました。

一九八〇年代になると街頭や戸別訪問で青年には青年意識アンケート、中高年の女性には姓名鑑定と称して声をかけ、宗教であることを隠して組織的に勧誘するようになります。関心を示した相手には「ビデオセンター」での受講を勧め、青年には「ツーデイズ」「スリーデイズ」をはじめとする合宿形式のセミナーで教義を教え込み、短期間のうちに入信へと導きます。中高年の女性には霊能者を装った信者が「家系図診断」をして家系の因縁や先祖供養の必要性を説き、大理石の壺や仏塔、印鑑などを購入させる「霊感商法」を行ったり、ビデオセンターに通わせたりして入信へと導きます。一九八七年から二〇一三年までの霊感商法の被害累計は全国霊感商法対策弁護士連絡会・消費者センターの集計によれば一一五六億円にのぼり、統一教会の勧誘と資金集めの違法性が全国各地の裁判において認められています。

統一教会の教典は『原理講論』（一九六六年）です。聖書を独自に解釈し直したものであり、人類史をこの世に神の支配を取り戻す「復帰摂理」の歴史と捉えます。「創世記」に記された原罪の由来は『原理講論』の「堕落論」ではエバと堕天使ルーシェル（サタンの隠喩）との霊的堕落にあるとされます。自分の犯した行為に恐ろしくなったエバはアダムを誘惑して夫婦になり、人類にはサタンの血統が継承され、この世はサタンが支配する世になったと説きます。統一教会は人類がサタンの血統から神の血統へと「血統転換」することで、理想世界「地上天国」を築くことができると考えます。

統一教会の摂理によるとイエスは結婚して子孫を残し、神の血統を持った人類を繁殖させるはずだったのですが、人間の不信により十字架にかけられます。そこで、神は再臨主を遣わして再度救済（復帰）の計画を遂行しようとし、再臨主の使命を文鮮明に与えたというのです。具体的には、文鮮明教祖夫妻を中心に信者同士が結婚する「祝福」（合同結婚式）の儀式によって原罪がなくなるとされました。

信者は配偶者選択を教団に委ね、教団により決定された相手と結婚します。祝福を経て男女は血統転換した夫婦となり、生まれる子どもは無原罪の「神の子」とされます。結婚は日本人同士とは限らず国際結婚も行われます。特に不幸な歴史的関係にあった国や民族同士ほど理想的であり、日韓の国際結婚は最も理想的とされます。韓国人男性と日本人女性との結婚は「韓日祝福」と言い、これにより結婚して渡韓した日本人女性はおよそ七〇〇〇人にのぼります。

言語や生活習慣が異なるだけでなく、自分で選んだ相手との結婚でもないために結婚後の生活には多くの困難がともないます。それでも、彼女たちはどのような苦難があってもそれは朝鮮半島を植民地支配した日本人の罪のため、耐えてこそ贖罪だと信じて暮らし続けています。その一方で信仰に疑問を持って脱会する人もいます。脱会した人は離婚して子どもを連れて帰国する人もいれば、子どものことを考え、離婚せずに韓国で暮らし続ける人もいます。

しかし統一教会は信者になれば誰でも罪が許されて救われるというキリスト教のような教えではありません。人間は原罪、遺伝的罪、連帯罪、自犯罪という罪を背負っており、清算しなければ死後は地獄に行くと教えます。信者は贖罪のために伝道・経済活動に励み、また自分の贖罪だけではなく、先祖の罪をも清算するために「先祖解怨」として無理をしてでも献金をします。要するに、日本人が統一教会に入信すれば、必ず合同結婚に到り、一生の間献金によって韓国の文鮮明ファミリー・幹部たちの生活を支えることになるのです。

文鮮明が死去したあと、息子たち(三男、四男、七男)の間で後継者争いが起きましたが、現在は文鮮明の妻である韓鶴子が教団の代表を務めます。

用語解説

アベル　自分よりも上位の地位にある者を言います。「アベル」「カイン」は旧約聖書「創世記」に登場する兄弟であり、アダムとエバの息子でアベルが弟、カインが兄です。長男カインはエバが最初の関係を持った堕天使ルーシェルとの関係を示し、次男アベルは次に関係を持ったアベルとの関係を示します。アベル―カインは上位者―下位者を表し、信者は常にアベルの指示に従わなくてはならないとされます。

勤労青年　仕事を持って働きながら統一教会の活動をする青年信者を言います。

伝道機動隊　伝道活動をする部隊のことです。

マイクロ隊　内部を改造したワンボックスカーに信者数名が寝泊まりしながら日本各地を回り、物品を売り歩くというものです。

清平修練所　正式名称は「天宙清平修錬苑」。韓国の京畿道加平郡雪岳面松山里にある統一教会の施設です。

原理数　三、四、七、二一などであり、統一教会で意味があるとされる数のことです。

霊の親　自分を統一教会に導いた信者のことです。導かれた人は「霊の子」と言います。

ホーム　統一教会の青年信者が共同生活をする場所です。入信すると自宅や下宿を出てここで暮らします。

主体者　夫のことで、妻は「相対者」といいます。信者同士で自分の夫のことを言うとき、「夫は」とは言わず、「主体者は」と言います。

献身　仕事や学校をやめて統一教会専従になることを言います。

任地生活　結婚後、渡韓した日本人女性信者が夫の暮らす地元の統一教会に住み込み、言葉や生活習慣、韓国料理などを学ぶ期間のことです。韓国での生活を始めるにあたっての準備、学習期間です。

家庭出発　統一教会では結婚して夫婦になってもすぐには同居せず、別居して暮らす「聖別期間」があります。基本は三年ですが、女性の年齢によっては三カ月や一年程度に短縮されることもあります。聖別期間のあと、夫婦が一緒に暮らし始めることを家庭出発と言います。聖別期間の一部に任地生活も含まれます。

食口(シック)　韓国語で「同じ釜の飯を食べるもの」、「家族」という意味です。統一教会では信者のことを食口と言います。

アダム国家、エバ国家　アダム国家は韓国、エバ国家は日本を指します。統一教会では朝鮮半島を植民地支配した日本は、原罪の原因をつくったエバと同じとみなされるのです。

為に生きる　自分のことを顧みずに他者のために生きることで、統一教会で奨励される信者の生き方です。

メッコール　統一教会系企業「一和」が製造、販売している炭酸飲料で、コカ・コーラのような味です。韓国では市場に広く流通しています。

蕩減《とうげん》　韓国語で負債などを帳消しにするという意味です。統一教会では「罪の清算」の意味で用いられ、「蕩減条件」という場合は、何らかの目標を達成するために自分に課す試練を言います。

堕落性本性　人類がアダムとエバから受け継いだ性質のことです。性的堕落だけではなく、ねたみや嫉妬をはじめとして人間が持つ負の性質すべてを言います。

お父様　教祖文鮮明のことです。妻の韓鶴子と共に信者は「真(まこと)のご父母様」と呼びます。

六五〇〇双、三六万双、四億双一次　「双」は韓国語で「組」のことです。六五〇〇双は一九八八年、三六万双は一九九五年、四億双一次は二〇〇〇年に行われた合同結婚式のことを言います。四億双は六次まで行われていますが、この四億とは霊界における未婚男女の結婚も含めた数とされます。

参考文献

櫻井義秀・中西尋子、二〇一〇、『統一教会――日本宣教の戦略と韓日祝福』北海道大学出版会。

証言A　統一協会元信者・元原理研究会所属　男性

統一協会・原理研究会（CARP）との出会い

私は二〇〇二年四月、大学に入学すべく地元を離れ、関西で単身生活を始めました。私にとって大学生活は、自分の興味がある事柄だけを勉強することができる点と、サークル活動を楽しむことができる点に、とても期待をしていました。特にサークル活動については、私は中学・高校と、満足のいく部活動をすることができなかったので、非常に楽しみにしていました。四月は各体育会やサークルが新入生歓迎の行事を行っており、学内はお祭りのように賑わっていました。私は以前から好きであった軟式テニスがしたくて、四月のうちにサークルを一つに決めていました。

私はその四月の末に霊の親に出会いました。その日の最後の講義が終わり、私が自転車に乗って帰ろうとしていたところ、霊の親を含む二人組のサークル勧誘者から声をかけられました。私はその二人の雰囲気から、「これは宗教サークルに違いない」との印象を受けました。当時の私が持っていた宗教のイメージは、仏教については頭を丸めることと、意味がわからなくても集団で長時間お経を唱え続けること、キリスト教で言えばまだ科学的に証明することができていない神様の存在を信じるにとどまらず、尊重までしていること、その他の宗教についてはオウム真理教の印象が強く、総じて宗教についてはほとんど悪いイメージしか抱いていませんでした。ただそのときの私は、学部の垣根を越えて新入生と交友関係を広めていきたくて、新歓の行事だけは軟式テニス以外にもいくつか参加しており、同じ理由で彼らのＢＯＸ（サークルにおける部室）へも見学にいくことにしました。

そのＢＯＸは、統一協会ではビデオセンターと呼んでいるところですが、個室が四つあり、私はその一つの部屋でアルバムを見ながらＣＡＲＰというこのサークルの説明と、ゴールデンウイークに開かれる中級セミナーという新入生向けの関西地域合同の合宿の紹介を受けました。ゴールデンウイークにはテニスや他の予定がありましたが、悩んだ末、中級セミナーに参加することにしました。その理由は、（話の詳細や流れは覚えていませんが）当時自分が対人関係や自分の内面について悩んでいたことを誰にも相談できずにいたところ、ビデオセンターで親身になって聴いてもらい、感激し、とても嬉しかったこと、またこのサークルのメンバーは各自が自分の課題を克服していこうと努めており、私も自分の悩みを解決していくことができるという説明を受けたこと、霊の親は大学卒業後もサークルの世話をしており、それだけの価値がこのサークルにあると予想されたことでした。

ゴールデンウイークに参加した中級セミナーの内容は、統一原理と再臨主（メシヤ）である文鮮明についての講義がほとんどでした。合宿には多くの先輩大学生がいて、講師も三十代の人であったため、新入生の私としては、それだけでＣＡＲＰと統一原理に対する信用性が高くなりました。彼らには悪意は全く感じられず、善良な人ばかりでした。統一原理の講義については、詳細部分の真否はわからないけれど、よく整えられていて、社会や人間についてうまく説明しているという印象を受けました。私は統一原理が言うところの、堕落性本性の内容が自分にとてもよく当てはまると感じ、それを改善していきたいと思いました。またその合宿中には、ＣＡＲＰでは統一原理に基づいた生活を実践するため、熱心なメンバーは（ＣＡＲＰで学舎と呼んでいる）寮で共同生活をしているとの説明を受け、学舎生活を勧められました。私は神様の存在が科学的に証明されていないことに抵抗感を持っていましたが、「神様が存在しないことも科学的に証明できない」という説明に妙に納得がいき、合宿後、学舎生活を始めることにしました。

学舎生活と新人研

私のこのときの関心事は、堕落性本性という部分を改善していくことと、神様が存在することを証明できなくても、そのことを個人的に実感することでした。神様の存在は統一原理の前提であるし、自分の人生観や死後についての考え方に大きく影響するため私にとってはとても大切なことでした。また、夏休みには新人研という、一年生向けの四〇日以上にわたる合宿があり、そこで神様と出会う体験をする人が多いので、そこに向けて準備をすることが大切なのだと先輩から説明を受け、新人研をとても楽しみにしていました。こういった自分の目標を達成するため、ＣＡＲＰの先輩からの指導があり、テニスサークルには行かず、登録していたアルバイトも行わず、学舎の生活に集中することとしました。これは私にとって苦渋の選択でしたが、学舎生活が中途半端になって何も収穫なく終わってしまうことは避けたいと考えました。学舎にいる学生は、誰もアルバイトをせず、部活やサークルの掛け持ちもしていないことには驚きました。

夏休みに入り参加した新人研では、中級セミナーで受けた統一原理の講義を、より詳しく、しかも二、三回繰り返して受けました。そして統一協会で万物復帰と呼んでいる、戸別訪問による援助金集めを行いました。その合宿中、真剣に祈ったことや、自然の美しさを通して、神様が自分に語りかけているのではないかと強く思った瞬間がありました。その体験や、整えられた教義内容、再臨主である文鮮明が神様のために命がけで苦難を乗り越えてきたその姿勢、文鮮明が始めた統一運動が現在世界規模で展開されていること、善良で熱心なＣＡＲＰの先輩たちの姿などを総合して、自分としては「統一原理は真理である」という一応の結論を下しました。自分のことをすべて理解してくれて大切に思ってくれる存在がいると思えたことは、私にとってとても嬉しいことでした。自然と、その神様の期待する通りに生きていきたいと思うようになりました。また統一原理を知っている人の数はほんのわずかであることもわかっていたので、自分はとても希少な事柄に出会うことができたのだと感激していました。

本格的な信仰生活・伝道・万物復帰

二学期に入ってからも、たびたび一年生向けの修練会があり、いわゆる合同結婚式の意義や、統一原理に基づいた本格的な信仰生活、メシヤである文鮮明とその家族(真の御家庭と呼んでいた)への侍《はべ》り方、伝道といった事柄を学んでいきました。私はこの頃には、生涯、神様に従って生きていくこと、統一協会に献身することを考えていました。統一原理によれば、アベル(統一協会の祖織内における上司)の立場にいる人に従うことが、ひいては神様に従うことになるので、「自分は一体何をすればいいのだろう」と悩まなくていいという点は、とても効率のいい人生の使い方であると思っていました。大いに生き甲斐のある道を見つけたことで、私は大学を退学しようと考え、アベルに相談しました。大学の勉学については、入学前に思い描いていた水準よりもはるかに難解で、おもしろいと感じられるものでもなく、一学期の時点で早々に行き詰っていた事情もありましたが、それ以上に、高額な授業料を払ってまで勉強しても、統一協会の献身者として生きていく上で役に立たないと思ったことが大きな理由でした。しかしアベルからは、統一協会員として生きていく上でも大学を卒業することは大切だと言われ、退学についてはとどめられました。

家族へのアプローチと大学の卒業

その後、大学で講義がある時期は大学生の勧誘（ＣＡＲＰでは伝道と呼んでいた）と、新人向けの研修会のスタッフをし、春休み、夏休み、冬休みは万物復帰をするという生活を、大学の卒業時まで続けました。

その生活の中で、三年生の頃だったと思いますが、そろそろ家族にＣＡＲＰのことを伝えようかと、アベルから指示がありました。統一協会は、社会一般では悪く見られているため、アベルの指導に従って、自分がＣＡＲＰに所属していることを家族には伝えずにいたのです。ＣＡＲＰでは、メンバーの家族向けにＣＡＲＰについての説明会（父母会と呼んでいた）を年に数回実施しており、この父母会に私の母にも参加してもらうつもりで、実家に帰り母にＣＡＲＰのことをはじめて話しました。ある程度、母の悪い反応は覚悟していましたが、実際には私が想像した以上に母は怒り、一時はとてもまともに話ができる状況ではありませんでした。嬉しかったことに、結果としては、母は父母会に参加してくれたので、私は最低限の成果を得ることができたと思いました。

献身（センタースタッフ）から家族との話し合いまで

大学卒業後、私は予定通り、四月からCARP献身者の試用期間に当たるセンタースタッフというポジションに就き、引き続き学舎で生活し、伝道や新入生の世話役である教育部長を担当しました。大きな責任を担い、充実感も緊張感もある生活を送る中、あるとき母から連絡がありました。六月に法事をするので参加してくれ、とのことでした。私はいつものようにホウレンソウ（報告・連絡・相談）、つまりアベルに相談しました。年に数回は節目に帰省をするようにしていましたが、卒業時の三月には帰省をしなかったため、ちょうどいい機会だからと帰省することにしました。

帰省すると、母の様子や法事の形式がいつもと違っていて不自然だと感じながらも、逃げ出すまでの決断をすることができずにいました。法事が終わり、母を中心に話し合うことになりました。

私は話し合いを続けて脱会することにならないよう、母をはじめ親戚の者たちを安心させておいて、隙を見つけることにしました。それで、母や親戚から言い分を静かに聞くようにしたり、また、いろいろな質問に対しては丁寧に答えながら、時をうかがっていました。

「話し合いのためにカウンセラーを呼んでいるから」と母から聞いたときには、当惑しました。「このままでは、取り返しのつかない結果をもたらすことになる……」と感じられました。なぜなら、私が信仰を失うことになれば、統一原理の教理からすれば、私の家族や、死後霊界にいる先祖たちまでの救いの道が途絶えることになるし、それに、学舎の人材が不足し、上司や仲間に迷惑をかけることになる。それだけにとどまらず、さらには、真の御家庭にまで負担をかけることになるのだと私は信じていました。

脱会の決意まで

いよいよ、母が話し合いのために依頼していた人物に会いました。お父様のことを思って、命をかけて乗り越えていこうと思いました。今回も、原理の教理に従って行動すれば絶対に大丈夫だと、確信していました。それで、「まず、彼らの間違いを教え、正してあげることにしよう……」、彼らだってクリスチャンであれば、私たちと同じ聖書の神様を信じているのであるから、もう少しで統一原理を理解し、文先生を「再臨のメシヤと信じてくれるようになるに違いない！」と考えていました。

ところが、その人は、私の考えや想像をはるかに超えて、統一原理の教理についてCARPのメンバー以上に熟知していました。その人は、根拠なしに、統一原理の教理の批判や活動の非難などをせず、統一原理の教理をしっかりと吟味した上で、辻褄の合わない部分や、筋の通っていない箇所を明確に指摘したり、統一協会やCARPの実体や、内部の事柄についても客観的に捉え、私だけではなく母や親戚の人たちにも、とてもわかりやすく説明をしました。

しかしながら、話を聞けば聞くほど、自分の立場が悪くなっていくのを感じました。私は母に、万物復帰や学舎生活、伝道活動などの詳細については、嘘をついたり、はぐらかしたりして、話してはいませんでした。しばらくの期間は、私自身、統一原理は真理であると固く信じて疑いませんでした。それで、教理についての説明も、当初は、重箱の隅をつつくようで、些細なことでしかないように感じていましたが、間違いを指摘される箇所の数が、私の予想していたよりもずっと多く、中には、避けて通れない重要な指摘であるものも出てきました。日を追うに従い、統一協会やＣＡＲＰの活動自体が統一原理の教えから逸脱している実態に気づき、数週間が経過したあたりから、真剣に考え、悩み出すようになりました。そして、ついに統一原理は真理ではなく、文鮮明師は再臨主ではないとの結論を下すに到りました。

真理でないことが明確となり、もうこれ以上、統一協会やＣＡＲＰの信仰生活も活動も続ける意味がなくなり、統一協会は、キリスト教に名を借り反社会的な活動をしており、善良な市民の心を欺き世間に著しい悪影響を及ぼしているのだから、もうこれからは決別しようと決心しました。

話し合いのあとで

そのあと、ＣＡＲＰをやめることを決断してから、自分が考えていたことが二つありました。まず一つ目は、「自分が真理であると信じていたものが間違っていたなら、本当の真理は、いったいどうなんだろうか……？」という問題です。統一原理では、人間の存在していることの意味や、死後の世界、平和な社会を築き上げていく道筋などが提示されていたため、それらについての答えを求めたくなりました。

そして、二つ目は、自分がＣＡＲＰの伝道班で、三年以上、勧誘活動をしてきたことについてです。私は、今まで正しいことをしているとの意識で、使命感に燃え、遣り甲斐を感じながら、大学生を対象とした勧誘活動や、彼らが参加する修練会のスタッフとしての活動を行ってきました。そのことが実際には、彼らの人生の重要な部分を失わせてしまっていたのだと考えると、取り返しのつかない大変なことをしていたのだと、とても恐ろしく思えました。

しかし、ありがたかったことは、脱会を決意したあと、母も、親戚の人たちも、また、私を説得してくれた人も、私を責め立てることを一切しないことでした。かつてCARPに一緒にいた人たちが統一協会の実体を知っていくために、自分としても何かできることをしていきたいと思いましたが、それ以前に、自分を責める思いが強くてとても苦しい一時期を過ごしました。しかし、そのような私を察してか、誰一人として私を責めることなく、静かに、温かく見守ってくれて、アパートにいながら、これからの生き方についてゆっくりと考えることができました。

脱会後しばらくは、CARP時代の思考が抜けず、他人の指示がなければ、自分自身で判断、決断し、行動することに困難を覚えたり、自分の感情のコントロールがうまくいかず、例を挙げて言いますと、必要以上に自分の感情を押し殺していたり、自分が疲れていることも寝不足であることも、素直に表現できず苦労しました。

あれから七年半が経過した今日、ようやく、そうした思考パターンからも解放されました。多くの方々の力添えによって、統一協会の実体を教えてもらい脱会し、本物の「救い主」と出会い、クリスチャンになりました。現在でも、間違いに気づかずに一生懸命活動している、かつての指導者や仲間たちが、一人でも多く脱会できることを願い、祈っています。

証言B　統一協会元信者　女性

統一協会からどのように伝道されたのかということから振り返ってみたいと思います。

統一協会の伝道活動というのは、はじめから「統一教会」という名前を隠しての伝道活動でした。神様の目から見て正しい活動をしているのであれば、もっと真摯な態度で、自分たちの組織を明かして活動していれば、かなりの好印象になっていたと思います。どうして、自分たちの身を隠しながら伝道活動をする必要があったのか？　この段階ですでに怪しげだったにもかかわらず、私は、その怪しさに敏感に気づくことができませんでした。神様の前で正しい活動をしていたなら、隠す必要はないと思います。

ビデオセンターの学びは、事前にどのような順番で、どのような内容を学んでいくのか、という説明は一切なく、どんな方向へ向かって勉強しているのかも、全くわかりませんでした。そんな不安要素のぷんぷんとした場所だったので、安心してその内容を学んでいきたいというのではなく、先の不安がいつもつきまとってきました。

ビデオセンターの内容を一通り学んだところで、ツーデイズ・セミナー、さらにファイブデイズ・セミナーに参加していきました。ファイブデイズ・セミナーでは、気持ちにまだ整理がつかないというのに「献身します」という宣言を強要されました。そのときは、確かに原理講論の話はわかるけれど、メシヤが文鮮明だということは、すぐ受け入れられませんでした。原理講論そのものが自然体ではなく、統一協会に縛り付け、固定させる要素の教えがふんだんに盛り込まれていました。それから間もなくして、私は仕事をやめ統一協会へ献身しました。

その私がなぜ統一協会をやめるに到ったのか、家族やカウンセラーとの話し合いの中で気づいたことを次にお話しします。私の中にも、なぜ、一緒に活動を歩んできた兄弟姉妹たちが統一協会を脱会し、やめてしまったのだろうかと、かなりの関心がありました。私が家族と話し合いをしていたとき、元メンバーが説得にきてくれて、お互いに警戒することもなく、普通にお話ができました。むしろ、同じ活動をしていた元メンバーだからこそ、一つひとつの言葉が妙に心に響いていました。ある元メンバーは、「統一協会の神様は、おにぎりくらいのこ～んなに小さい神様を私たちに教えていたんだよ！」と、極端な表現でしたが憤慨して教えてくれました。私はその表現を否定するつもりもなく、「なるほど」と肯定的に受け止めて聞いていました。そのときは、原理講論の神様は、天地万物をつくられた大きな神様だと信じていたつもりでしたが、本当は小さな神様を教え込まれていたのかなと、そう思えました。

どうして、そう思ったかというと、統一協会の内部でいろいろな問題が噴出していて、解決できるどころか、かなり解決できない次元になっているように思えていたからです。たとえば、文鮮明はメシヤで、原理講論は真実であるはずなのに、どうして統一協会に理解のない親がいて、どうして子どもたちを脱会させようという運動がずっと続いているのか？　なぜ統一協会は、そういう親たちに対してきちんと真理を伝えられないでいるのか？　それから、四二〇〇名の幹部女性が南米ウルグアイに集められたときも、アメリカの大使館や他国の大使館でも、パスポートにウルグアイのスタンプがある人たちを警戒するお触れがあったこと。ある祝福家庭の献身者は、何千万単位の借金を背負っている人もいましたが、私自身もそんなに多額ではありませんでしたが、消費者金融からお金を借りて返済していた時期がありました。統一協会へ献身するように強要された上、仕事をやめて献身している立場であるのに、いつも私たちに多額の献金を強いることに矛盾を感じていました。お金を借りたときも、これだけの借金を返せるだろうかと一抹の不安もありました。何よりも私をはっとさせたのは、元メンバーが「神観、メシヤ観、罪観が違うし、悲しみの神様というのも嘘だしね」と言った言葉で、衝撃を受けました。それを聞いて、私の神観の中に定着していた「悲しみの神様」という人間的な解釈に騙されていたと、すぐにそう思いました。そのときは、悪魔の呪文から解放された瞬間でした。

私が統一協会を脱会して普通の生活に戻ろうとしたとき、簡単なものではありませんでした。脱会を決意したあと、どうして自分が統一協会なんかに入ってしまったのか、そんなところに入った自分が悪いと、自分を責めてばかりの毎日が続き、うつ状態になっていたときもありました。そのときが一番辛い時期だったかもしれません。そのあと、私は、タイミングよくキリスト教会へ導かれ、神様は聖書を通して、私を慰め、励まし、立ち上がらせてくれました。聖書には、「苦しみにあったことは、わたしに良いことです。これによってわたしはあなたのおきてを学ぶことができました」(「詩編」一一九編七一節)とあります。私には、聖書の言葉が何よりも、心のリハビリとなりました。

私は、かつて文鮮明をメシヤとして受け入れ、原理講論を真理の教えとして信じていましたが、私自身が統一協会の裏表を詳しく検証した結果、原理講論自体は真理からかけ離れていること、文鮮明は罪人であったとしても、けしてメシヤではないことがわかりました。本当の神様は、消費者金融へ行って借金をさせてまでもお金を強制的に集めたり、睡眠を奪ってまでもハードな活動や伝道をさせたり、三拝敬礼という偶像崇拝をさせるようなことはしません。本当の神様ではありません。

私は、統一協会の脱会を心に思い描いたとき、もうあのようなハードな活動はしなくてもいいと思っただけで、心が喜びに変わりました。もちろん、文鮮明も教理も間違いであるのなら、家族や友人、知人にも自由に会うことができるし、もっと嬉しいと思いました。それくらいに、統一協会での生活に神様を中心とする喜びの世界はなく、人間を中心とする人の心を束縛する環境にいたことをはっきりわかるようになりました。原理講論は「原理を離れての自由はない」と説いていますが、それはまるで籠の鳥で、籠に入れられて飼われている鳥のようでした。自由の全くない場所にいました。

私は、本当の神様に出会ってしまった以上、統一協会をやめることに一切未練はありませんでした。何よりも聖書の言葉に衝撃を受けました。「この方以外には、だれによっても救いはありません。天の下でこの御名のほかに、私たちが救われるべき名は人に与えられていないからです」(「使徒の働き」四章一二節)。

この言葉で、間違ったメシヤを信じていたことが明らかになりました。これから統一協会を脱会しようと思っている人たちにも、本当の神様は、「不自由で束縛された場所にずっといることなく、もっと自由な場所へ行って解放されなさい」とおっしゃっていると思います。統一協会のすべてのメンバーが勇気を持って、そこから自由になり、解放されますようにお祈りしています。

証言C　統一協会元信者　男性

私は一九歳の学生時代に勧誘されました。ちょうど短大の一年生のときでした。当時、下宿でつかの間の休みを過ごしていた自分の部屋のドアを、誰かが突然ノックしたのです。下宿の友人かと思い扉を開けてみると、そこには地味な身なりの見慣れない二人組の男性が立っていました。自分とあまり年が離れていないように見受けられる彼らは、ニコニコと屈託のない笑顔を浮かべながらアンケート調査をしている学生だと名乗り、私の部屋にスルリと上がり込むと、生活意識調査と称したアンケートを取り始めたのです。

せっかくの休みの日に正直困ったな、と思いながらもアンケートの内容で興味を引いたのが、「死後の世界はあると思うか」といった内容の質問でした。元々そういったオカルト的なことに多少興味があった私は、思わず食いついてしまいました。ですが、いろいろと話が進むにつれ、結局アンケートは相手のニーズを探るためのものだったようで、つまりは自己啓発セミナーを受講しないか、という勧誘の話に変わりました。ところが、提示された二万五〇〇〇円という受講料は、当時ろくにアルバイトもしていなかった身には躊躇させるに十分な金額でした。何度も断ったのですがしつこく説得された末に、根負けした私は話だけ聞くつもりでビデオセンターと呼ばれる場所へ足を運びました。

今思えば、自己啓発セミナーを装っていましたが、説明や内容に曖昧な部分が多く、自らが信者になってから判明したことですが、職員はすべて信者で構成されていました。そこでさらに手相や姓名判断まで交えた数時間ものトークを受け、しぶしぶ受講する契約をしてしまったのでした。当時は世間知らずの学生な上に、断り切れない性格が見事に災いしました。

そもそも死後の世界について語るなど怪しさ満点の内容なわけですが、きっとその頃の私は疑うことを知らず、純粋だったのでしょう。その後、ライフトレーニングと呼ばれる一カ月間の講習の中で、担当者に「これは宗教ですか?」と質問をしたことがありましたが、「違うよ」の一言をすっかり信じ込んでいました。後に裁判に参加して知ったことですが、あくまでもライフトレーニングまでは協会とは全く関係のない組織として登録してありました。組織ぐるみでの狡猾さが見て取れます。

さて、それから先、実際に宗教だとわかった上で活動し、献身にまで到っていくわけですが、さまざまな制約がありました。純粋に信じてしまっていた私は、それらが嫌だと思うこと自体が不信仰の思考だと教育されていましたから、必死にその気持ちを切り替えるのに苦労していました。

いろいろありすぎて何から書くか迷いますが、まずは、基本的に集団生活でプライベートがない、という点。これは個別の部屋等のスペースがないため、精神的に全くくつろげないです。布団も共用のもので、汗ばんだ体で寝ても洗濯もされていない。これは本当に嫌でしたね。誰かのよだれや汗や加齢臭が付いてペラペラの布団に、毎日日替わりで寝るわけです。髪型や服装についても言われるし、風呂も基本、三日に一度銭湯に行くだけ。しかもゆっくり入る時間もとれない。夏場は濡らしたタオルで身体を拭かないとかゆくて我慢できないです。不衛生がたたって、下手をすれば水虫もうつされる始末です。

洗濯も数日に一度で、乾燥はコインランドリーがメインのため、色あせや縮みがひどい。

当時の信者は地味でみすぼらしい身なりの人が多かったですが、今説明したような生活の上に恋愛禁止の教義をきちんと守ると、自然とみなさんそうなります。お金も献金を勧められるので、自由に使うこともできません。献身者と呼ばれる協会職員も、月の支給額はたったの一万五〇〇〇円でした。そこから献金を引くと、いくらも残りませんでした。

生活のサイクルも決められているのですが、朝は六時には起床、日曜日には特殊な祈祷会があるので四時半起きです。勧誘活動は学生や青年部は夕方から、専門チームなら八時半にはすでに現場に出ています。二一時過ぎまで活動してやっと夕食。それもおなか一杯には食べられない。疲れて二三時に祈祷会なるものをやってようやく就寝ですが、疲れ果てて寝てしまう人が多数です。消灯されるのと共有部屋なので、自分のくつろぎの時間など当然とれません。私が入信している間に信者の自動車事故が幾度も起こりましたが、すべて極度の睡眠不足と疲労したままでの運転によるものでした。自身でも縁石にタイヤをぶつけてバーストして緊急停止とか、聞いた話では、居眠りによるセンターライン越えの大事故もありました。

思い出すとあまりにひどい生活環境ですね。完全に貧困生活の奴隷か何かです。自由時間は一カ月に半日のみでした。合同結婚式で教祖に決められた相手と家庭を持つまでは恋愛・性的関係は最もご法度でしたから、そのあたりも、健全な若者だった自分には筆舌につくしがたいものがありました。

また、行動は逐一上司に報告した上で指示を仰ぐことが教義上絶対でしたから、長くなればなるほど、徐々に自分自身で考えて答えを出す能力を奪われていきました。ストレスを溜めすぎたのかうつ病のようになってしまった人もいましたが、「霊的になった」などと言われてあしらわれていました。

協会側は自由意思で信者に強制はしていない、と言います。が、教義に反する行動や考え方は罪だ、と巧みにすり込まれているので、自由意思は奪われ上司の決定事項に逆らうことすらできなくなっていきます。

う～ん、よく我慢できてたな、自分。いや、ついに我慢できなくなって脱会したわけですが。正直、脱会後はさまざまな部分で抑えられた反動が出ましたね。今ならまずこんな勧誘には引っかからないです。ちなみに、訴訟で得た賠償金は、今までの恨みを晴らすかのようにスッキリと使ってしまいました(笑)。

およそ現代では考えられないような制限された生活の中で、徐々に違和感というか不信感がわき上がりました。最初は嘘をついて勧誘や訪問販売をすることに違和感を覚え、上司や幹部の言動や待遇に対しても不信感を募らせていきました。

その後、アベルと呼ばれる各組織の上司の言動に強い反発を覚えました。特に最後に所属した青年部の上司は、かつてライフトレーニングを受けたときの担当者でしたが、大勢の前で名指しで否定されたりした経験もあり、強い反発を抱いたのを覚えています。あるとき、さまざまな活動自体に強いストレスや疑問を感じていた私は、二度目の二一日修練会参加の指示を受け、これを拒みました。通常、この二一日修練会というものは何度も行くものではなく、早朝のジョギングから始まる集団生活を行い、缶詰状態で教義を叩き込まれ、祈祷会や勧誘実践などもあり、肉体的にも精神的にも負荷のかかるものでした。「なぜ二度も行かなければいけないのか納得できないです」と言う自分の言葉に対して、その上司は「おまえは納得した生活ができているのか！」と怒鳴りました。おそらく、活動自体に疑問を持ち熱心に行わなくなった私を再教育しようという上の判断かと思われますが、それまで信じて行ってきたものを否定することは間違いを認めるようで悔しく、意地も相まって、押し切られるかたちでの参加となりました。

二一日修練会の経験は、再び自身のテンションを上げたかに見えましたが、それはすぐに違うと気づくのです。正しいことをしているはずなのに、正直に名乗りを上げ堂々と活動しない。教祖からの指示は結局、期限までに金をいくら集めろという指示で、達成できなければペナルティで代わりに悪いことが起きる、という強迫観念を植え付けられる。末端の信者はまともな生活環境にない中、巨額の献金が上層部や韓国にのみ流れていく。壮大な詐欺行為にもかかわらず、信者は気づかずに心のどこかで葛藤をねじ伏せながら、いつしか活動を続けていくしかできなくなるのです。しかし、脱会したとしても、それまでの期間を全否定して普通の社会で生きていくことへの大きな不安があります。社会から隔離されたような環境から飛び出してやっていけるのか。ましてや脱会したからといって住む場所もなく、まともな社会経験のない私には、なおのこと大きな不安でした。

このまま惰性で続くかに思われた、五年以上の活動に見切りをつけようと思い立つ転機が訪れたのは、とある政治家の選挙活動での人員募集の話が舞い込んできたときでした。内容は違法性のあるアルバイトでしたが、賃金が支払われることを知り、それを元手に脱出計画を練ろうと決心しました。アルバイトをこなして得た現金を元に、ひそかに裏で不動産屋を訪ねて部屋を決め、疎遠になっていた親に連絡をとり、保証人になってもらいました。計画が進行する中、たまたま一緒に出たいという人間が見つかり、祈祷会のあと屋上で寒さに震えながら、ひそかに打ち合わせをしました。この計画を誰にも知られてはいけない。そこからは慎重に計画を進めました。もし発覚すれば資金を取り上げられ、お互いまたどこかに再教育に出されるかもしれない。アルバイト代を献金するよう何度も迫られましたが、かたくなに献金はしませんでした。そのとき、すでに合同結婚式を受けていたのですが、相手の写真をひそかにシュレッダーにかけ、各教本などの名前をマジックで塗りつぶし、関わってきた人間の写真や手紙などもすべて処分し、教義に反することになったとしても後戻りはしない、と覚悟を決めたのをはっきりと覚えています。

二〇年ほど前のある日、必要な品物を午前中に運び終え、夕方近くに二人で手に手を取るように脱出しました。私はそのときはまだ教義を完全に否定しきれておらず、心の中は罪悪感と恐怖感とで一杯でした。ほどなく勧誘活動出発前の集会で私たちがいないことが発覚する。大騒ぎになってみなで周囲を捜索するかもしれない。最も重い原初の罪とされる男女問題を破り、自分がそそのかして逃げたように見えるだろう。自分はこれから先、死んだあとも大罪人として罪に問われるのではないか。もしかしたらすぐに見つかって連れ戻されるかもしれない。さまざまな不安が頭をよぎりました。新しい部屋に到着し、布団に潜り込んでも不安と恐怖が頭の中をグルグルと回り、眠ることができませんでした。

そんな私の恐怖感にさらに輪をかけた出来事が起こりました。脱出して数日後、市役所に転居届を出してしまっていた自分の住所を、市役所に関わっていた信者の誰かが突き止めていたのです。一〇日も経たずに突然、ドンドンと部屋をノックされました。自分の名前を呼ばれ、「突き止められた!?　どうやって!?」「連れ戻される！」と頭の中がパニックになりましたが、自分を呼ぶその声には聞き覚えがありました。以前、地区に所属していたときの協会長の声でした。自分とそりの合わなかった直接の責任者ではなく、以前の責任者をわざわざ選んでよこしたのです。情に訴えかけようとでもしたのでしょうか。ですが、そのときはあまりの恐怖でドアを開けることができませんでした。

翌日、こちらが指定した場所で自分一人のみで話をし、合同結婚式破棄の同意書、脱会申請書にサインをしました。話を終えて帰ったあとも、また近く誰かが強制的に連れ戻しにきたりしないだろうかと、怯える日々が続きました。音にもひどく敏感になり、ちょっとした音で目が覚めるのです。しかし、幸いなことに、それ以来信者が訪ねてくることはありませんでした。

もう一つ私がひどく驚いたことは、しばらく時間が経ち、たまたま付近を歩いているときに、偶然勧誘活動中の顔見知りの信者に見つかり、声をかけられたことです。背後から突然声をかけられ振り向くと、そこにはニコニコと笑う顔見知りの信者がいました。「負債（罪の意識の意）たっぷりの顔をして～」と笑顔で言われたときには、全身に冷たい汗が吹き出し身体が震えました。恐ろしくて、その後数年間は勧誘活動を行っている付近へは近づくことさえできませんでした。脱会後に教義を否定しきれなかった私は長い間苦しむことになるのですが、私の場合、自主脱会ということで、脱会時に誰かに説得やカウンセリングなどを一切受けておらず、自分の中で教義を否定し心に整理をつけるのにかなり時間がかかりました。他の人の助力を得ていれば、もっと早くに立ち直れていたかもしれません。

その間、何年も悪い夢を見続けました。その夢の中では、自分は脱会したはずなのになぜか協会の集会の中にいるのです。何とも言えない罪悪感と居心地の悪さで目が覚め、ストレスに苛まされました。時間と共に夢を見る頻度は下がり、今ではすっかり見ることはなくなりましたが、裁判の期間中も、ときどき同じような夢を見ました。死んだあとにも教義で言うサタン以上の罪人扱いを受け、祖先に責められる。そんな罪悪感にずっと囚われていました。自分を教義の呪縛から解放する段階で、最終的には自分の良心に耳を傾けました。活動していたときも、自分の中の良心が「これはおかしい」と言うのです。嘘をついて訪問販売をする。その売り上げを献金し、一部を生活費や半月に一度の娯楽費に使う。みな教義に基づいて活動していながら睡眠不足で疲れ果てた顔をし、幸せに満たされている様子の信者などどこにも見かけない。

かつて訪問販売チームに所属していたときに、「嘘をついて物を売り歩くことに、みな麻痺しているのではないか」と聞いたことがありました。返ってきた答えは「そうかもしれないね」でした。教育の中で、「大善の前に小さな嘘は致し方ない」という内容の説明を受けたこともありました。嘘をつき他者を騙すことを正当化しているのです。ですが、自分の良心を信じなければ、私も未だに脱会もできず、くすぶりながらも活動していたかもしれません。その他自分でいろいろと情報を集め整理しながら、徐々にこの集団はやはりおかしい、と思うようになりました。

今まで自分で心のケアをしてきたつもりでしたが、先頃の判決ではっきりと違法性と賠償が認められたことで完全に気持ちの区切りがつきました。私は現在無宗教ですが、今の時代は宗教だけが人間を導く指針ではないと考えています。信仰や思想は個人の自由ですが、あくまでも自分の自由意思で行うべきだと思います。自ら考え、判断することができない状況というのは、個の喪失と同じではないでしょうか。

証言D　統一協会元信者　男性

二八歳で統一教会を脱会してから、一〇年以上の時間が過ぎました。そのため、教会での生活がかなり思い出せなくなっています。一〇年以上のいろいろな出来事が、教会での記憶を薄めてくれている、と言ってもいいのかもしれません。

教会に入ったのは一八歳のとき、地元で先に入っていた兄に誘われてのことでした。兄は働いている人や学生を中心とする青年支部と呼ばれていた部署にいたため、私の教育は先祖の霊がうんぬんなどはほとんどなく、「原理講論は真理である」とか「メシヤとして文鮮明が再臨している今、共に天国を建設しよう」という、比較的キリスト教色の濃い内容でした。

教会へ入る前の私は、学校の寮で先輩からいじめを受け、逃げるように下宿に移り、毎日テレビから流れてくるニュースやドキュメント番組の悪い影響を受け、社会に対する不満や、将来の家庭への不安、自分の無力感をパンパンに膨らませ、自殺まで考えていたほどでした。何に対してもやる気が出なくなり、抜け殻という表現がピッタリの状態でした。そんな私にとって、教会の教えは未来に対する光のようでしたし、何かを判断するときの基準になりました。教会に入ることで、自分の居場所を得ることができました。

教会へ入ったあとは、原理を受け入れたことで教えの通りに考え動くようになり、自分の意志ではなくアベル(班長)に相談したり祈ったりと、身近で些細なことから就職先などの大事なことまで、自分で勝手に決めることはしなくなっていきました。生活の中では「神様と共にいる」という意識を常に持ち、正面の信号が変わるタイミングですら「神様に導かれている」とか「何か意味があるのではないか」と考えるようになりました。

卒業が近づき、これから先どうするかを決めなければいけないときも、これまで通りアベルに相談し、必死に「どうか導いてほしい」と祈り、神体験を期待しながら過ごしていたが何もなく、クラスメイトのほとんどが就職先の内定をもらっている中、先生から「早く決めてくれ」と言われてしまう羽目になってしまいました。そのあと、すったもんだして関東に本社のある会社へ就職することになり、所属もその地域の青年支部へ移ることになりました。

青年支部の勤労青年として九二年、実践部に所属しながら帰宅後や土日を中心に繁華街駅前での街頭伝道をしました。そのあと、会社の移転をきっかけに退職し、献身者となりました。献身してからは、順風満帆とはいかず、自分でよく逃げ出さなかったなと思うような出来事ばかり。献身当初は青年支部で伝道機動隊に所属していましたが、信仰の訓練もかねマイクロ隊へ人事異動となりました。夏から翌年の春にかけての八カ月間、高速道路を中心にハンカチ売りの活動をしました。その間に三六万双祝福を受け、将来の伴侶が決まりました。通常ならマイクロ隊を卒業したら婦人部へ人事異動になるのですが、私の場合は青年部へ戻り、それから四カ月後に兄が話し合いで脱会し、私は身を隠すように再びマイクロ隊へ人事異動になりました。この同じ八カ月間、今思えば二回目の人事異動は、出発時点で気持ちが置き去りにされ、結果的に地獄の八カ月間となりました。しかし、もう一度このときの思い出を振り返ってみても、一回目のときと違い、出会った人たちから多くのことを教えてもらった八カ月間でもあったと思います。マイクロ隊のあと婦人部へ人事異動になり、伝道対象者が青年から婦人へと変わり、伝道方法も自己啓発アンケートから手相や姓名判断に変わりました。青年部では「真理を伝えメシヤである文鮮明を受け入れてもらう」ことを目標にしていましたが、婦人部ではそこに「献金の額」が追加されます。違和感を覚えましたが、これも摂理を進め天国を築くため、善なる行いをしたその人の救いのためと自分を納得させせました。

文鮮明からの摂理は献金が中心で、青年部にいたときに比べるとかなりの頻度になり、何度も「またか」と思ってしまいましたが、口には出さず毎回胸の中に押し込めていました。また、清平修練所での悪霊解放も始まり、婦人の付き添いとして何度か参加しました。この修練会が始まって以降、原理では説明のつかない、文鮮明の勝利圏という曖昧な説明のもと、悪霊が霊界で四〇日間の修練会を受けたあと善霊になって教会員を助けると言われたり、霊同士の祝福が行われるようになりました。

二七歳のとき両親に説得され、家族との話し合いをしている間、原理数である三や四や七という数で奇跡が起こると信じて祈祷や水行などしながらその時期を待っていましたが、その時期を過ぎても何も起きませんでした。奇跡など起きないことを自覚してから、このまま何もしなければ何も変わらない、自分の信仰が変わらなければここから出られないのではないかと考え、両親やカウンセラーと話をすることにしました。はじめてカウンセラーに来てもらい話をしたとき、原理の内容の矛盾点や、原理を現実に当てはめると救いが閉ざされてしまう人がいることなどを聞かされ、中途半端な気持ちで対応すると、深く考えることもないまま簡単に信仰が折れてしまう危機感を抱きました。何とかしなければいけないがどうしたらいいのか、とにかくカウンセラーと会わないようにするため、気持ちの準備が足りなかったと言って、自分の気持ちの準備が整うまで会わないことにしました。カウンセラーと会わないようにはできましたが、何もしないわけにもいかないので、兄に週刊誌や書籍を持ってきてもらい、読むことにしました。もちろん、その手の類は統一教会に反対の意見を持った人が書いているのは百も承知です。週刊誌では特に書き手の考え方が非常に色濃く出ているので、その辺は飛ばして読み、事実の部分だけを読み取るようにしました。南米で土地を取得している話など、すでに知っていることもありましたが、教会の中では知らされなかった城の購入事実などもあり、なぜ?、と思ってしまうことがいくつも出てきました。自分なりに解釈を考えているうちに、摂理のたび思っていながら心の奥底に押し込めていた疑問が、再び思い出されていきました。時間をかけて考えて出した答えは、「メシヤである文鮮明は天国をつくろうとはしていない」。教会側から言わせれば「メシヤのやることは堕落人間には理解できない」ということになります。教会の中にいる間、私もそう思っていろいろな疑問を心の奥底にしまい込んできました。メシヤの言いなりであり、ロボットになっているのと同じことです。以前、「神の子に戻るのに障害となる堕落性を脱ぐには七代必要だ」と聞いたことがあります。教会に所属して七世代がそれぞれ祝福してもらい、摂理に貢献し、教会中心の生活を送って七世代後に堕落性が脱げて真の神の子になれると言うのです。自分の意志もなく教会とメシヤに依存し続けて神の子になれるのだろうか。私は無理だと判断しました。創造原理に出てくる本来の人間の姿は、依存したところなど微塵もありませんでした。特に天国の最小単位である家庭に関して、メシヤである文鮮明の家庭は真の家庭としてお手本であるべきなのですが、現時点で罪のない立場で生まれ最も神様に近いはずの子どもたちの一部に多くのスキャンダルがあって、再堕落したと言われても仕方がない状態です。再堕落はアダムとエバ、サタンより悪い、救うことができないと教わったことがあり、真の家庭とは言えません。摂理的には失敗したと言っていいわけです。しかし、それは無視されたまま、摂理が進んでいます。お手本がない状態で南米に天国をつくると言っても、それが原理講論で書かれているような天国になるのだろうか、そう考えたとき、信者を集めてつくる文一族を中心とした王国のようなものはつくれるでしょうが、思い描いていた天国にはほど遠いものになるだろうと思いました。

一つの結論が出たとき、再度カウンセラーと会い、話し合いに真正面から向き合う決心がつきました。カウンセラーとのやりとりは、一方的に論破されるものではなく、原理講論の矛盾点を指摘され、それに対してどう思うか、反論してもいいし、聖書の元々の解釈を聞くこともありました。原理講論の内容自体すべて間違っているわけではなく、自分が信じていた「すべてを解き明かす真理」と言うには、内容が足りなすぎるのです。メシヤの勝利圏が広がれば残りの部分も語られるという意見もあるのですが、それでは真理としては不十分のまま信じていくことになります。結果として私は、原理講論は真理と言えるほどのものではなく、世の中の一部を解き明かしたにすぎないと結論づけました。

この時点で、統一教会にい続ける理由がなくなったのですが、すぐに脱会の決意はできませんでした。理由は「神体験」です。教育段階にあるときも、教会に入信するときも、献身するときも、私の心に声が聞こえたのです。その声があったからこそ入信したし、逃げ出したくなるような辛い出来事の最中でも歯を食いしばって乗り越えてきました。ある人は、特殊な環境の中で起こる脳内の現象だと言いますが、私だけではなく多くの人が同じような体験をしています。クリスチャンの作家三浦綾子さんの旦那さんが綾子さんと結婚を決めるときも、祈りの中で声がしたそうです。私の場合は「この道を行ってほしい」という声でした。

私は教理となる原理は信仰するに値しないと結論づけたので脱会したかったのですが、神体験の声に従えばそのまま信仰を続けなければならないというジレンマに陥りました。

今まで体験したことは実はすべて嘘だった？　原理は真理と言うには不十分な内容だということはわかりましたが、何度も出会ってきた神様は嘘だったのだろうか、いつも共にいてくれていたのは神様ではなかったのか？　答えが出ないまま、時間だけが過ぎていきました。カウンセラーとも何度も話をしました。神体験のすべてがウソだったとしたら、自分の中に何も残らず空っぽになってしまうようで、恐ろしくて何も考えられなくなったこともありました。お風呂のヘリに座ったまま、しばらくの間ボーっとしていたこともあります。

私にとって神体験は人生を大きく変えた出来事です。一八歳から二七歳までの九年間、学生であれば学生として社会人であれば社会人としていろいろなことを学び体験しながら成長していく期間を、統一教会で過ごしました。その期間中で道を選ばなければならないとき、その体験をしてきたのです。

なぜ統一教会に神様は導き、献身をさせ、教会の活動をさせてきたのか、神様は私に何をさせたいのか、神様に聞かなければわからない疑問ばかりがわいてきて、どうしようもない気持ちになりました。

何度かカウンセラーと話をしている中で、「神様を捨てる必要はない」という一言で、フッと気持ちが軽くなり、その瞬間、統一教会の神様から自分だけの神様になりました。統一教会から心が完全に離れた瞬間でもあります。正直、今も、神様が私に何をさせたくて統一教会に入信させるようなことをしたのかよくわかっていません。ただ、キリスト教の有名な詩の中に「あしあと(Footprints)」というものがあります。「神様は常に共にいて苦しみや試練のときには私を背負って歩いてくださっている」という内容なのですが、それに近い体験を何度かしたことがあります。「神はいつも共にある」、それを伝えたくて統一教会の道を一時歩かせたのかもしれない、今はそう思うようにしています。

両親との話し合いを始めて約一年後、統一教会を脱会するために元いた関東の所属教会に行きました。兄弟姉妹に会ったらどんな顔をしたらいいのか最後まで悩んでいましたが、脱会した人に対する教会の態度はよく知っていたので、未練は一切ないぞと見えるように毅然とした態度で接することにしました。久しぶりに教会へ行くと、共に歩んでいた兄弟たちが皆家庭を出発させていて、独身男性専用のおんぼろ賃貸マンションは返しており、私の荷物は数個のダンボールにまとめられていました。後々役に立つだろうと思っていたノート類はすべて破棄されていて、兄弟姉妹で写した写真と書籍ぐらいしか残されていませんでした。しかし、この写真が後の裁判で大事な証拠となり、裁判のたびに統一教会が主張した、信徒会と教会は別だという内容が崩れ、勝利することができました。

教会を脱会するとはっきり伝え、消費者金融で借りたお金をすべて返済することを約束させ、故郷へ帰ってきた私は、この先どうしたいのかわからなくなっていました。そして教会へ入る前の自分に強制的に戻されたような、体は二八歳なのに心と頭は一八歳のような、そんな感覚になっていました。教会と出会う前に感じていた将来に対する不安や、世間に対する不満、希望のない未来、何の力もない自分、それらは教会に入ったことですべて解決されうまくいくと思っていたのに、実は何一つ解決されていないと気づいてしまったのです。教会にいたときのように頼るべき教えもなく、神様も離れていってしまったように感じる、経験したことで得られる自信も信念もない、二八歳でありながら新入社員よりも悪い、役に立たない状態になってしまいました。

実家に戻ってはみたものの、これから先のことをすべて自分で決められるだけの自信がなく、何かにすがりたいと思う気持ちばかりが大きくなっていきました。かと言って、宗教に対する拒絶反応もあり、キリスト教会の門を叩く気にもなれませんでした。すがりたいという思いは、たぶん世の中に出ることの不安を和らげたい思いからだったと思います。

脱会してすぐの頃、カウンセラーの紹介で弁護士に会いました。その弁護士は私の体験を「文章にしてみてはどうか」と勧めてくれました。もちろん弁護士の方からすると、統一教会の内部状況を知るということもあったと思いますが、私の立場から見るとこの行為は、埋もれていた記憶や疑問をよみがえらせることに役立ちました。何よりも教会にいたときに経験したすべてを、悪い経験として捉えようとしていたのですが、文章にするためにあらためて思い出してみると、自分にとっていい経験になったものがたくさんありました。たとえば、献身する前に会社に勤めながら教会生活をしていた頃、仕事で先輩とぶつかり廊下で喧嘩にまで発展してしまったことがあります。このとき、自分の態度の悪さや先輩も慣れない仕事で必死だったことに気がつかなかったことが問題だったと知り、態度をあらためたことで関係が改善し、仲良くなれました。また、マイクロ隊にいたときには、町工場が広がる一角を回っていた際、一人で作業をする五十代後半ぐらいの男性と話をしたことがあります。六畳ほどのスペースに鉄を削るための機械が四台も置いてあり、作業スペースはほんのわずかでした。満足な広さを確保できずに腰を痛めながら働いているその人は、家族のために必死に働いていました。家庭をつくる・家族を守るというのはこういうことなのかもしれないと教えられた出来事でした。記憶を文章にすることで、当時は気づかなかった多くのことに気づかされ、今ではいい経験だったのではないかと思うときがあります。しかし、違法な行為を続ける統一教会に加担し続けたことは事実で、被害者でもあり加害者でもあるという事実は忘れてはいけないと思っています。

私は、脱会後すぐに働きにいく気持ちになれませんでした。世の中に戻ることに消極的なまま、時間ばかりが過ぎていきました。その間何もせず家にこもっていたわけではなく、カウンセラーがホームページを立ち上げると言うので手伝ったり、先に脱会していた元信者に誘われて遊びにいったり、子どもを救いたいという親と会って教会での体験談を話したり、できる限り家から外に出るようにしました。自分が前向きになり就職しようと決意できたのは、元信者に会い交流しているうちに、自分も同じ立場に立ちたいという思いが強くなったからです。職安に通いながら就職状況を把握し、自分ならどんな仕事が合っているのか、またどんな仕事をしたら将来にわたり働き続けることができるのか、そんなことを考えてみたものの、全く答えが出てきません。教会にいたのなら必死に条件を立て、祈って答えを探していたのでしょうが、統一教会をやめてすぐの立場で、これから支えになる理論や真理もなく、自分で決めるしか方法はありませんでした。普通の人が普通にやっていることを、時間をかけないとできなくなっていました。何とも自分が情けなく思いました。とにかく、無数にある職種の中で過去に経験したことのあるもので、楽しかった思い出があり、高齢になっても続けられそうで、人に喜んでもらえる仕事を選ぶことにしました。幸運にも一社目の面接で採用が決まり、次の日から働くことになりましたが、後に手作業の大変さから早々にやめていく人が多いという理由があったからだとわかりました。

二九歳の新たな出発と書くとよいイメージなのかもしれませんが、「二九にもなってこんなこともできないのか」「今まで何をしてきたんだ」と思われているのではないか、不安で仕方がありませんでした。とにかく早く一人前になれるよう仕事は選ばず、「はい、わかりました」と言って挑戦していきました。いっぱい失敗していっぱい手直しして、何とかお客様に喜んでもらえる状態にしていきました。時には現場のすべてを任され責任の重さから潰れてしまいそうになり、完全に潰れてしまったら立ち上がれなくなるのではないかと危機感を感じたこともありました。それでも任された責任感や使命感から、なにくそと思いながら何とか乗り越えていきました。教会で経験してきた苦い日々が、ここでは簡単にへこたれないタフさとしてよい方向で役立っています。それに、私には守るべき家族がいます。マイクロ隊のときに出会った男性のように、自分を犠牲にしてでも守りたいと思います。そうやって何度となく大変だと思う出来事を乗り越えてきたとき、自分の自信のなさも、まわりよりも自分は劣っていると思う余計な気持ちもなくなり、対等な立場で接し、仕事の仲間ともうまくいくようになりました。

しかし、一〇年以上経っている今でも、心の不安定さを感じるときがあります。安定させるために宗教的なものを求めるときがあります。そんなときはいつも本屋に足が向き、スピリチュアル系の本や禅関係の本に手が伸びてしまいます。先人の成功者から学べないかと松下幸之助さんの本も読みました。教会をやめてから目標にしたいと思うような人物を探したり、自分はどうあるべきかと考えたり、人として社会人として親として夫としてどうあるべきか、求め続け探し続けています。日本にいる限り、他人に迷惑がかからない範囲であるならば、どんな価値観、人生観、宗教観、性格を持っていてもいいことはわかっていながら、定まらない自分に満足がいきません。もしかすると、統一教会に一時的に入ったことで、元々自分の中にあった思いが増幅され、やめたあとに渇望するようになったのかもしれません。その思いを無視することなく、自分なりの答えを探し続けていくことが大事なのかもしれません。

統一教会をやめてすぐのとき、これから自由に何でもできると気持ちが高揚したと思えば、現実を受け止めきれずに落ち込んでしまったり、統一教会に入らなければこんなことはなかったのにという思いになって教会を恨んだり、気持ちが乱高下してしまう時期がありました。そんなときは元信者に話を聞いてもらいました。話を聞いてもらうだけで少し楽になります。アドバイスをもらってもう一度気持ちを前向きにしました。同じ境遇を通過した人の話は両親やアドバイザーの話を聞くよりもためになり、自分を勇気づけて前へ一歩踏み出す助けになりました。また、それぞれが結婚し家族を持ち幸せそうな姿を見ていると、統一教会が教えた脱会者の末路の話は全くのウソであることが明白で、自分も頑張らなくてはと思えました。

それから数年後、自分にも家族ができ、別な人格を一人前に育てる責任が増えました。そこで私はまた悩みます、どうしたらいい?、と。親としてはあまりにも未熟で子どもが子どもを育てているようでした。そんなとき、またしても教会での一場面を思い出しました。婦人部で五人の婦人を従え隊長を任されたことがありました。もちろん隊長など一度もやったことがない突然の人事です。どうしたらよいかわからず毎晩祈り続けていたとき、「自分も一緒に成長していけばいいんだ」と気づかされました。そのあとは、一生懸命隊長として頑張っていきました。結局、自分が親として成長できるよう子どもの力を借りているのです。未熟な親であるのは、たぶん子どもはわかっていると思います。それでも子どもに教えられるのは、人生の先輩として、最低限の人としての行動や、自分が知っている範囲の社会の内容ぐらいでしょう。

すべてのことに対して、自分はまだまだ狭い範囲のことしか知らない、無知の知とはよく言ったものだとあらためて思います。禅の教えの中で「日々これ修行」という意味の言葉があります。日々の生活の中で行う行動の一つひとつが修業になっているため、丹精を込め一生懸命にやりなさいということだそうです。修行僧の人たちが悟りを開くためにという目的があってのことなのですが、からっぽの私には何かをつかみ取るために非常に役立っている言葉です。積極的にやれないような内容のことも、「日々これ修行」と言い聞かせれば、少しは気持ちが変わるし、何よりも人からの信頼を得ることができます。これは、外に出て他人と接しなければ絶対に得られません。自分にとって「信頼するに値する存在だ」と言ってもらえているようで、本当に嬉しかったのです。

今もまだ、ごくたまに教会の頃のことを思い出すときがあります。九年間の体験がいかに自分の人生に大きな影響を与えているかはかりしれません。その九年間をすべて否定することよりも、むしろその経験をよかったものと悪かったものとにしっかり分け、共に大事な経験として受け止めていったほうがいいようにも思います。完璧な人間などいないのだから、多くの失敗や一部の成功の中から学んで一歩進んだほうが、立ち止まり後ろを向き続けるより、知らなかった新しい世界が見えてくると思います。

証言E　統一協会元信者　女性

私は自然豊かな田舎で生まれ育ちました。地域柄、兼業農家が多く経済的にも差がない平均的な家庭の集まりでした。家族は両親、祖母、そして私の四人家族でした。そんな家庭で私は何不自由なく育ち、友だちも多くスポーツが大好きでした。一九八四年、私は高校を卒業し親元を離れキリスト教主義の短大に入学しました。寮に入り勉強に部活にと充実した日々を送っていました。ところが、就職活動が始まった二年生の秋の引退試合の日に、トラブルが起きてしまいました。

それまでは努力した時間と結果は正比例するという経験を積み重ねてきた私にとって、このトラブルは突然降ってわいた災難のようなもので、人生はじめての大きな挫折となりました。他のチームメートたちは次々に気持ちも切り替わっていくのですが、私だけはトラブルを起こしてしまった人を許すことができずにいました。人生訓のような本を読んだり先輩に相談したりしましたが、気持ちは収まらず、どうしていいのかわからない日々が続き、次第に悩み続ける自分が嫌になっていきました。そんなときに、以前街頭で受けたアンケート調査の際に手渡されたパンプレットを生徒手帳に挟んでいたことを思い出して、問題の解決を願って電話をかけました。そこはビデオセンターで、対応した人から誘われてビデオセンターに続けて通い、学びを始めました。

特に原理講論の堕落論の学びには興味を持ち、これまで悩み続けていた問題の原因を見つけ感動したことを覚えています。就職が決まり、短大卒業後に地元に戻り仕事を始めましたが、時間を見つけてはビデオセンターに通いました。徐々に信仰心が芽生えて、献身の決意が固まり、両親に「仕事をやめて神様のための仕事がしたい」と話しました。

家族は大騒ぎになり反対され、約九カ月間、家族の間で話し合いを続けましたが、平行線のままでした。最後には父親は激怒し、鉈を持ち出し私の首に突き付けて「これでも行くのか」と怒鳴りましたが、私の決心は揺らぎませんでした。今、両親はわかってくれなくてもきっとあとでわかってもらえる日がくるし、神様、ご父母様、天上を悲しませるわけにはいかないと、ますます決心は固まりました。

一九八六年に献身してからは伝道機動隊、マイクロ隊二一日修練会、メッコールの販売と数カ月から数年単位で異動していきました。休みは月末の一日だけ、朝は蕩減条件のため早起きをし、昼から夜にかけては経済活動に励む不眠不休の日々を送っていました。しかし、ただひたすらに、何の疑いも持たず、神様のため、真の御父母様のため、地上天国実現のために、信仰の道を歩んでいきました。ときどき、兄弟姉妹が一人また一人と離れていくのを見たり噂を聞いたりしましたが、「公金問題で引っかかった」「アダムエバで落ちた」「反牧に捕まった」などの理由を聞かされ、自分はサタンに条件を奪われないようにとますます信仰を深めていきました。

そんな中、一九九二年、献身して七年目に韓国ソウルで行われた山﨑浩子さんや桜田淳子さんも一緒だった三万双の合同結婚式に参加することになりました。統一教会の教義では最高のもので、献身してからこの祝福を目標に励んできたこともあり、お父様が願われる韓日祝福を希望し、かなえられました。

私の主体者は同じ歳で自営業をしている方でした。彼のお姉さんは一二四双でお父様の洋服をつくったり、お父様も家に遊びにきて食事もしていくような家柄ということで、それを聞いたときはとても信仰的な家系でよかったと、感激したことを覚えています。しかし、実は義姉の家庭は、すでに統一教会の実体を知っており、信仰につまずき、信仰を捨てていることがわかりました。

そんなことも知らずに、私は合同結婚式を終えて再び日本に帰ってきました。今までは日本の摂理を進めるための経済活動でしたが、今度は韓国に渡るための生活費などの滞在費を確実に貯めるため、ウエイトレスのアルバイトをしました。それだけでは間に合わないので、実家の援助もお願いしました。献身して四年ほどが経った頃、祖母、父親が病気のために亡くなり、母一人だけが実家に残されていました。母は「この人が日本人ならね、あんた本当に苦労するよ」と心配してくれました。帰省するたびに隣の布団から母の泣き声が聞こえました。しかし、母の心配する気持ちは私には全く届きませんでした。何を言っても全く変わらない娘に母は諦めたのかお金を出してくれ、私は韓国に渡る最後のグループに間に合い韓国に行きました。

韓国では修練所に集められ、新聞配達の地区などを決めるまでの数週間を過ごすことになっていました。また主体者が訪問してきたり、実家に挨拶にいく予定なども決められていました。ところが親に挨拶にいった日に、私は突然病院に連れていかれました。それは私がメッコールに所属しているときに交通事故に遭い、腰痛があることを心配してのことでしたが、診断書が出たあと、主体者は私に「日本に帰れ」と言いました。

アルバイトでお金を貯め母から出してもらったお金でようやく韓国に来たのになぜという思いがあり

ましたが、言葉も通じない韓国の幹部には相談できず、霊能者が六五〇〇双の韓日でしたので相談すると、最初が肝心だから言う通りにしたほうがいいとのアドバイスを受け、三週間ほどの滞在で実家に帰ることになりました。突然帰ってきた私を見て母は驚きましたが、娘のただならぬ表情に何かを感じたのか、黙っていました。しかし、私はもしかしたら祝福が壊れるかもしれないとの危機感から、一カ月後に再び主体者を訪ねました。

そこでお互いに辞書を引きながら会話をしました。主体者の話では「統一教会の教義は間違っている。自分は統一教会の教えを捨てた。この祝福もなかったことにしようと思ったが、あなただけでも救いたいと思った。だからあなたと一緒に統一教会を出る」ということでした。そして、彼はなぜ教義が間違っているかを説明し始めました。それは、私が献身してから不思議に思ったり、疑問に思っていたことの答えでしたので、とても衝撃的なものでした。今まで何の疑いもなく熱心に歩んでいた私の信仰に、はじめてかすかなひびが入ったような感覚でした。しかし霊能者と話す中、偽装脱会をし、再び私がこの主体者を伝道するという目標が与えられました。

韓国から帰ってきたと思ったら、今度は主体者のお兄さんの住む関東に行くと言うと、母は「韓国に行くためにお金を払ったのに」と言いながら、夫が来日して日本で暮らすことを受け入れられない様子でした。母はどんな気持ちでいたでしょう。自分の信仰のこと、祝福のことでかかりきりになってしまった私は、そんな母の心境もわからずにいました。主体者が来日し、一緒に暮らし始めて二カ月が経ったとき、母は自ら命を絶ってしまいました。祖母、父の三回忌が終わり、ようやく一息というときの出来事でした。

父や祖母の入院中の看病、そして親戚一同からの批判を一手に引き受け、悩み苦しんでいた母でした。母の葬儀には親戚一同が集まり、その席で私は主体者を紹介しました。親戚の人々の反応は「統一教会を脱会するなら結婚を認める。母親の供養のためにも実家に戻って生活しなさい」というものでした。私は信仰を捨てるつもりはありませんでしたが、主体者に対するのと同じように、親戚にも脱会をすると偽り、夫婦で実家に戻ることにしました。実家に戻ったあとも私は主体者に隠れて原理講論を読み続け、祈り続けました。しかし、一方で母親の出来事は、私にとって「教会に戻ってはいけない」という心のブレーキになっていたように思います。

実家での生活は、主体者にとっては大きな苦痛のようでした。夫は日本語が話せず、田舎の閉鎖的な雰囲気と差別に精神的に不安定になっていきました。統一教会の教義による結婚ですので、何の共通点もなく、毎日喧嘩が続きました。喧嘩が始まると主体者は物に当たるようになり、家中の物が壊されていき、それが私に当たり怪我をすることもありました。第一子の女の子が生まれてからはさらにエスカレートしていき、彼が怒り出すと私は子どもを連れて逃げました。そして彼の怒りが冷めた頃を見計らって家に戻る、というようなことを繰り返していました。

私は耐えられずに統一教会に行って相談したいという思いがわき、教会に行き、霊能者に相談しました。すると「今の主体者と別れるなら教会に戻ってもよい」と言われました。教会の祝福を守るためだけに頑張ってきた私にとっては、信じられないものでした。そして教会にも行けなくなりました。それからは、私の信仰が弱いからだめなんだと原理講論を読んだり、お祈りをしたりしましたが、そんなときに限って大喧嘩となり、段々と原理講論を読むのが恐ろしくなっていきました。主体者からは「お前が悪いから、しつけ直さないといけない」と言われ、私も祝福を壊さないためにひたすら耐え続けました。

教会から離れて約九年が経とうとした頃、第二子が与えられました。男の子でしたので、主体者は喜びました。彼は夫婦間の争いの問題は妻である私にあると考えていたので、問題解決のために近くにあるキリスト教会に行くように私に命じ、私もそれに従いキリスト教会を訪ねました。そこは短大時代に通っていた教会で、礼拝に参加していると、短大時代の楽しかった思い出がわき起こり、「なぜ自分は今、こんな辛い日々を送っているのだろう」と思うようになっていきました。また統一教会との雰囲気の違いや聖書解釈の違いなど、礼拝や牧師との聖書の学びのときは新しい発見の連続でした。主体者との争いも忘れることができる貴重な一時でした。少しずつでしたが、統一教会の信仰は間違っているのではないかという思いも起こってきました。そして、私は牧師の勧めをいただいて洗礼を受けました。

洗礼を受けるための準備会の中で、私はこれまでの自分の歩みについても少しずつ話せるようになりました。洗礼を受けたこと、そして教会での生活は、生活の上での心の葛藤や危機的な状況を乗り越える力となっていきました。しかし、牧師には統一教会の知識やマインド・コントロールの知識もなく、ただ「過去のことは早く忘れて新しい人生を歩みなさい」と言われるだけで、根本的な問題を解決することはできませんでした。近くに統一教会の問題に取り組む牧師がいるということも聞いていましたが、統一教会から反対活動をなしている牧師への対策を受けていた私は、恐ろしくてその牧師を紹介していただくことはできませんでした。

キリスト教会に通い始めて一年が経とうとしていましたが、主体者との関係は日増しに悪化していきました。この頃には怒鳴ったり、無視されたりの精神的な暴力だけではなく、身体的な暴力も始まりました。それに加えて、収入のない夫に代わり家計を支えるために働き、小さな子どもの面倒も見なければならず、心も体も休まることのない日々が続き、私は限界に達していました。何とかしたいという一心で意を決し、統一教会問題に取り組む牧師に会う決心をし、紹介していただきました。

自分から望んで会うことをお願いしたにもかかわらず、約束の日が近づくと不安になり、実際に会うときには、足が震えるほどに恐怖心を覚えました。最初は二、三時間程度の面会でした。私は少し話をすれば問題は解決すると思っていましたが、牧師との話の中で、すぐには解決することができない問題であることがわかりました。牧師は「いつでも時間をとります。あなたがよければいつでも来てください」と言ってくださいましたが、当時の生活や主体者の存在から、そのことに時間を割くことが難しい状況にありました。

しかし、それから二年後、子どもの保育園入園をきっかけに少しの時間がとれるようになり、牧師のもとに通い、整理を始めました。しかし、やはり日常生活に追われるわずかな時間ではなかなか整理もできずに、時間が経っていきました。それからさらに二年が経った頃、相変わらず職を転々と変えていた主体者は、子どもの頃から夢であったという牧師になる決心をし、家を離れました。このことで私は時間がとれるようになり、牧師と共に本格的に統一教会の問題を解決するために学びを続けることができるようになりました。祝福を受けてから一一年が経っていました。

定期的に牧師に会い、統一教会の実体、教祖とその家庭の実態、被害の実態、そしてマインド・コントロールについての学びを進めていきました。長きにわたり統一教会のマインド・コントロール下にあった私には、葛藤の毎日でとても時間のかかる作業でした。頭では統一教会の間違いが理解できるようになっていくのですが、心がついていきません。また、統一教会が間違っていると思いながら、一方でもしも真理だったらどうしようという思いがわいてきます。心のどこかで間違いを認めないといけない、しかし、心のどこかで間違いを認めたくない、そんな複雑な思いが続きました。そして、自分の中で何かが大きく崩れていくのを予感し、とても大きな恐怖を感じました。そんな恐怖から逃れるために、考えることをやめようとする自己防衛もあったように思います。

しかし、牧師の励ましを受けながら、私は学びを続けました。ようやくマインド・コントロールから抜けたとき、私を次に待っていたのは、今の自分の置かれている立場でした。真の信仰だと思い、両親の反対を聞かず、結果的には母親を死に追いやったこと。周囲の人々を傷つけながら生きてきたこと。主体者との関係、子どものこと。これからの生活のこと。それらが頭の中を駆けめぐり、どうしていいかわからなくなりました。

統一教会に対する怒りよりも、自分自身に対する怒りがわいてきて、自分を許せなくなりました。「こんなことになるのならば、統一教会の間違いを知らなければよかったのに」という後悔の念もわいてきました。出口の見えない暗い暗いトンネルの中をたった独りでさまよい続けているような感じでした。そんな中で誰に言われたのかは覚えていませんが、「あなたは何もかも捨てて命がけで統一教会の信仰を選んだのだから、命がけでそこを抜け出す決心をしないと元に戻ることはできない」という言葉を思い出しました。私は命がけで統一教会をやめて、自分の人生を取り戻す決心をして、学びを続けながら歩き続けました。

学びの中で「ＤＶ」ということも知りました。それまでは、主体者の私への行為は私に原因があり、私の統一教会の信仰があやふやなことに問題があると考えていましたが、実はこれが夫の「ＤＶ」であることを知りました。それからはＤＶ関連の本を読みあさり、ＤＶ問題に取り組むＮＰＯ団体にも相談し、勉強しました。本を読むことで言葉にならない自分の思いを言葉に置き換え、カウンセリングを受けることで気持ちを整理し、また統一教会の脱会者にお会いし話すことで自分を見つめ直すということを続けました。最後はフラッシュバックとの闘いでしたが、牧師のサポートのおかげで乗り切ることができました。そして、今ではようやく自分でも、すべてを整理できたという実感を持つことができました。

統一教会という組織も教義も間違っていた。そして、その教義によってなされた結婚も間違っていた。そうなると、これ以上夫の暴力に耐え、結婚生活を続けていくことはできないとの考えに到りました。私は離婚を決意し、牧師や弁護士とも相談しながら、計画を立てて夫のもとを離れました。二〇一二年に、統一教会の祝福を受けて渡韓していた女性が、経済的困窮、夫の暴力に耐えかねて、その夫を殺害するという事件がありました。その事件のことを聞いたとき、もしかすると私が彼女と同じことになっていたのではないかと思いました。実際に私は、結婚生活の中で何度も、夫を殺して自分も死ぬことを考えました。彼女のことが私の半生と重なって心が痛みました。同じような苦しみや痛みを抱えながら今もなおたくさんの日本人女性が韓国や日本にいるのだと思うと、悲しくて仕方ありません。

失った日の長さに取り返しのつかないことをしたと後悔し、マインド・コントロールの後遺症から何をするにも自信がない、物覚えが悪い、一人で決められないなど、仕事や人間関係で緊張が続いたり落ち込んだりすることも多かったのです。またマインド・コントロールという長いトンネルを抜け出したあとは、将来に対する不安の中で生きていました。自分一人の力でそこから抜け出すことはできませんでした。そんな私を支えてくれたのは、二人の子どもたち、職場での同僚たち、教会の人たち、脱会者の人たち、そしてずっと諦めずに関わってくださった牧師。統一教会の人たちによって傷つけられた私ですが、立ち直るためにたくさんの人たちの助けがありました。この問題で一時は誰も、自分さえも信じられなくなった私ですが、今はまた人を信じて生きることができるようになりました。そして、自分が大切に思えるようになりました。今もなお、私と同じように苦しんでいる人たちがいます。私と同じように誰にも助けを求めることもできず、苦しんでいる人たちもたくさんいるでしょう。そして、その人たちの帰りを待ち続け、苦しんでいる家族もたくさんおられることでしょう。一人でも多く一日も早く、それらの方々が私と同じように自分を取り戻し、生きていくことができる日を、心から願っています。

証言F　統一協会元信者　女性

私が統一協会に入るきっかけとなったのは、一九九八年の夏のある日に、当時住んでいた関西で青年の意識調査というアンケートに答えたことでした。ビデオ学習をしているから見にきてほしいと誘われ、一旦は断りましたが、ぜひ友人になりたいと言われ、名前や連絡先を教えてしまいました。そのあと何度か連絡があり、会う約束をしてマンションの一室に連れていかれました。そこは統一協会の支部だったとあとでわかりましたが、私にとって興味深い内容であったのと、紹介者(霊の親)が親切にしてくれるあまり断れなかったという理由で、いつの間にかビデオを見たり、原理講義を聞きに通うようになりました。

一九九九年の春には占いに誘われ、運勢が悪いと言われ十数万円の印鑑を強要され購入しました。そして家系図を見て、この道を行かなければ三三歳で死ぬとも脅され、怨念を解放するため全貯金を献金するよう強要されました。私はそのとき、全貯金だった百数十万円を献金しました。

そのあと霊の親が家庭出発したため、私は別の地区の青年支部へつなげられました。そこではビデオセンターのカウンセラーから宝飾品店に誘われ、運勢を良くするためにネックレスを買うように強要されました。私はお金がなかったため何度も拒みましたが、結局ローンを組まされ一〇〇万円を超える値段のネックレスを購入しました。

　ワンデイ、ツーデイズのセミナー、新生トレーニング、重生トレーニングと進み、一九九九年の冬に青年支部のホームである研修センターに入居しました。昼間は会社に行き、夜は毎晩原理講義を受け、スケジュールは徹底管理されました。そのあとスリーデイズにも参加し、私は統一協会にどんどんのめり込んでいきました。

　二〇〇〇年二月には四億双一次の祝福に参加しました。韓国のソウルスタジアムで主体者とはじめて顔合わせをしましたが、私は主体者を受け入れることが難しく、キャンセルしに行きました。しかし、事務局側からの説得が何度もあり、いつの間にかOKしてしまっていました。

　入教してからは伝道と原理講義の毎日でした。会社と信仰生活の二重生活で疲労は慢性化しました。私は心身共の疲れとアベルの強い説得で、二〇〇〇年の夏に献身を決意しました。

　献身してからは、伝道機動隊、成約トレーニングの班長、マイクロ隊、食事当番を担当し、約一年半入居生活をしました。その間、清平の修練会、千葉の二一日修練会などにも参加し、私の信仰はだんだん固くなっていきました。

　信仰生活を続けている間に、主体者から早く家庭出発したいというFAXや手紙が何度も届き、ついには二〇〇一年の秋に主体者がホームを訪れました。今年中に渡韓しなければ祝福を破棄すると言って私を脅しました。早く入籍も済ませてほしいと、韓国に帰ってからも私の印鑑を勝手につくり、自分の戸籍謄本と一緒に二回も送ってきました。主体者は三六万双の祝福で一度、韓日祝福を経験していましたが、その日本人の女性に破棄されたため、今回の祝福は何が何でも成功したいという気持ちが強かったのだと思います。

主体者の強い要望もあり、私は入籍と渡韓を急がされ、親を説得する時間もなく、同意も得ないまま籍を抜き、二〇〇一年の年末に渡韓しました。私は親の情に流されやすいところがあるからと、籍を抜くことは親には黙っておくようにとの指示でした。しかし、急に日本からいなくなると親も心配するからと、渡韓する日に手紙がつくようにに出しなさいと指示されました。手紙の内容は統一協会ということを隠し、仕事で知り合った韓国人と結婚したいので、韓国に行きますという内容でした。結局、渡韓ぎりぎりまで伝道活動と食事当番に追われ、手紙を出せずじまいでそのまま渡韓してしまいました。韓国に向かう飛行機の中で私は、親や友人とも縁を切り、もう日本に帰ることはないだろう、私の居場所は韓国しかないんだという気持ちでした。さみしさと不安で涙があふれ、これからどんな生活が待っているんだろうという期待など、いろんな気持ちが複雑に入り交じっていました。

私が渡韓した先のT市協会では日本人婦人会会長を中心に多くの日本人食口（シック）が活動をしていました。私は渡韓修（日本食口入国修練会）を終えたあと、T市協会で暮らしながら協会の食事づくりや清掃、また韓国語の勉強をしたり伝道のための祝福パンフレットを配布して回ったり、また主体者ともときどき会いました。主体者は少しだけ日本語ができましたが、簡単な会話しかできなかったので、重要な話をするときにはいつも婦人会長が間に入り、通訳してもらっていました。私は主体者とコミュニケーションがとれず大変だったということよりも、好きではない人といずれ一緒に生活しなければならないことのほうが葛藤でした。できれば家庭出発をせずに、T市協会でずっと暮らしたいなどと考えたりもしました。そんな人間的な思いが先に立つ自分は、まだまだ信仰が足りないと伝道に励んだり、お祈りすることでいつも反省していました。

任地生活が始まってから一週間ほど経った頃、まだ手紙を受け取っていなかった家族が連絡がとれなくなった私を心配し、母と姉が関西の研修センターに探しにきたという知らせを青年支部から受けました。私は婦人会長の指示で、韓国にいて元気にしているということだけは電話で伝えました。

そして二〇〇二年の春に、突然父と姉、叔父が通訳の人と一緒に、私を連れ戻しにT市まで来ました。私は婦人会長の指示で、渡韓してから両親に手紙を出していました。その手紙に主体者の実家の住所を書いてしまい、T市にいることを突き止められたようでした。しかし、番地などは書いていなかったため、探すのは簡単ではなかったようです。通訳と偽って一緒に来ていた大韓教会の牧師が、知人であるキリスト教会長老だったLさんにお願いして、やっと探しあてたと言います。

私は統一協会のT市教区長と婦人会長の指示のもと、不在を装い婦人会長の家に隠されました。しかし、父親たちが警察に捜索願を出すと言い張ったため、次の日話し会いに出向くことになりました。私は打ち合わせをした通り、「帰るなら自分の意思で帰る」と言い続けました。そのときの父と姉の受け答えの様子から、もしかしたら背後に統一協会に反対する牧師がついているかもしれないという思いがよぎりました。話し合いは平行線のまま二時間以上が過ぎた頃、父が一緒に食事をしようと言い出しました。その瞬間、私は協会の指示通り、父親たちを振り切って、協会の人たちと逃げるようにタクシーに乗り込みました。タクシーの中では涙が止まりませんでした。

関西でのホーム生活から何年も父親には会っていなかったため、久しぶりの対面でした。外国旅行もしたことのない父が、必死の思いで自分を探しに韓国まで来てくれたことの嬉しさ、またそんな父の姿はやつれて小さく見え、私を連れて帰るためにがむしゃらでやってきたということを物語っていました。私は心配かけて申し訳ないという気持ち、またそんな父や姉を振り切っていかなければならない辛さ、いろいろな感情が駆けめぐりました。しかし、私はこんな人間的な感情に流されてはいけないと、そのときも必死に自分に言い聞かせました。

日本人食口は伝道の一環として、韓国人に週二回日本語を教えたり、また当番制で協会の掃除、昼食づくり、保育、行事の手伝いなどの奉仕活動をしていました。春も本番となった頃、教区長が代わりサモニム(女性指導者、奥様)を中心として、毎晩一一時から午前二時まで徹夜祈祷などの修練も始まりました。これは、教区長が新たに変わるまでの一年間、ずっと続けられました。私はまだ家庭出発していなかったため、特別に教区長宅の掃除、洗濯、買い物、食事の準備、子どもの世話などを任されました。毎日、朝から晩まで、もしくは泊まりでやることもありました。その上、毎晩徹夜祈祷もあるわけですから、睡眠不足は慢性化していました。しかし、これも私が主体者を愛せないため、愛する訓練としての修練だと言い聞かせながら毎日やり続けました。

そのような中で、私の姉は、パソコンが得意だった主体者とメールのやりとりをして、私と縁が切れないよう努めていたようです。夏前には姉が私に会うため、一人でT市に来たりもしました。姉はそのとき、牧師や被害者の会の方と一緒に来ていたようでしたが、そんな素振りは一向も見せず、ただ姉として妹を心配しているという感じでした。そして主体者と二人で一時帰国できないかということを言いました。

その後、早く家庭出発できるようにと家庭修(家庭出発教育)なども受けましたが、主体者をなかなか受け入れることができず、早くサタンを分立して何とか家庭出発させなければというサモニムの指示で、私と主体者は清平四〇日修練会に参加しました。それを経て、やっと二〇〇二年の夏に家庭出発をしました。主体者と同居を始めても、文化の違いや言葉の壁が大きく感じられ、主体者との意思疎通は難しく、簡単な日常会話しかできませんでした。そのため、主体者の考えていることもよく理解できませんでした。また、家庭出発してからも、主体者を受け入れることは私にとって難しいものでした。しかし、アダム国家である韓国の男性を夫に持つことが、いかに幸福であり恵まれていることなのか、また私たちエバ国家である日本の食口は、アダム国家である韓国の夫に対して、僕として尽くさなければならないという教えをいつも念頭に置き、自分の信仰の幼さを反省しながら、主体者を愛する努力をしていきました。

秋になり一週間ほど、主体者と二人、日本に一時帰国する機会を与えられました。姉のメールや私に会いにきたときの様子から、背後に反対する牧師がついているという素振りを一度も見せなかったため、統一協会側はあまり警戒していなかったようです。主体者をよく知ってもらうために日本の家族に会わせたほうがいいという判断で、日本に帰ることとなりました。一時帰国の際、私たちは実家までは帰らず、実家を離れ町で一人暮らしをしている姉の家に宿泊しました。私の実家は山の奥にある小さな村なので、みんな顔見知りです。地区の人は私が結婚したということを知らない上に、韓国人の夫を連れて帰ったとなると大騒動です。それで説明に困るということだったのでしょう。実家までは帰してもらえませんでした。内心、私もそのほうがややこしいことにならずよかったと思いました。そのような中で、家族は主体者と共に食事、買い物、観光などをして優しく主体者をもてなしてくれ、私もとても嬉しかったです。

その反面、父と姉が韓国人の通訳の女性を雇って話し合いを持ったり、統一協会のことを理解しようと今、少しずつ勉強していると言いながら原理講論を持ち出し、重箱の隅をつつくような嫌な質問をしてきたときには、もしかしたら反対の牧師がついているかもしれないと思いました。しかし、それよりも私自身、原理講論に対して疑問がわき、答えられない自分にも腹がたち、その答えを知りたいという思いのほうが強かったと思います。そして、そのときの一時帰国では、私や主体者を無理やりに引き止めるわけでもなく韓国に帰してくれました。また、韓国に戻る際に、母親がいつでも帰っておいでと言って泣きながら抱きしめてくれたときには、とても嬉しかったです。渡韓する際にはもう二度と日本に帰ってくることはないと思ったけれど、今こうして日本に帰ってきているし、私はまたいつでも日本に戻ってもいいんだと思いました。そして、合同結婚式の結婚と普通の結婚は何も変わらないではないか、そんな気持ちにさえなりました。私は久しぶりに家族の温かさに触れ嬉しさを感じ、このまま日本にいたい、でも行かなければならないという二つの思いが入り交じっていました。

韓国に帰ってから、また協会生活を中心とした主体者との生活が始まりました。私は父や姉に聞かれて答えられなかった疑問を解こうと、日本人食口のお姉さんに聞いてみました。お姉さんは統一協会の教えは原理講論にとどまらず、統一原理などをもっと細かく書いた本もあり、深いものだと言いました。そして自分が納得いくまで調べれば、どんなに統一協会の教えが素晴らしいかが再認識できると言いました。しかし韓国ではすべてが韓国語のため私には難しく、また日々の修練にも追われ、到底調べることはできませんでした。

私の主体者は工場勤めをしており、月に平均して七万円くらいの収入でした。しかしすぐに仕事をやめ、ずっと家にいたり転職を繰り返していました。その上献金などもあったため、生活は苦しくいつも節約を心がけていました。私は韓国で歯科医院に行きたかったのですが、金銭的にそんな余裕はありませんでした。

一時帰国してから一年後の二〇〇三年の秋に、歯の治療のために協会から私一人帰国を許されました。しかし、万が一ということがあるからと統一協会支部の連絡先を教えられ、何かあったらそこに駆け込みなさいという指示を受けていました。私は帰国した際に統一協会についてもっと深く勉強しようと思っていました。また、家族にも統一協会の素晴らしさをわかってほしいとも思っていました。そこで、歯科医院に通いながら、家族には内緒で何度か支部に連絡をとりましたが、電話はつながらず、行くことができませんでした。

そのような中で、今回は私一人の帰国ということもあり、生まれ育った実家に帰ることが許されました。何年ぶりの実家だったでしょうか。私は懐かしさと嬉しさでいっぱいでした。そんな私に、家族は自分たちが勉強してきたことをわかってほしい、一度牧師に会ってほしいと言いました。父は真剣な顔で「お父さんの一生のお願いだ！」と言いました。私は、父は本気だと思いました。その真剣さに打たれ、まず統一協会支部の礼拝に行ってくれたら会ってもいいと言いました。それであらためて支部に連絡をとりましたが、そのときも電話はつながらず、私は牧師と会うはめになりました。私は内心、とんでもないことになったと思いましたが、井の中の蛙になってはいけない、他の宗教を知ることにより統一協会を客観的に見ることができ、そして統一協会の素晴らしさをもっと深く知ることができると自分に言い聞かせ、翌日、隣県のI牧師に会いにいきました。食口がキリスト教の牧師に会うということは霊の命を落としかねないわけですから、当日の私はとても緊張していました。神経性の下痢になるほどの緊張でした。できれば行きたくないと思いましたが、約束してしまったので仕方ないという思いで、しぶしぶ会いにいきました。

私は朝早く起こされて、実家から車と電車を乗り継ぎ、三時間以上かけてI牧師のキリスト教会まで行きました。はじめから疑いの目でI牧師を見ていた私は、絶対に言いくるめられないぞという気持ちで身構え、話を聞いていました。私はI牧師の話に何度も反発を覚え、もう聞きたくないという思いでした。たびたび怒って取り乱す場面もありましたが、結局その日は鬱々とした気持ちで一日を終えました。そして家族でホテルに宿泊し、次の日また話し合いの続きをしました。時間が経つにつれ、私はI牧師の話に冷静に耳を傾けるようになり、統一協会に対して不信感を抱くようになりました。統一協会がやっていることに間違いはないと自分に何度も言い聞かせるのですが、その根拠が崩されるごとに私の心には悲しさと悔しさ、統一協会が間違っているはずがないというようないろんな気持ちが交差しました。

結局、統一協会の素晴らしさをもっと深く知ることができると思いたかった気持ちとは全く逆の、今まで騙されていた自分に気づかされました。私は一気に奈落の底へ突き落とされた思いでした。仕事もやめ、友人とも縁を切り、自分の意思を殺してまでもやってきたこと、自分がこれが真理だと信じてこれからも一生をかけて貫き通そうとしたことは、一体何だったのかという思いで愕然としました。しかし、I牧師の「今ならFさんはまだやり直せます」という言葉に、私は今なら統一協会をやめてもこれからの人生、まだ救いがあるのではないかと思いました。その言葉に、統一協会の間違いを認めることができました。

帰りの電車で、家族はほっとした様子で、缶ビールとちくわを手にくつろいでいました。私にもビールとちくわを手渡してくれたのですが、もちろん私はまだ完全に脱会したわけではないので、ちくわだけを受け取りました。しかし電車の中で、悔しさや虚しさなどあらゆる感情がわき上がり、涙が止まらず、ちくわが喉を通らなかったことを今もよく覚えています。

統一協会の間違いに気づかされてからも、自分の納得がいくまで本を読んだり調べたりしました。その結果、自分がマインド・コントロールされていたことに気づき、統一協会に騙されていたことを認めることができ、脱会しました。

私は脱会した当初、結婚は続けると言っていました。なぜなら、主体者と一緒に暮らすようになってから、以前に比べ少しは情がわき、何よりも主体者が悲しむ姿を見たくなかったからです。しかし周囲は、協会の教義である祝福自体が偽りの結婚である以上、出発点がそもそも間違っている、幸い子どももいないし、これからの人生のほうがまだまだ長いんだからと言い、その言葉に離婚を決意しました。

しかし、離婚はなかなかすぐにはできませんでした。まず、脱会したあとの二〇〇三年の年の瀬に、家族全員と牧師と、離婚のお願いにT市にいる彼と両親を訪ねました。キリスト教会の長老であるLさんも同行してくださり、一緒に説得に当たってくださいましたが、受け入れてはもらえず、結局離婚はできませんでした。主体者は私たちが離婚を申し出たことにショックを受け、自殺未遂を装い警察を呼ぶなどして大騒動になりました。しかし実際はお母さんのところにいることがわかり、無事で何よりでした。

帰国後、Y弁護士を紹介していただき裁判での解決を望みましたが、その場合夫婦として実際に生活していない期間が長いほど勝利する確率が高くなるということでしたので、すぐに裁判もできず、ただ時間が過ぎるのを待つしかありませんでした。そのあとも主体者からのメールで、離婚をしたいなら慰謝料を一〇〇〇万円払うよう要求されましたが、もちろん払う気もありませんでしたし、払う力もありませんでした。そして何度かメールのやりとりをして、私のほうも日本の離婚届の用紙を送って離婚に応じるようお願いしたりもしましたが、受け入れてはもらえませんでした。その間に慰謝料の金額も下がっていき、父が私の将来を考えて慰謝料を払うことも考えてくれましたが、あとに続く被害者のためにならないと、お金の要求には応じませんでした。

離婚もできないまま、私は実家にこもりがちになっていました。脱会してからの私は、家族以外の人に会うのを極端に嫌いました。空白の時間をどこで何をしていたのかと地区の人に聞かれたら何て答えようなどと考えたら、人に会うのが煩わしく怖かったのです。また、私は自分自身についてもわからなくなっていました。物事を決めるときもそうでした。その考えが昔ながらの性格によってなのか、統一協会の教えによるものなのか、混乱して決めることができませんでした。たとえば好きな洋服を買うときも、自分では決めることができませんでした。統一協会への絶対服従のもと自分の考えはなく、ただ指示通りに動くことしかしてこなかったからだと思います。そんな自分に私自身も驚かされましたが、家族もそんな私をどのように扱ったらいいのかわからなかったのでしょう。家族は私のしたいことをさせてくれていました。私は絵を描いたり、木のつるや木の実を使ってリース（装飾）をつくったり、またケーキを焼いたりと、自分のやりたいことをしました。また、私は家族に統一協会に入っていた頃の話を少しずつするようにもなりましたが、救った側と救われた側の違いもあり、私の気持ちを理解してもらうというのは難しいものでした。そんなとき近所に住む犬だけが、私を見ると尻尾を振って近づき、まるで私をなぐさめるかのようにじゃれてくれていました。私はそんなとき、私の気持ちをわかってくれるのはこの犬だけだという思いで、涙ぐむこともありました。そんな自分に、社会復帰はもうできないかもしれないという思いに駆られ、先行きも暗く、自信のない日々を送っていました。

しかし、韓国に住んでいたので韓国語をもっと習得したいという気持ちもあり、カルチャーセンターに通いたいという思いがありましたが、そこでもし韓国語が少しできるということであれこれ聞かれたらどうしよう、旅行で何度か行ったと嘘をついたとしても、観光地には行ったことのない私はきっと話についていけず戸惑ってしまうだろう、そんな場面を思い浮かべるとやっぱり怖くなり、通う勇気が出ませんでした。家族は、外部の人にいろいろ聞かれても、そんなに深く考えず適当に答えればいいじゃないのと言うのですが、その適当が私には簡単ではなかったのです。結局カルチャーセンターに通うようになるまでに一年以上の月日がかかりました。通い始めてからも、個人的な友だちをつくるとあれこれ聞かれたら困ると思い、決して深入りせずに、食事に誘われても断っていました。本当は同年代の友だちがほしかったのですが、そんな私に新しい友だちをつくることはとても難しいことでした。こんな私を見て家族はすごく心配していたようです。しかし、私を焦らすこともなく、つかず離れず見守ってくれていました。

私は本当の自分を取り戻すために、リハビリの一環として統一協会の被害者の相談会にはよく顔を出しました。相談会は月一回、I牧師の教会で行われ、子どもや奥さんを統一協会に奪われた家族がすがる思いで来ていました。私は自分の体験を語ることによって少しでも力になりたいと思いました。またそれと同時に、救い出してくれた家族の気持ちも少しわかったように思います。

私は心を整理するために、統一協会に入ってよかったことと悪かったことを書き出してみたらというアドバイスをもらい、やってみたりもしました。私は統一協会に入ってよかったこともいっぱいあったと思っていました。しかし、実際には悪かったほうが断然多く、よかったことは数個しか書けませんでした。私は無意識ではありましたが、統一協会に入っていたことを全否定したくなかった自分がいたのです。すべてが間違いだったとすれば立ち直れないのではないか、統一協会に入ってもいいことはあったと思いたかったということがわかりました。このように実際文字にすると、統一協会に騙されたことを認めたくなかった自分があったことがわかりました。文字にすることで協会の悪質さを認められるようになり、心もずいぶん整理されました。

また、私が立ち直っていく上で、脱会者の方々がどんなに精神的な支えとなり、勇気づけてくれたかわかりません。脱会者の人に自分の思いを打ち明けると、自分も当時、同じようなことで悩んだと言うのです。私だけがあれこれ思い悩み、苦しんでいるわけではなかったんだということがわかると、とても嬉しい思いになりました。また、自分の気持ちを理解してくれることでずいぶん心が軽くなり、どんなに救われたかわかりません。ときどき脱会者の方々と会う機会がありましたが、話を聞いてもらいアドバイスを聞くごとに、階段を一歩ずつ上がるごとく、だんだん私はまともになっていきました。

そんな中でも、揺れ戻しも体験しました。もう大丈夫と思っていても、ふとしたことがきっかけで、本当は霊界があって、脱会したことは間違いではなかったのだろうかと、急に不安になったりすることもありました。そんな日々を繰り返しながら、私は徐々に本当の自分を取り戻していきました。

私は、大学時代の友だちと関西で仕事をしていたときの友だちの二人が、私が統一協会に入っていることを知っていて、心配してくれていることをわかっていました。その二人は脱会したことを告げると、私のことを受け入れてくれて、脱会できてよかったと喜んでくれました。そのあと二人に会いにいくと、二人は昔と変わらず私に接してくれました。その二人は今でもかけがえのない友だちとなっています。また霊の親が関西に住んでいるのを知っていたために、脱会したことを告げにいきました。霊の親は私が渡韓するときに、何かのときのためにと一〇万円を手渡してくれました。私はアルバイトで貯めたお金で、そのときの一〇万円を返したかったのです。

一〇万円を用意するのは食口にとっては容易ではないことを知っていたので、そのときのお礼の気持ちもあってお金を返したかったのです。お金を返してすっきりしたいという気持ちもありました。霊の親は、統一協会には以前のように熱心ではない様子でしたが、まだまだ文鮮明を信じていました。そして、はじめはあげたお金なのでいらないと躊躇していましたが、実生活は大変だったようで、生活費の足しにさせてもらうわ、ありがとうと言ってお金を受け取りました。私は統一協会を今でも信じている霊の親が不憫でならず、統一協会が間違っていると説明したものの、わかってはくれませんでした。私はそのとき、あらためてマインド・コントロールの恐ろしさ痛感しました。

離婚のお願いに韓国に行ってから二年あまりが過ぎた二〇〇六年のはじめに、私は姉とソウルであった日韓統一原理問題のフォーラムにY弁護士、I牧師と共に参加しました。フォーラム終了後、Y弁護士、I牧師と共にT市に行き、Lさんも交えて再度、主体者の両親に慰謝料なしで離婚できるようお願いしましたが、このときも受け入れてはもらえませんでした。私の両親はこのとき、Lさんからも韓国の弁護士を紹介するから韓国で裁判を起こしてはどうかと助言をいただきました。日本では統一協会との離婚訴訟で婚姻無効などが何件か認められてはいますが、統一協会の違法性とマインド・コントロールの理解が浅い韓国で裁判を起こしてうまくいくのか?、また韓国でどうやって裁判を起こせばいいのか?、勝利できるのか?、そんな疑問と不安で家族全員、意気消沈したことを覚えています。

脱会して二年あまりが過ぎ、離婚はできないままでしたが、私はアルバイトなどを始めたりして、少しずつ社会に溶け込んでいくようになっていました。脱会して三年経った頃には、百貨店の和菓子売り場でパートとして働くようにもなりました。しかし、日本では統一協会のイメージが悪いため、統一協会に入っていたことを知られたくないという思いから、本当の自分を見せずバリアを張っていたと思います。そのときも、自分が心を許す友だちはできませんでした。

脱会から五年の歳月が流れ、そろそろ日本での裁判を検討し始めた矢先の二〇〇八年のはじめ、主体者から慰謝料なしで離婚してもいいというメールが突然届き、I牧師と家族全員の六人で渡韓しました。そしてT市役所で主体者と私は離婚手続きをして離婚することができました。主体者に以前のような笑顔はなく、私たちはただ事務的に離婚手続きを済ませました。私は主体者に申し訳なく思うと共に、彼にも幸せになってほしいと心から思いました。誰が悪いのでもなく、彼も私も統一協会の被害者であり、統一協会の非情さにあらためて怒りを覚えました。

韓国で離婚はできたものの、そのあと国の違いから、日本側の離婚手続きがうまくいかず、私と父は何度も韓国総領事館に出向き、二〇〇八年の初夏にやっと離婚することができました。

そのとき私は、やっと自由になれた、統一協会からやっと離れられる、という思いで何か生まれ変わったようなすがすがしい気持ちになりました。統一協会と関わり約一〇年という年月が流れていました。五年間は統一協会の活動に没頭し、脱会してからもマインド・コントロールの後遺症と離婚問題に悩まされ、五年を費やしました。

私は脱会したあとも友だちができず、自信のない毎日を過ごしていました。そんなとき、Y先生と共に私を支えてくださったS牧師が、逆療法という意味合いもあったのでしょうか、韓国留学を勧めてくださいました。今度は自分のために韓国に行ったらどうかという提案でした。私は行きたいと思いました。母と姉は、痛い目にあった韓国にまた私を行かせたくないという思いでしたが、父だけが賛成してくれました。父は、私にとって統一協会が早く過去のものとなってほしい、そして自信をつけてほしい、ただそういう思いだけで再び韓国へ行かせてくれたのでした。

私のような韓日のケースの場合、国が違うため法律や言葉も違い、解決の際、簡単ではありませんでした。もし私が言葉を習得すれば、統一協会の内容がわかっているので、今後解決できず苦しんでいる方々のために何か役に立つことがあるのではという思いもありました。そしてそれが私を救ってくださった方々への恩返しにもなるという思いもあり、私は韓国行きを決めました。

私の今度の韓国生活は、統一協会時代のような枠の中の生活ではなく、すべてが自由でした。韓国語を学びながら、心を許せる新しい友だちもできました。ある程度の年齢になると、人に言う言わないにかかわらず、みんな何らかの悩みや失敗もあり、自分だけが苦しんできたのではないということもわかりました。私は昔、自分が統一協会に入っていたことを隠すから友だちができないのではないかと悩んでいました。しかし、言って、去ってしまえばそれまでの友だちということで、それならそれでいいではないかと思えるようになっていました。統一協会に入っていたことは過去のことであり、それを言うか言わないかはさほど重要ではないというようにも思えるようになっていました。それからの私は、統一協会に入っていたということを言いたい人には言うようになり、言わなくてもいい人には言わず、自分をだんだん出せるようになっていきました。

そんな中で、韓日の祝福を受けて実際韓国で生活している女性たちの現実の姿を目の当たりにすることがありました。ソウルを歩いていたとき、偶然にも、関西の研修センターで当時班長をしていた女性に会いました。彼女は寒空の下、マッサージのビラを配っていました。韓国に来て一二年になり、子どもは三人、家計の足しにビラ配りをしているとのことでした。

また珍島という島に行ったときには、小型トラックの荷台の上でおでんやたい焼きをつくって売っている食口の女性を見ました。四十代半ばに見えるお姉さんは、嫁いで一五年、化粧っけもなく真っ黒に日焼けした顔で、一生懸命たい焼きを焼いていました。そのときも寒い冬でしたが、朝から晩まで営業するのだと言いました。

また、実際に私が働いていたアルバイト先にも食口のお姉さんはいました。韓国の伝統菓子であるくるみまんじゅうの試食販売を外でするのですが、雨が降ろうと雪が降ろうと、道行く日本人観光客に声をかける仕事でした。そのお姉さんはとても面倒見がよく、責任感も強く店長にも頼られていました。自分が病気のときももちろん、他人が休んだときでも無理をして仕事をしていました。まさに統一協会の「為に生きる」犠牲の精神であり、実際、文鮮明のことも信じていました。私が元食口だと告げると、

「いろいろ大変だったでしょうね」とねぎらいの言葉をかけてくださり、「またいつか気づいてきっと統一協会に戻ってくるときがくるでしょうね」とも言いました。私の統一協会が間違っているという話には、聞く耳を持ちませんでした。

そんな彼女たちの姿を見て不憫に思いながら、私も脱会しなければこのような生活を続けていたのかもしれないと、他人事ではないと感じました。今現在、韓国に嫁いでいる日本人食口は七〇〇〇人以上と言われています。そんな彼女たちに実際に出会い、いかに日本人食口が韓国で貧しい生活をし苦労しているのかを知り、胸が痛みました。その人の一生をも狂わす統一協会に、またしても怒りを覚えました。

また、二〇一三年の朴みゆきさんの事件（夫のDVを苦に夫を殺害、懲役九年の実刑判決を受けた）を聞いて、大変驚きました。私も脱会せずに韓国での生活を続けていたら、どうなっていたかわかりません。そのことを思うと、朴みゆきさんのことが本当にかわいそうでなりません。彼女が一日も早く釈放され、家族や支援者の方々によって平安な毎日を送ることができるようになることを祈っています。

現在、私が統一協会を脱会してから一一年という年月が過ぎました。このように統一協会から救い出され、今こうして自分の人生を歩むことができているのは、私のことを見捨てずに一生懸命に救い出してくれた両親、姉、そして牧師や弁護士、また精神的な支えとなってくれた脱会者の方々、そして、韓国のT市という異国の地で多大な力を貸してくださったLさんなど、みなさんのおかげです。本当に感謝しています。特に私のような韓日のケースは、国の違いから救出が難しいと思われます。特に、離婚には長い年月を費やしました。言葉の壁も大きい上に、統一協会に対する認識の違い、また法律的な問題など、あらゆる点で違いが大きいからです。私の場合、Lさんの存在が大きかったと思います。Lさんはお加減のすぐれない時期もあったにもかかわらず、私たちがT市に行くたびに同行してくださり、また離婚が進まない時期には父が書いた手紙を届けてくれたり、彼の両親の説得のためにたびたび訪問してくださいました。

Lさんのような存在は絶対必要です。このように韓国のキリスト教の方に統一協会の違法性を正しく知っていただき、救出の際には日本と韓国のかけ橋となっていただければ、かなり救出の道は開けるのではないかと思います。また韓国に嫁いだ日本人食口に対しても、統一協会内で問題が起こったとき、彼女たちは他に駆け込むすべを知りません。もし韓国のキリスト教に統一協会に対する理解があれば、どんなに心強いかわかりません。このように韓国のキリスト教が統一協会の違法性を正しく、深く理解し、救出の際には力を貸してくださることを願っています。

そして今回このような機会をいただき、文章を作成するにあたり、私は当時の場面と心情が鮮明に思い出され、涙しながら書いた部分も多々ありました。一一年も経ち統一協会のことはもう過去のこととして薄れてしまっていると思っていましたが、今もなお心の傷として残っていることにも自分自身驚きました。本当に統一協会は巧妙な手口でマインド・コントロールし、人の心を自由自在に操る恐るべき団体です。そんな統一協会の被害者を一人でも多く救い出すためには、家族と周囲の絶対的な協力が必要です。特に韓日祝福の場合は、韓国のキリスト教の全面的なバックアップと協力が大きなカギとなると思われます。今後、早くそのような道が開けていくことを願っています。

3 カルト・レジリアンス研究会メンバー座談会

櫻井義秀（司会）・遠藤みゆき・
杉原輪・鈴木文月・高杉葉子・
中西尋子・伴麻子・廣瀬太介

一 はじめに

櫻井 司会の櫻井義秀と申します。大学教員です。私は宗教社会学・比較社会学を専門にしています。大学の学内では学生相談室の運営に十数年関わっており、特にカルト関連の相談を受ける仕事をやっております。これからカルト問題や元信者の方のカウンセリングに携わってこられたみなさんといろいろと話していこうと思っておりますので、まず自己紹介からお願いできますか。

高杉 高杉葉子と申します。脱会者として、脱会のカウンセリングのお手伝いに長く関わってきました。現在は、カルト問題の研究も進めています。

遠藤 遠藤みゆきと申します。臨床心理士です。大学などの教育機関でカウンセラーをしています。また社会福祉法人の相談室にも所属しており、カルトに関する相談はこちらのほうで受けることが多いです。

伴　伴麻子と申します。キリスト教系カルト団体の脱会者で、相談や自助グループに関わっています。精神保健福祉士として障害を持つ方々の就労支援に関わる仕事をしています。

鈴木　鈴木文月と申します。臨床心理士です。カルト被害者や脱会者の心理的援助に携わっています。特に、脱会後のカウンセリングを中心にこれまで取り組んできました。

杉原　杉原輪と申します。臨床心理士です。カルト問題に関しては、脱会カウンセリングに取り組んでおられる牧師さんのもとで月一回開かれている相談会に参加しています。自分自身も脱会者ですので、心理士というよりは脱会者の立場で関わっています。

廣瀬　廣瀬太介と申します。臨床心理士として、中学校と高校でスクールカウンセラーをしています。また、研究者として、カルトを通過した人たちにインタビュー調査を行い、彼らが体験したプロセスをナラティブの視点で記述しようと試みています。

中西　中西尋子と申します。宗教社会学を専門にしております。カウンセリングには全く関わっておりませんが、お邪魔いたします。

二　カルト問題に関わったきっかけ

櫻井　どうも、自己紹介ありがとうございます。続きまして、もう少し、カルト問題に関わったきっかけや、そのときの心境などを詳しく聞かせていただこうと思います。私の場合は、宗教社会学においてカルト論などのレビューをやっていたことと、霊感商法による消費者被害の実態調査を一九九〇年頃に札幌でやったこと、オウム真理教事件によって宗教研究の限界に突きあたったことが大きいですね。それから全国霊感商法対策弁護士連絡会や日本脱カルト協会と関わるようになり、主体的にカルト問題の研究を行うようになりました。

中西　韓国の農村で、統一教会の合同結婚式で韓国人男性と結婚して嫁いできたという日本人女性に偶然に出会ったことがきっかけです。調査することにためらいがあったのですが、櫻井先生に出会いました。私は櫻井先生のことをタイの研究をされている先生だと思っていたのですが、統一教会のことも研究されていました。調査している人が他にもいるならと調査を始め、そこからカルト問題に関わるようになりました。

遠藤　私は日本脱カルト協会の公開講座に参加した直後に、所属している大学でカルトに関する相談をはじめて受けました。相談に応じる上で、カルトについて知る必要に迫られました。そこで、先の公開講座で出会った方々に聞いて歩いたり、自分で調べたりしていくうちに、この問題の大きさ、そして複雑さを知りました。そのあと、社会福祉法人の相談室に所属し、相談に応じるようになりました。

伴　私はキリスト教系新宗教の元信者です。十代半ばより十数年在籍していました。私はカウンセリングを受けて脱会できましたが、教団内に多くの友人、恩人を残しており、自らの離脱・回復をもって事を終わりにすることはできませんでした。脱会後一五年が経ちますが、細々ながら学びや相談、自助グループでの関わりなどを続けています。

鈴木　私の場合は興味・関心から日本脱カルト協会（旧日本脱カルト研究会）に参加した際、脱会者の体験談や発表を聴き、そこではじめて脱会者の深い苦しみを目の当たりにしました。そのときの衝撃を今でも覚えています。その当時私は、大学で心理学を学び、臨床心理士を目指していたため、脱会者の心理的援助にそのあとも関わるようになりました。

杉原　私は大学生のときにキリスト教系カルトに入信し、三年間活動していました。家族との話し合いにより脱会することができましたが、これは自分自身や生き方について深く考えさせられる体験となりました。正しいと思っていたことが間違っていたこと、知らない間に被害を生んでいたこと、今もその被害は続いているという状況を考え、自分自身ができることをしたいという気持ちからカルト問題に関わるようになりました。

廣瀬　私は、カルトをやめた人たちにインタビューでお話を聞かせてもらったのが、この問題に関わったきっかけです。そもそも私は、神話学者のジョゼフ・キャンベルが提唱する神話の法則に関心がありました。キャンベルはあらゆる物語は単一のストーリーに集約されると言っています。そのストーリーは、疲弊した日常の世界から旅に出て、非日常の世界での試練を克服して宝を得たあと、その宝を持ち帰って疲弊した日常の世界を癒すというものです。カルトという場を非日常の世界と想定したとき、カルトを通過した人の体験はこのストーリーと重なる部分が多いのではないかと思い、カルトで過ごしたことのある人たちにお話を聞かせてもらうことにしました。

高杉　私自身がカルト教団に入っていたことがきっかけです。教団に入っていた頃は、教団スタッフとして活動し、一般市民に教団の物品販売をしましたし、信者とさせるための〝教育〟関係部署を主に担当しました。そのため脱会後は、物品販売した方々を探して謝罪に回りました。私自身が勧誘して信者となった方はいませんでしたが、〝教育〟関係担当だったため数十名の方々を信者とさせてしまっており、この方々の連絡先などは全くわからず、とても心が痛みました。そのあと、この信者となった方々のうち一〇名近くが偶然にも脱会のカウンセリングを受けたことにより、私もお手伝いをさせていただくこととなりました。また、脱会後一年近く経ったときに、所属していた教団の仲間たちが交通事故を起こしました。三人が怪我を負い、三人が死亡しました。亡くなった三人のうちの一人は、私が当時とても仲良くしていたメンバーでした。出会った当時は、そのメンバーはやる気が全くなく、いつ教団から離れてもおかしくない状況で、教団も見放している様子であり、家に戻されるのは時間の問題だろうと見られていました。そんなメンバーを私はそのままにはできず、生活を共にしながら何度も話をしたりしました。教団施設から帰宅する真夜中、月を見ながら、一緒に頑張ろうとお互いに笑って話したことは今もよく覚えています。そのメンバーが亡くなったことは、教団をやめていた私にとって大きなショックでした。私が関わらなければ、家に帰されていて事故に遭わないで済んだのに、と強く自分を責めました。事故発生後まもなく、そのメンバーのお父さんにお会いすることができました。そのメンバーの遺品類はほとんどなく、メンバー本人はお骨でご自宅に戻されていました。お父さんは、何年にもわたって家に帰らないままだった娘の最期に会うことさえできませんでした。この事件は、やめた今でも忘れられない出来事です。

櫻井　高杉さん、詳しい話をありがとうございます。みなさん、それぞれの経験においてカルト問題に関わることになったということですね。元信者という立場の方でカルト・カウンセリングに携わる方は海外では多いのですが、日本でも少しずつそういう方が出てこられました。もちろん、カルト経験がなくとも、そうした臨床事例に長らく携わることでカルト問題を経験者以上に知るということもあると思います。どちらの立場もあってよいのではないでしょうか。

三　脱会者・元信者に対する相談事例

櫻井　私の場合は、学生相談が主で、勧誘された学生への対応、脱会した学生への聞き取りと対応、現在カルト団体で活動している学生の家族への相談などです。元信者の方には調査でインタビューしたことが多いですね。伴さんはいかがですか。

伴　救出カウンセリングには直接関わっておらず、前後の関わり（相談、アフターケア）です。相談者のカテゴリーとしては、家族の他、一世・二世信者で脱会を前後して葛藤している当人、自分は脱会したけれど現役信者である親・子・配偶者を助けたい人などです。脱会者・元信者のテーマとしては、教団・教義に関わる整理（恐れ、縛り、世界観・人間観等価値観、道徳規準など）、人間関係上のトラブル（信者である家族との断絶や引き戻し、職場、交際や結婚に関わること）、経済的問題（仕事、信者のいる実家からの自立）、あるいは自身がメンタル上の問題を抱えている（抑うつ傾向、対人恐怖ほか）などが見られます。

櫻井　詳しい相談課題の説明、ありがとうございます。その他、どんな課題を抱えているのでしょうか。

高杉　私の場合は、脱会カウンセリングよりも、脱会後カウンセリングに関わってきたと思っています。脱会者によっては、脱会を決めた、教団がカルトだとわかったものの、なぜかすっきりしない、信者のときよりも元気が出ない、家族関係や職場の人間関係がうまくいかない、など不適応症状がしばしば見られます。そのような方々と話し合い、ご自身を振り返り、自分自身の価値観や生き方に対して教団の教えや物事の捉え方がどのように影響しているのか見つめ、ご自分を再構築する時間をとっていただくようにしています。

鈴木　家族や支援者のサポートを得て脱会された方の場合、家族からの依頼、支援者からの紹介というかたちでカウンセリングを行うことが多いです。脱会直後は、脱会者の混乱も激しく、エネルギーも消耗していますので、脱会者自ら専門機関を探してカウンセリングを受けるのは困難な場合が多いですね。

杉原　私は主に自分が入信していた教団に関する相談を受けています。相談会を運営している牧師の先生と一緒に、家族からの相談、脱会カウンセリング、脱会後の支援に関わっています。子どもの入信について親御さんが相談に来られるケースがほとんどです。子どもが学生の場合は、親御さんがしっかり準備や学びを進めれば解決に到るケースが多いですが、入信歴が長く社会人になっていたり、結婚していたりする場合では相談が長期化する傾向があります。

櫻井　実際、相談業務としては、本人よりも家族や関係者へのサポートも結構多いですね。その辺はいかがでしょうか。

遠藤　大学では、入信したお子さんを心配する親御さんや、入信した友だちから勧誘を受けて戸惑う学生から、相談を受けることが多いです。社会福祉法人の相談室では、入信した家族についての相談を受けることが多いです。そういった相談に応じていると言うと、脱会させるための相談と思われることもありますが、相談者はご家族ですので、まずはご家族のお気持ちをお聞きし、こちらがお手伝いできることを伝えて、必要があればそのあとも面接を続けていきます。カルトの相談と一言で言っても、ご家族により、それぞれのお気持ちやお考えがありますので、こちらが早合点することなく、通常の面接と同じように丁寧にお聞きするようにしています。

廣瀬　カルトをやめるための相談ややめたあとの相談というわけではないですが、スクールカウンセラーとして私が関わっている事例のうち、毎年一割前後の事例が何らかのかたちでカルトに関わっています。私が担当している事例には不登校と発達障害が多いのですが、不登校、発達障害、カルトの三つが一つの事例に絡んでいるということがよくあります。たとえば、子どもが発達障害を抱えていて困っているのだけれど、母親は夫を頼ることができず、祖父母も遠くに住んでいるので頼ることができないというときに、たまたま親切にしてくれた人がカルトの信者で、その人に誘われてカルトに入ったということがよくあります。そして、子どもは、発達障害を抱えているために学校での生活に適応できず、さらに母親が宗教活動ばかりしていて自分のことをかまってくれないので学校に通えなくなるということがあります。このような事例では、入信中の親や子どもたちと一緒に現実の生活で直面している困難について考えたり、そのような親子と関わりを持とうとしている先生たちをサポートしたりしています。

中西　私は相談業務のようなことはしていないので相談がくることはないですが、個人的に知り合った人から「親は信者だが自分は信仰するつもりはない」というような話を聞いたりすることはたまにあります。その場合、全国霊感商法対策弁護士連絡会や全国統一協会被害者家族の会などを紹介します。

実際に親に信仰について再考してもらうことは難しくても、孤立無援ではないということを知ってもらおうと思いまして。

四　カウンセリングの方法

櫻井　伴さんは精神保健福祉士、他のみなさんは臨床心理士の資格をお持ちでカウンセリングの専門をふまえての相談ですね。私は社会学の教員ですので、学生相談に関わると言っても話を聞くくらいですが、相手の話を聞くよりどうしてもカルトとはこうである、こうしなければいけないんじゃないかと自分の意見を言ってしまいますね。学生やその親御さんに対して傾聴というのは、私は苦手ですね。それはともかく、さまざまあるカウンセリング技法の中で、脱会者・元信者の方の心理支援に用いられる効果的な方法というのはあるのでしょうか。一番若いカウンセラーということで、杉原さん、どうでしょう。

杉原　カルト問題に関しては、私自身は脱会者として関わっておりますので、臨床心理士として構造化したカウンセリングを行っているわけではありません。相談会には自身の体験や教団についての情報提供を行う立場で参加していますし、脱会後の本人とも脱会者同士という立場で交流をしています。ただ、臨床心理士としての視点も持っておりますので、本人の生育歴や本人の性格特徴について聞き取ることを大切に思っています。また、相談会では知識の提供やとるべきでない対応などについて助言はさせていただきますが、こちらが一方的にお話するというよりは、ご家族自身の気持ちを吐露してもらうことや、家族の考えを聞かせてもらうことを大切にしています。そうすることで相談会が他ではなかなか話すことのできない本音を話せる場となり、家族同士がお互いを励まし合えるような、治療的な場になることを目指しています。

廣瀬　私は、カルトをやめた人と話をするときには、その人のことを理解するように努めています。その際、相手を理解しようとする一方で、カルトに関する事実を伝えたり、私がその人の立場だったらこのような気持ちや考えになるだろうということを伝えたりします。当事者の家族と会うときには、家族の思いを理解しようとする一方で、本人が感じていることや考えていることを家族に理解してもらうように努めています。家族がそれをできるようになったら、次に、本人と家族との間でお互いの気持ちや考えを伝え合えるように働きかけています。

鈴木　私の場合、アドバイスや解決策の提示などは行いません。脱会者に寄り添い、脱会者の発する言葉を聴き続けます。脱会者が、自らの力で立ち上がるのを見守り続けるという感じでしょうか。

高杉　基本は受容と共感です。これらは、どのような療法であっても大事にされていますが、脱会者と話し合う場合はそれ以上に大切にしなければいけないと思っています。教団では、教団信奉者へ変容させるという隠された目的がありながらも、多くの脱会者は自分のことを理解してもらったという感覚を持っています。目的が違うこと、隠すことはしていないことを伝えつつ、教団で体験した〝わかってもらえた感〟とは異なる関わりとなるように努めています。このあたりは、カール・ロジャーズが取り上げたカウンセラーの純粋性に当たるのかもしれません。そして、奥底にしまい込んでいた自分の本当の心具合や思いに気づいてもらうこと、言葉にしてもらうことを大事にしています。

櫻井　なるほど。その人自身の経験と考え方を受け止めることから始まって、本人に自分の経験を少し相対化してもらえるよう気づきを促すような暖かいつきあい方をするということでしょうか。カルトが全面的に受容してくれるように感じられるのは、その代わりに教祖のカリスマや教義、教団の活動を全面的に受容させるといった意図があるからですよね。その違いが大事ということですね。伴さん、いかがでしょうか。

伴　入信のきっかけ、とどまっている理由や年数、教団内での立場、家族との関係、社会の中での位置づけなど、状況はさまざまなので、決めつけることをせず、まず丁寧に聴きます。他者や自分の経験などを安易に話すことをせず、ありのまま受け止めることに徹します。ただ、傾聴・受容・共感が欠かせないのは論をまちませんが、教義や教団のあり方の影響で〝他者依存〟的な傾向の強い人も少なくありません。その場合には、状況に応じて徐々に一定の距離をとるよう意識します。「脱会後、当面は一時的な入院での集中治療、あるいはケアと配慮を要する自宅療養期間だが、時期がきたら自分のことは自分で決め、自己責任を自覚して生きていく」という心構え的な要素を、ところどころ織り交ぜて伝えていくようにしています。

遠藤　伴さんが話されたことを私も意識しています。カルトでは、自分では考えないように、教祖からの指示の通りに生きるように教え込まれるため、脱会者は自分が何を感じ、考えているのか、自分でもわからなくなっている傾向があります。私たちはそれらを取り戻すお手伝いをするわけですが、こちらの思いや意見などを伝えて、脱会者の方がそれに引っ張られてしまうことがないように、これは一般的なカウンセリング以上に、気をつけています。また、カルトに関する相談では、宗教的な話、あるいは非日常の話を聞くことも少なくないため、そういった話を理解するために、ユング心理学などの心の深層に目を向ける療法について勉強していることが役に立っていると思っています。もちろん、現実社会で生きやすくなることが最も大切なことです。

櫻井　内面の分析に関しては、本書で小林先生が述べられているところですね。おそらく、みなさんはさまざまな療法のエッセンスをうまく配合しながら、対象者にふさわしい段階でふさわしい対応をされているのだと思います。あまり、○○療法が効くといったことはないわけですね。勉強になりました。

五　元信者が脱会直後に抱える精神的な問題

櫻井　さて、これから臨床的な課題に関して話を進めていこうと思います。元信者の人たちは脱会直後、どのような精神的な問題を抱えているのでしょうか？　私は若干の相談事例から、精神的な落ち込み、喪失感を考えています。それは騙されたことへの怒り、カルトに対して、自分に対して、どちらもあると思います。さまざまな感情や考えが混じってしまい、本人が整理するのは困難でしょう。しかも、人によってこのときの感情はさまざまでしょうね。鈴木さん、いかがでしょうか。

鈴木　多くの症状や心理的問題が生じるようです。喪失感・絶望感はもちろんですが、自信喪失や自責感は想像を絶するものがあります。特に、加害者としての罪意識は長期間にわたって継続し、消え去ることは難しいようです。

廣瀬　自分が所属していた場から離れた人たちは、その団体の教義について語ることはできても、自分自身の体験を語れないことが多いのではないかと感じています。その体験には、カルトでの体験、やめるときの体験、そしてやめたあとの体験があります。彼らは、肯定的な体験と否定的な体験を同時期にしています。それらの体験は印象がとても強いため、どの体験から話せばよいのか、優先順位をつけることができないようです。自分の体験したことを言葉にすることができないので、自分の問題を整理できない状態が長期化してしまうということがあるように思います。

遠藤　自分がしてきたことは何だったのか、自分はこれからどうなっていくのか、全くわけがわからない状態ではないでしょうか。「自分は大丈夫だ」という感じ、〝大丈夫感〟みたいなものを失って、混乱し、とても不安になると思います。

杉原　信仰の度合いにもよりますが、本人にとって一〇〇パーセント正しいと信じていたことが全くの間違いであり、献身的に行ってきた活動が反社会的な行為であったと知ることは、世界が崩壊するような衝撃をともなう大変な喪失体験になります。思考や感情が混乱した状態に陥り、不信感や自責の念に苛まれる人もいます。また、入信前に抱えている精神的な問題があったとすれば、脱会によってそれが一気に噴き出してくることになります。

櫻井　言葉にできない感情、その噴出があるということですね。私たちはこうして話を整理しながら進もうとしているので会話が成立していくのですが、相談の中ではなかなか難しいでしょうねえ。少し分析的に整理してもらうとどんな感じなのでしょうか。高杉さん、いかがですか。

高杉　人によって直後に感じる思いはさまざまですし、特に脱会の仕方によって感じるものも異なってくると思います。教団に対して疑問をずっと感じたり、徐々に教団を離れていった方々は、活動をもうしなくていいんだという解放感や安堵感、家族と対立しなくていいんだという喜びを感じたりします。この方々は、脱会したあとに時間を経ながら生じる精神的問題への直面化をどちらかと言えば苦手とする傾向が見受けられます。また、信者となって間もない方々は、自分が騙されていたという怒りや騙された自分自身への憤りを感じたりします。さらに、信者として活動していた方々は、これらの思いの他に、被害者としてだけではなく加害者となっていた自分に対する罪悪感もあります。何よりも、あれほど懸命にやっていた時間と自分自身を失うこと、苦楽を共にしたり自分を受け入れてくれた仲間を失うことに対して、意味がなかったと簡単には済ますわけにはいかない、失いたくないというような気持ちがあります。

伴　私は、アイデンティティの喪失に関連する症状として集約できるような気がします。これまで絶対の価値観（宗教上の日課、無数の禁令など）、多くの時間と場所、経験や感情を共有する家族のような仲間、明確な目的や時間割があったのが突然白紙になり、すべてを自分で考え、決断し、構成し、こなしていかなければならない。自分はこれまで一体何をやってきたのか、これからどうやって生きていけばいいのか、具体的、また漠然とした不安感や寄る辺のなさに覆われます。さまざまな縛りから解放されて自由になった反面、その自由を持てあまして不安になったり、反動で自暴自棄的になる人もいます。ここは、入信前に何かしら葛藤を抱えていたにせよ〝自己像〟を持つ一世信者と、教団以外での自己を生きていない／イメージを持ち辛い二世信者とで、抱える問題の範囲と深刻さが異なると思います。また、現役時代に行ってきたさまざまな行為（勧誘や教化、心配する家族や友人への態度、職や財産、婚姻を軽視する大きな決定など）を悔い、反省を通り越して申し訳ない気持ちに圧倒される人もいます。

櫻井　整理すると、解放感や安堵感がある一方で、怒りや憤りといった感情の処理を自分だけでしなければいけないという状況に、精神的なバランスを崩しがちということですね。そして、これからどうしていくのかをすべて自分自身で決めていかなくてはならない自由と不安の問題に直面する。これだけでも大変なことですが、教団によっては他者や社会への危害という問題もあるので、悔恨や罪責感も生じてくる。大変な状況に元信者の人たちは置かれており、考えてみれば、カルトでの経験以上に、脱会したあとから一番辛い経験をしていかなくてはならないということになりますね。

六　脱会者への心理的支援はどのようになされるか

櫻井　私自身はこの段階でサポートしたことはありませんが、みなさんはどのように取り組まれているのでしょうか。遠藤さん、いかがでしょうか。

遠藤　自然と生じてくる感情の一つひとつ、目を向けられるものから、目を向けていくことに付き添っていきたいと考えています。場合によっては、はじめは何の感情もわいてこないということもあるかもしれません。そういう方は無理に感情を引き出そうとせず、日常生活が送れるならば、まずはこちらが安定することを支援します。

廣瀬　自分が体験したことを話せないときには、あえて話をしないようにしてもらっています。何があったのかを訊き出すのではなく、その人が自発的に話し始めるまで待つようにしています。話し始めるときが訪れるまで、カルトで体験した様々な出来事を自分で抱えられるように面接では働きかけています。課題を解決しようとするのではなく、同じ時間と空間を共有することで、一緒にいて安心と思ってもらえるようになることが最初の段階では必要だと私は考えています。

櫻井　待つことも必要ということですね。感情の問題が整理されるまでは随分と時間がかかるものでしょうか。

高杉　どのようなものであれ、ご自身の気持ちや思いを語ってもらうようにしています。その人が体験されたその気持ちを尊重し大事にしたいと思っています。脱会後の精神的な問題は、何度も繰り返してわき起こってきたり、時間を経たあとにふとわき出ることもありますので、一般的なカウンセリングと異なり、長い期間をかけながら、ときどきの状況に応じて関わる必要があると思っています。

杉原　脱会後のフォローはとても大切ですから、本人には脱会後も継続して宗教者や脱会者との面談や交流を続けていくように促しています。そのように継続的な見守りはしていますが、たいていのケースは、基本的には家族のフォローの中で回復していくことができています。精神的な不調が大きければ医療受診や心理カウンセリングも必要になってくると思いますが、そうするとしてもやはり日常生活を共にする家族からの支えが重要になります。家族も脱会後の本人への対応に悩まれることが多く、本人が脱会したあとも相談会に通ってこられる場合もありますから、家族へのサポートが大変重要です。

伴　絶望や喪失感、不安に圧倒され非常に不安定な時期ですが、まずは心のうちを言葉にしてみるよう、また何でもいいからノートに綴ってみるよう促します。感情を明確化するのが苦しくてなかなか言葉にできない間、黙って傍らにいるしかできない場面はしばしばあります。脱会後に抱える問題の整理には一定の時間がかかること、同じ道を通ってきた仲間の存在や助けとなるさまざまな備えについても伝えます。

鈴木　先ほども述べましたが、カウンセリングでは脱会者の苦悩を聴き続けることしかできません。特に、加害者であることに強い罪責感を抱く脱会者に対して、〝あなたも被害者だった〟と軽々しく言うことはとてもできません。脱会者の自己の傷つきは非常に大きいものだと感じています。なお、脱会直後に抑うつ症状やパニック症状などが継続して現れるときは、医療機関への通院を勧める場合もあります。

櫻井　脱会時点から回復へ歩み始める期間は短期の方も長期の方もおられるでしょうが、その間カウンセラーは忍耐強く寄り添うということですね。

七　回復のプロセスにおける課題

櫻井　では、次に回復のプロセスに移行した場合における課題を確認しておこうと思います。脱会した時点で学生か、社会人か、主婦か、高齢者かによって回復後のプロセスが違います。また、何年くらい入っていたのか、どのくらいの資産、時間を費やしたのか、家族・友人等の人間関係が保たれているのか、切れてしまっているのか、これによってもケアを受けられる条件が違います。ケースバイケースが最初の段階ではないかと思うのですが、いかがでしょうか。また、その人が持っているリソース、時間・情報・サポート・レジリアンスにつながる性格とか、それによっても回復の条件が異なるでしょう。鈴木さん、いかがですか。

鈴木　課題、うーん……。脱会者の人たちは、基本的にまじめで純粋な人たちが多いので、脱会後、必要以上に自分を責めすぎる傾向があるように思います。自分を許したり認めたりすることは、誰にとっても非常に難しい課題ではありますが……。もっといい加減になるとか、もっと緩めても大丈夫とか、そう思えるようになるには、やはり他者との関わりが必要になってくるのではないでしょうか。

中西　課題と言えるかどうかわかりませんが、カルトの教義、思考様式や考え方を払拭することでしょうか。なかなかこれが抜けないようです。

杉原　どの人にも入信のきっかけというか、その教団に魅力を感じた要素と、それに関連した自分自身が抱える問題があると思います。特に青年の場合では、教団に解決を求めた自身の課題と本当に向き合えるようになることが回復のプロセスにおいて重要だと思います。

廣瀬　カルトを離れた人たちは、入信する前に抱えていた課題をそのまま抱え続けているのではないかと感じています。カルトに入信するとき、他の信者に関わられることで、本人が本来抱えていた課題とは異なる課題が強調されます。また、カルトを退会したとき、家族や関係者からカルトにいたことによる課題を強調されます。そのため、カルトをやめた人たちは、本来自分自身が抱えていた課題ではなく、他者からすり込まれた課題を自分の課題として認識していることがあります。カルトを離れた人たちは、他者の物語を生きており、自分の物語を生きていません。他者からすり込まれた物語を生きていると、自分自身の課題に取り組まなくて済みます。ですが、苦しくても、自分自身の課題に取り組めるようになることが大事ではないでしょうか。それが自分の人生を取り戻すことにつながっていくのだと思います。

櫻井　元々抱えていた問題とすり込まれた問題ですね。遠藤さん、他にはありますか。

遠藤　多くの困難が生じ、辛いお気持ちを抱えていると思いますが、今の状況は長く続かない（いつまでも今と同じように辛いわけではない）ので、何とかしのいでほしいと願います。時には日々、過ごすことさえ苦痛に感じることもあるかもしれません。カルトでの体験は人それぞれですが、中にはそういう方もいらっしゃる、ということを頭に置いて、「それくらい脱会というのは大きな変化なのだ」ということを、私自身、肝に銘じて相談に応じる必要があると思っています。

高杉　抱える課題は、身体的、精神的、社会的な内容であり、一つひとつ丁寧に関わることが大切だと思います。身体的には眠れない、美味しいと感じない、人混みに行くと冷や汗が出てしまうなど、症状はさまざまです。どちらかと言えば身体化しやすい傾向が見られますので、同時に精神的に抱えている課題を見つめ直す作業が大事だと考えています。この精神的に抱えている課題が、回復のプロセスでは特に重要と思っています。私自身、脱会直後は新聞や本を読むと、何について書いてあるということしかわからず、内容は全く理解できないでいました。これは、教団の思考パターン以外を受けつけられず、また文字と意味の回路がつながっていなかったこと、そもそも自分の考えを持てていないという状況だったことによるものだったと思っています。またある脱会者は、コンビニでプリンを買ったことをとても喜んで話してくれました。これは、プリンを食べたいという自分の感情、感覚や感性を持てたこと、ものを選択して決定することができたことを意味します。こうした生活の小さな出来事を通して自分を回復してきますし、その変化を大切に思っているために喜ぶことができたのでしょう。社会的な問題では、家族やパートナーとの関係修復であったり、これからやってみたいことの再発見でしょう。家族やパートナーと理解し合うこと、許し合うことは、脱会者にとって自分の〝居場所〟の面からも大変重要と思われますし、社会で歩める自分を見つけることは脱会者にとって大きな自信となります。これら以上に重要な点が、自分自身についてです。脱会者は、以前の自分とは違う感覚、自分らしさがわからないという苦しさ、以前の自分には戻りたくない、自分を〝回復〟したくない思いなど、中核となる自己に混乱が生じやすくなります。〝回復〟のプロセスは辛く苦しいものであり、脱会を決めること以上にしんどいと感じる脱会者は数多くいます。脱会後は今まで以上に心が弱ってしまっていて、風邪を肺炎にこじらせてしまいかねない状態だと思います。それでも、止まない雨はない、夜明けは必ずくると信じています。

櫻井　いつまでも辛い時期は続かないということですね。実に多くの課題がありますね。本人の心境の問題だけではなく、家族や社会との関係も再構築していかなければいけないなど、これから向き合う課題も多い。私も居場所という発想はすごく大切ではないかと考えます。自分で自分に居場所を与える。つまり、カルトにいる間はダメな自分、不足している自分というイメージが強烈にすり込まれ、だから教説や組織に依存するしかない状況に自分自身を追い込んでいるのですが、ひょっとしたら入信以前にもこのままではダメという自分に対する思いがあったかもしれません。そうではなく、どんな自分であれ居場所があるんだという感覚を持つ、自尊心というか自己肯定感というか、それが大事ではないでしょうか。そうして自尊心というものは他者から認められることで強められます。周囲の人たちが安心できる場、認めてあげる場を用意する、本人もそれに気づいて他者に自分を委ねられる感覚を持つことが回復へのステップのように思われます。伴さん、他はいかがでしょう。

伴　わかりやすい課題としては、失われた健康や教育の機会を取り戻し、仕事や住まいなど、生活を立て直すことがあると思います。内面の課題としては、教義や教団内のヒエラルキーのもとで押し付けられた、歪んだ自己認識の修正（過度の優越感や罪悪感）、封印されていた自身の課題を突き付けられること、自らの言動が原因で歪み、あるいは風化してしまった周囲の人との関係性の修復など、いずれも大変困難なものです。失われたアイデンティティの再構成については、〝元の自分に戻る〟のではなく〝新たな自分らしさを構築する〟こと、自分の人生においてカルト体験を位置づけ、統合すること、自分の入信にまつわる一連の行動により傷つけた可能性のある人への謝罪と償い（可能であれば）、自分を許し認めること、自分の人生をカルト体験を含めて愛すること、肯定できるようになることなどが、長期にわたって取り組むべき課題としてあるように思います。

これはやめる過程、関わっていた年数や脱会時の状況などにより異なってくるように感じます。関わる要素は、①やめ方（自主脱会＝特定のつまずきや自分なりの根拠がある、在籍のまま活動停滞＝心身の不調やついていけず徐々に離れるが未整理の状況、相談やカウンセリング＝はっきりした転期、客観的根拠がある）、②脱会時の状況（進学や就職といった節目に間に合うタイミング、健康や経済状況、家族の状況［熱心な信者／自分以外にも離れている人がいる／本人以外未信者など］）、また、③周囲から得られる理解や支援の度合いなどが考えられると思います。

自主脱会者は〝自分で情報収集して考え、決断できた〟という強さは確かにあるのですが、マインド・コントロールの全容や客観的に自分を見るという視点、全人的リハビリにおけるその要素の必然性を理解するには至りにくいように感じます。そのため、部分的に歪んだ教義や価値観の影響を拭えずに極端な二元思考や選民意識を引きずり、対人トラブルを招いたり、〝居場所がない〟〝何となく浮いてしまうが原因はわからない〟といった落ち着かなさ、生き辛さを抱えることもあります。

あまり深くはまっていなかった場合、何となく世の中に適応してフェードアウトしていける人もいますが、自己不全感に苛まれたり、自分を脱落者のように見てしまい、離脱した自分を教団の価値観に沿って責めたり、教団外での自分のあり方を探すことに困難を覚え、それが高じて不適応や抑うつ状況が続いてしまう人も少なくありません。

相談者との接点を持ち、確信を持って脱会した人の場合は、教団自体の問題点をある程度理解・認識できるので、〝被害者〟としての自分の位置づけを受け入れ、自分を過度に責めることは避けられるかもしれませんが、より現実的に自分の置かれた状況、課題の全容が見えるため、失った年月や人間関係についての深刻な後悔、同年代の他者と自分を比較しての焦り、将来に対する見通しの持てなさに絶望も感じることと思います。

櫻井　包括的に説明していただきました。ありがとうございます。

八　回復の課題に対するサポート

櫻井　では、続きまして、そのような回復期においてどのようなサポートをしていくべきか、実際されているのかについて話を伺います。伴さん、続けてお願いします。

伴　教義やマインド・コントロールについての理解が必要な場合は、関連図書や講習の機会を案内したり、当事者グループやオフ会、家族相談会などに一緒に参加したりもします。似た境遇を持つ人、当人のヒントやモデルになりそうな人の経験を聴くことで、「脱会しても必ずしも不幸になることはなく、その人らしく生きていける」との実例を知れば、絶望はいくらか和らぎますし、自分のうちにもある力や可能性を探してみる勇気につながると思います。また、その人が教団や信者である家族に頼らずとも生きていけるよう、物心両面での対策を一緒に考えます。とりあえずできる仕事を探すこと、限られた条件の中で可能な教育を受け直す・資格を取ることの検討、公的機関による職業訓練プログラムや福祉的サービス利用を探すことなども含まれます。

状況が深刻な場合、長引く場合は、問題を多側面から理解できるカウンセラー（臨床心理士、宗教家、当事者でカウンセリングを学んだ人等）を可能な範囲で紹介します。

杉原　相談会の中では、ご家族の方に本人が教団のどこに魅力を感じているか、入信の動機になった本人の悩みは何か、ということを考えていただいています。家族が本人を深く理解するということが大きなサポートにつながると思いますので、まずはご家族の支援をしています。

鈴木　カウンセリングでは、やはり本人が過去の自分を許し、今現在の自分をこれでいいと認めることができるまで寄り添い続けます。カウンセリング中に何度も、〝それでいいんですよ〟〝それで大丈夫です〟と強く言いたくなる場面もありますが、本人が本当に納得するまでは、その言いたくなる気持ちをぐっとこらえて待ち続けます。

遠藤　入信中、そして入信前の自分について、目を向けていきながら、一方で日々の生活が少しずつ潤いのあるものになることも大切なことだと思います。たとえば、家族と過ごす時間、友だちとのおしゃべり、趣味、勉強、仕事など、それぞれの方にとって、楽しみな時間ができ、そこからエネルギーが生じてくるような、そういったものが生活の中に生まれてくることです。

櫻井　生活にゆとりというか、楽しみを見いだすのは大事ですよね。私は基本的には長期間サポートしたことはないのですが、統一教会、摂理、アレフ、ヒーリングサロンに入っていた人にインタビュー調査を何度も繰り返しながら、その人の話を聞き、その人の記憶と気持ちを整理するのを若干手助けしたことはあります。私が話を聞いた時点ではそれなりに気持ちの整理も付けられた状態だったので、そこまでもってきたカウンセラーや本人の努力は相当なものだったと思います。廣瀬さん、整理の仕方でポイントというのはあるでしょうか。

廣瀬　私は、当事者が自分自身の課題を扱えるように働きかけているのですが、その際、臨床心理学やカルト問題の専門的な知識をあえて使わずに、当事者が自分の経験したことについて一番よく知っている人と考えて、話を聴かせてもらっています。そのような態度で話を聴いていると、なるほどと理解できることがある一方で、疑問に感じることも出てきます。どうしてそのように感じたり、考えたり、行動したりするのかが私にはどうしてもわからないことが出てくるのです。そのようなときに私は質問をします。また、私自身がその人の立場だったらこのように感じたり考えたり行動したりするのではないかといったことを伝えることもあります。そういうやりとりを繰り返していると、当事者と私との間で自ずから新しい物語がかたちを現してきます。それは、当事者が本来持っていた物語でもなければ、私が生きている物語でもありません。その新しい物語では、当事者が入信前に抱えていた課題が課題として感じられなくなり、これからの人生を歩んでいく上で取り組まなければならない新しい課題がクローズアップされてくることになります。

櫻井　カルト臨床ということではなく、その人個人の生き方に関わる臨床ということですね。高杉さん、追加はありますか。

高杉　脱会者への見立てがまずは大事だと思っています。勧誘される前までにどのような生き方をしていたのか、どのような不適応状態だったのか、入信中で強く反応した教えは何か、意識しないまま取り込んだ認知パターンは何かなどです。たとえば、身体的にも精神的にも健康だった方がたまたまマインド・コントロールという手法に乗せられてしまったケースと、勧誘前に登校拒否だった方のケースでは、脱会後に抱える問題の質が異なってくると思われます。また、認知の歪み、たとえば認知療法で取り上げている恣意的推論（証拠が不十分なまま思いつきを信じ込むこと）や一般化（すぐに決めつけに走ること）、自己関連づけ（すべて自分と関連づけること）などの視点で、教団の教えと自分の取り入れ具合について共に検討し合い、その認知に対する自分の気持ちや考えを率直に語っていただき、あらためてご自身の素直な感情と取り入れたい価値観について見つめてもらうようにしています。このとき、勧誘を受ける前に起きたエピソードが語られたり、その教えを取り入れざるをえなかった自分の心具合を見つめたりすることとなります。認知の変化と共に、感情や価値観を丁寧に取り扱うことが回復にあたって重要だと思っています。さらに、家族やパートナーなどとの関係修復にあたっては、怒りの感情や許せない想いをどのように扱うかということと、自分とは異なる相手の立場に立つ視点を持てるかどうかという点が大事ではないでしょうか。自分の感情や考えが正しいと思い、感情や考えが正当であればあるほど、他者を認めない傾向となったりします。勧誘前や入信中に自分を受け入れてもらった経験を十分持てなかった脱会者であれば、その感情や考えはさらに価値あるものとなっているのかもしれません。これについては、親や兄弟、パートナーなどと語り合う中で、受容し合ったり不満と謝罪を伝え合ったりといった新たな体験が意味あるものとなるでしょう。脱会者にとって自分の感情や考えを持つことは重要ですが、それと同時に、自分と違う意見や他者を善悪・正邪の視点と異なって受け入れ尊重することができるよう、時間をかけながらも、排他的ではなく多様性を認められるようになってもらえたらと思っています。これらのほか、個別的に注視しなければいけない点としては、勧誘前や入信中に受けた心の傷であったり、大切な家族を亡くしたなど解決できない心の痛み、あるいは実存的苦しさなどです。こうした事柄を信頼できる誰かに話せること、その人に受け止めてもらうこと、その人が見捨てないで居続けることが大事だと思います。その人はカウンセラーでなくても構いませんし、家族やパートナー、友人など、自分をわかってくれる人が必ずいるはずですので、見つけてもらえたらと願っています。

櫻井　認知の歪み、思考の癖を修正していくということですね。カルトにかかわらず、特定の集団で長く生活していくと特有の思考のパターンというのが身につくものですし、それがその人を伸ばすものであればいいのですが、カルトの場合は抑制的なものが多いので、その枠を取り払うことが大事です。また、人を裁く感覚というか、ある種の基準で人を切ってしまわないことも重要ですね。許容性というか、幅を持つというか。

九　レジリアンスという視点

櫻井　さて、話もだんだん大詰めに近づいてきました。この研究会ではレジリアンスという視点からカルトからの回復を考えていくという方向性を最初に提示させていただいたのですが、みなさんからの評価をいただきたいと思います。私はカウンセリングの手法というよりも、キュア（医療）とケア（支援）のあり方を考える上でも大きな視点を提供してくれていると思いますし、カルト被害の支援だけではなく、現代社会の課題を考える上でも大きなヒントになる発想だと考えています。伴さん、いかがですか。

伴　震災や虐待をくぐり抜けてきた人たち、子どもたちが、そうした辛い経験に潰されてしまうことを免れ、逆にバネにしてたくましく生きているという状況を知り、困難さの領域や経過はさまざまに異なるとしても、大変勇気づけられる思いがしました。

確かに、これまで多くの脱会者に出会ってきましたが、似たような境遇、入信・脱会後の年数が近い人同士であっても、そのあとの歩みに大きな違いがでてくる例を見てきました。その違いはどこからくるのでしょうか。個人的資質（体力・知力を含めた能力）、考え方の傾向、自尊感情の有無とか安定感、近しい〝重要な他者〟との関係性（気にかけてもらったり、必要なときに助けを求め、サポートを得て乗り越えてきた経験など）が関係してくるのかなと感じてきました。「回復力」がある人は徐々に自分の努力、周囲のサポートを得て回復に向かい、そうでない人はなかなか抜け出せないでいる。それではこの「回復力」はどのように成り立っているのか。その力があまり十分に育たずに大人になった人が大きなダメージを受けた際に、事後的につちかうことのできる力なのか、あるいは周囲の人はどのような関わりをすれば効果的にその人の回復力を引き出すことができるのか。こうした点は、今後検討を重ねていってほしい点です。

大切だなと思う点は、回復の過程において、〝援助された〟と恩を着せられる思いを当人が持つことなく、あくまで自分で考えて、(他者の力を一部借りたとしても)自分の努力でクリアしてきたと自覚できるかどうか、という点です。教団在籍中のように誰か、または教団の押着せでなく、あくまで〝自分の足で〟歩き始めたという実感が、自分の人生を生きることにつながるように感じます。

櫻井　誰かのおかげでというのはあってよい感覚ですが、程度問題でもありますね。基本は自分で立ち上がったわけなので、そこは自信を持っていいだろうし、双方のバランスです。このレジリアンスの力、生得的なもの、経験で得てきたものを含めて個人的な違いはどうでしょうか。鈴木さん、いかがですか。

鈴木　回復力や立ち直る力は、本人が生まれ持っている力も大きいと思います。しかし、そこに加わる他者や家族の力は、それ以上の力を引き出すというか、何倍にもなると思っています。また、自分のレジリアンス、回復する力を意識しておくのはとても大切だと思います。

杉原　カルト被害からの回復は個人差が大きいです。そのような個人差には本人のレジリアンスが影響していると思われます。幼少期からの本人の育ちや性格を丁寧に聞き取ることで、本人のレジリアンスを予測することができます。そうすることで、脱会後のサポートがどれくらい大変になるかをしっかり心づもりして臨むことができます。そのようにレジリアンスという視点から脱会後のケアを考えることができると思います。

遠藤　カルトから脱会して間もない方にとっては、これから自分がどのような回復の道を進んでいくのか想像がつかず、絶望的に感じられる方もいると思います。レジリアンスという視点を取り入れることで、自分の道筋がイメージしやすくなるのではないかと思います。それは希望を持つことに通じるように思います。ただ、人により過程はそれぞれなので、まわりの脱会者と自分を比べる必要はなく、自分の道を歩いていっていただきたいと思っています。

廣瀬　レジリアンスという視点を持っていると、事例をアセスメントするときの視点が一つ増えるのではないかと私は思いました。アセスメントをするときに複数の視点から事例を理解するように私は試みているのですが、レジリアンスという視点を持っていることで、カルトに入信中であったりやめたあとだったりする当事者が今どのような状態にあるのかを把握できたり、その状態のときにどのように接すればよいのかの指針を得られたりするなど、レジリアンスという視点を持っていなければ捉えられなかったことが捉えられるようになると思います。ですが、臨床の場で当事者や家族や関係者と接するときに、「マインド・コントロール」や「レジリアンス」という言葉を私は極力用いないようにしています。私が臨床でしていることは、その人が体験したものの自分ではうまく言葉にできないことを言葉にして伝え返していくことであって、既成の言葉でその人の体験を説明することではないからです。

櫻井　確かに特定の概念に落ち着くというのであればともかく、その概念で切り分けすぎることに関しては慎重でなければなりません。私はリサーチのほうを向いて考えているので、どうしても概念での把握が気になってしまうのですが。

高杉　たとえば、脱会者お二人とも同じ教団で同じような活動をしながら、脱会後に元気になっていく具合や度合いが異なるという場合、レジリアンスは両者の違いをより細やかに理解する材料を提供してくれるのではないかと考えています。勧誘される前に不適応を起こしていた方は、脱会後にレジリアンスは容易に低下しているかもしれませんし、脱会者によっては、入信中の活動経験や仲間との関わりを通してレジリアンスが高まった可能性もありえます。特に後者の方にとっては、単純な喪失体験として扱うことはできないことでしょう。レジリアンスという視点は、カルト体験は捨て去るべきというような二極思考的ではない脱会者理解や支援につながることができると思っています。

櫻井　高杉さん、うまくフォローしていただきました。ありがとうございます。

一〇　元信者の方に対する今後の支援の課題

櫻井　最後に、この座談会をまとめるにあたって元信者の人たちが回復への長い道のりを歩むに際して、外部から私たちがどのような支援活動を行っていけるのか、意見をお聞きしたいと思います。私の認識としては、損害賠償請求というかたちで司法の領域ではかなり被害の回復が進んでいるので、今後は医療・福祉の二つの領域でカルト問題・被害への認識を深め、支援の輪を広げていくことが重要だと考えているのですが、鈴木さん、いかがでしょうか。

鈴木　脱会者のカウンセリングは、現状ではほとんど取り組まれていません。体制としても必要だと言われ続けながら、もう一〇年以上が経過しているでしょうか。せめて、関心がなかった人たちや、まわりを取り巻く人たちに、脱会者の苦悩について理解を深めてもらえたらと思います。

杉原　カルトの相談支援の中心は宗教者が担ってきましたが、問題は多様化しており、他の専門家と協力しなければ解決できない事例も少なくありません。そのため、今後はソーシャル・ワークやアセスメントについての専門性を持つ支援者のさらなる参入が望まれます。また、教団の内情や被害状況だけでなく、脱会者の支援のあり方や回復に向けた工夫について、全国の支援者間で情報共有や協議を重ねていくことが望まれます。

遠藤　二つあります。一つは支援を行う立場の人たちは、臨床心理の専門家だけではなく、宗教家や元信者の方など、たくさんいらっしゃいます。少し前から言われていることですが、必要に応じて連携をして、相談者の方、脱会者の方をサポートしていくことが望まれます。私は社会福祉法人の相談室で、仏教者の方など、自分とは異なった立場の方と所属を共にしていますが、そういった方々に力を貸していただくことが多々あります。また、他職種の方から声をかけていただけることは嬉しいことです。もう一つは、カルトでは性的な被害も少なくありません。カルト内での性被害者の心理について研究されることと、それらについて理解し、回復の手助けができるカウンセラーが増えていくことを望みます。

櫻井　そうですね。臨床心理士のような方による心理的な支援が量的に増えることが望ましいことと、カルトの問題を考えるには宗教的な問題についても考える必要があるので、宗教者の支援、そして元信者や家族・関係者の方々の心理的支援を連携させていくことが重要ですね。性的被害については、医療関係者と法律家による支援も必要です。その他、いかがでしょうか。高杉さん。

高杉　一つは、教団の教義や考え方、教団特有の操作について情報収集し、知識として把握することです。これらを知ることは、脱会者の心の呪縛を理解する上で重要な視点となりえると考えています。また、近年増えている二世の問題や子どもを持つ脱会者にとっては、経済的・福祉的サポートも重要ではないかと思います。もしかしたら、そうしたサポートが得られないためにカルト教団を脱会できないでいるのかもしれません。社会からサポートを受けられるということを知らない方々に、こうした情報を提供することも大切だと考えています。さらにカルト教団は、社会状況に合わせて、あるいは教団内部の事情などによって変化していきます。教義の変化や信者への操作の変化がどのようなものか注視していくこと、それら変化に合わせた脱会者との関わりやカウンセリングでの工夫が必要と思っています。

中西　片親、あるいは父母の両方が信者、でも自分は信仰しないという二世同士が知り合えて、語り合えるような場所が必要ではないかと思います。誰にも相談できずに一人で抱え込んで悩んでいる二世がいますから。

伴　まず、安心できる確かな相談窓口の確立が挙げられると思います。警察、市区町村の相談窓口、教育相談といった公的機関を訪ねても〝わからない〟〝担当ではない〟また〝信教の自由があるので関われない〟ということで応じてもらえなったというご家族の話をよく聴きます。この問題の深刻さに痛みを覚える限られた宗教家、法律家が放っておけず相談に乗ってくれているのが実情かと思いますが、身近に見えるかたちでの相談体制が整っていれば、初期段階で予防できる事例が多いのではないかと思います。

また、脱会後の課題のところでも述べましたが、生活の立て直しのために対応すべき分野は多岐にわたります。教育、求職、住居、最低限の生活資金などへの支援を、福祉資金貸付制度のように無利子、または低金利貸与などのかたちで受けられる仕組みがあればと思います。生活保護や年金のようなかたちで与えるのみだと、そこに甘んじてしまい、そこからの脱却がさらに難しくなる人の事例も見ました。公私にわたる周囲の支援は一時的であり、ゆくゆくは自力で生活していくのだという自立を目指す支援体制のあり方が工夫されていくことを希望しています。

櫻井　よく統一教会やオウム真理教(アレフ、ひかりの輪)がなぜなくならないのか、なぜ信者はやめないのかと聞かれますが、その団体のおかしさを知りつつももうやめられないという人が少なくないのです。幹部であれば、うまみも知っており、もう生活がかかっているからおかしいのを百も承知でやっているという人はいるでしょう。確信犯的ですね。そこまでいかなくとも、やめてこの先どうするのだという、自分の生きる目標も生活の糧も失ってしまう不安があって、他に行くところがないからいるという消極的な選択をしている信者もいるかもしれません。意を決して脱会した人たちも同じ問題を抱えています。人生のやり直しはいつでも可能と言いながらも、年齢が上がれば上がるほど、その年代で達成しておくべき課題も増えてきているので、一からやり直すにはものすごいエネルギーがいりますね。長期的には、福祉的な領域でのサポートも考える必要があります。ここら辺は、現段階ではカウンセラーや支援者による個別対応という領域でしょうか。廣瀬さん、どうでしょう。

廣瀬　私は、「カルト問題」を社会問題としてではなく、個々の問題として取り組む必要があるのではないかと考えています。なぜなら、社会問題として取り組むという立場では、事例を特定の視点からしか見ることができないと感じてきたからです。このような視点に立つと、一つひとつの事例と対峙するとき、紋切り型になって、見落としてしまうことが多くなるように思います。それに対して、個々の事例に関わっていくという立場では、カルトという視点は事例を理解するためにある複数の視点のうちの一つになります。このような立場をとることにより、事例を様々な視点から理解できるようになり、事例そのものに近づいていくことができるようになると思います。

櫻井　ありがとうございます。

一一　カルト・レジリアンス研究会の活動

櫻井　これが最後の質問になります。この研究会は、約二年半かけて書籍の刊行を目標に研究と相互討議を進めてきました。そこで気づかされる点も多かったし、一般の方、カルト対応をされる大学教職員の方、カウンセラーの方に対する実務家研修ということで、毎年二回ずつカルト対応のカウンセリングに関する講演や情報交換会も重ねてきました。大いに成果を上げられたのではないかと思いますが、評価しすぎでしょうかね？　廣瀬さんからお一人ずつ、続けてお願いします。

廣瀬　研究会では、カルトからの回復というとき、個人の回復に焦点が当てられていたように思います。ですが、回復には他者との関わりが必要です。そのため、臨床を行う場合、当事者を対象化して捉えるのではなく、当事者、家族、関係者、そして支援者の関係性を考慮に入れて回復を考えていくことが必要だとこれまで感じてきました。当事者だけを事例として捉えるのではなく、当事者、家族、関係者などの間で生じている相互行為を事例として捉えることが必要だと私は考えています。その事例には、支援者である私自身も含まれることになります。支援者は、当事者や家族や関係者に影響を及ぼしうる存在です。そのため、自分自身がどのような背景や立場で事例に関わるかを自覚しておくことが必要です。この研究会では、参加者のみなさんが持つさまざまな背景や立場からの意見を聞かせていただいたことで、あらためて自分自身の背景や立場を考え直すことができました。ありがとうございました。

杉原　このような機会を通して、カルト問題に関わっておられる臨床心理士の先生や宗教家の先生のお話を直接伺うことができ、自分がカルト支援を行っていく上で大切にしなければならないことについてあらためて認識させていただきました。被害報告はあとを絶たず、衰えることを知らないカルト教団と長く対峙しながら相談支援活動を続けておられる先生方に心からの敬意を払います。本書が困っておられる方にとって少しでも助けになることを願っています。

遠藤　日ごろは相談業務を行いながら、必要を感じて脱カルト協会や勉強会に参加させてもらっていますが、研究会では講師の方やそれぞれのメンバーが考えていること、感じていることなどをじっくり聞かせてもらい、自分の中でカルト被害からの回復について、理解の幅が広がり、認識が深まったように思います。今後の相談活動に活かしていきたいと思います。ありがとうございました。

鈴木　脱会者の苦悩や回復の道のりについて考える機会を今回あらためて与えていただきました。でも、二年半の間苦しかったですね。深く考えれば考えるほど苦しくなる……。それほど重い、重要なテーマだったと思います。

中西　これまで脱会のカウンセリングをされているカウンセラーの方にお話を伺う機会があまりなかったのですが、この研究会の活動でその機会に恵まれ、大変勉強になりました。

高杉　この研究会の勉強を通して、あらためて脱会のカウンセリングについて考える時間を与えていただきました。特に、自分では判明しなかった視点や問題意識を教えていただいたと思っています。この研究会のような、関係者同士による研修や情報交換と討論の場を今後も持ち続けていただけたらありがたい限りです。

伴　「レジリアンス」とは、震災被災者や虐待経験者の回復に関わるキーワードであることを、この一連の研究会を通して学ばせていただきました。私はカルト経験者として、この分野での回復、全人的なリハビリ、社会復帰などに関心を持ってきました。カルト脱会者の回復過程に似ている状況としては、〝社会的入院〟を強いられた精神障害者が退院して地域生活に移行する際の葛藤や必要とされるサポート体制、またごく少数ですが脱北者が帰国して普通の日本人に戻っていくプロセスが思い浮かびます。残念ながら、カルト被害者の実情や社会復帰の困難さについてはごく一部の関係者が知り、サポートしている状況です。そんな中、被災者や被虐待者という、様相は大きく異なりますが同じく社会的弱者であり、共通の視点をもって課題を整理したりアプローチを検討できるカテゴリーがあると知り、興味深く思いました。

カルト被害としてはマイナーなので世間に認知されにくいとしても、消費者トラブルの枠組みを持ってくると、予防や対策の必要性、被害者を単に〝愚か〟と断罪するのでなくサポートを要する人だとの理解が進む、といったことと重なるように感じます。レジリアンスの研究が今後も進み、一般に浸透していき、それを必要とする人々にカルト被害者も含まれる、との認知が広がっていくといいと思います。

精神疾患を考える際に「ストレス―脆弱性モデル」がありますが、個人が抱える問題そのものの大きさと、それに対する対処能力の兼ね合いにより、当人の受けるダメージも回復過程も大きく異なってくるという考え方です。困難な事態が生じても何とか受け止め、対応し、乗り越えていける力、危機のときに自分自身や周囲を信頼し、絶望に負けない内なる力をどのように育てていくか。子どものうちから健全な自尊感情、周囲に助けを求めれば適切なサポートを得て乗り越えられるのだという教育と実体験を重ねていくことは助けになるように思います。

レジリアンスに関連する言葉〝ストレス耐性〟は、緊急事態が生じてから手を打つのでは間に合わず、普段の生活の中で心身の健康を保つこと、生じうる種々のリスクについてその構造と予防法、対応策を事前に知り備えておくことなどの積み重ねからなる〝精神的な基礎体力〟のようなものと考えます。生きていく上でのリスク回避として誰もが知っておくべき事柄として、防災知識、いじめやハラスメント問題、メンタルヘルス、薬物や悪徳商法などがあるかと思いますが、それらに並べてカルト問題についても、その実情と予防について教えていくことが大切なのではないかとあらためて感じました。

櫻井　伴さん、またまた包括的にまとめていただき、ありがとうございます。私、大学教員として最近感じていることは、大学生のメンタルヘルスの問題でして、大学生になるまでにレジリアンスを高めていくような学校教育があまりなされていないのではないかと思います。もちろん、学校だけが問題ではなく家庭や社会にも問題があると思います。カルト予防の啓発をやる上でも、基礎体力としてのレジリアンスは極めて重要でして、それがメンタルヘルスへの取り組みにも連動するような気がします。すでに十分まとめられておりますので、座談会はこれで終了させていただきます。みなさま、ご協力ありがとうございました。

参考図書・関係団体ホームページ（相談窓口あり）

参考図書

●カルト問題全般

浅見定雄、一九九七、『なぜカルト宗教は生まれるのか』日本基督教団出版局。

櫻井義秀、二〇〇六、『「カルト」を問い直す――信教の自由というリスク』中央公論新社。

紀藤正樹・山口貴士、二〇〇七、『カルト宗教――性的虐待と児童虐待はなぜ起きるのか』アスコム。

藤田庄一、二〇〇八、『宗教事件の内側――精神を呪縛される人びと』岩波書店。

櫻井義秀、二〇〇九、『霊と金――スピリチュアル・ビジネスの構造』新潮社。

櫻井義秀編、二〇〇九、『カルトとスピリチュアリティ――現代日本における「救い」と「癒し」のゆくえ』ミネルヴァ書房。

櫻井義秀、二〇一四、『カルト問題と公共性――裁判・メディア・宗教研究はどう論じたか』北海道大学出版会。

●マインド・コントロール関連

ハッサン、スティーブン、一九九三、浅見定雄訳『マインド・コントロールの恐怖』恒友出版。

西田公昭、一九九五、『マインド・コントロールとは何か』紀伊國屋書店。

西田公昭、一九九八、『「信じるこころ」の科学――マインド・コントロールとビリーフ・システムの社会心理学』サイエンス社。

トバイアス、マデリンランドー／ラリック、ジャンジャ、一九九八、南暁子・上牧弥生訳『自由への脱出――カルトのすべてとマインドコントロールからの解放と回復』中央アート出版社。

ハッサン、スティーブン、二〇〇七、中村周而・山本ゆかり訳『マインド・コントロールからの救出――愛する人を取り戻すために』教文館。

高木総平・内野悌司編、二〇〇八、『現代のエスプリ四九〇号：カルト――心理臨床の視点から』至文堂。

紀藤正樹、二〇一二、『マインド・コントロール――あなたのすぐそばにある危機！』アスコム。

チャルディーニ、ロバート・B、二〇一四、社会行動研究会訳『影響力の武器――なぜ、人は動かされるのか』第三版、誠信書房。

●実態・対策
山口広・中村周而・平田広志・紀藤正樹、二〇〇〇、『カルト宗教のトラブル対策――日本と欧米の実情と取り組み』教育史料出版会。

櫻井義秀・大畑昇編、二〇一二、『大学のカルト対策』北海道大学出版会。

日本脱カルト協会（JSCPR）編、二〇一四、『カルトからの脱会と回復のための手引き――〈必ず光が見えてくる〉本人・家族・相談者が対話を続けるために』改訂版、遠見書房。

●統一教会（統一協会）
茶本繁正、一九七七、『原理運動の研究』晩聲社。

萩原遼、一九八〇、『淫教のメシア――文鮮明伝』晩聲社。

浅見定雄、一九八七、『統一協会＝原理運動――その見極めかたと対策』日本基督教団出版局。

浅見定雄、一九八九、『偽預言者に心せよ！――日本人を考える』晩聲社。

有田芳生、一九九二、『統一教会とは何か――追いこまれた原理運動』教育史料出版会。

山口広、一九九三、『検証・統一協会——霊感商法の実態』緑風出版。

杉本誠・名古屋「青春を返せ訴訟」弁護団、一九九三、『統一協会信者を救え——杉本牧師の証言』緑風出版。

郷路征記、一九九三、『統一協会マインド・コントロールのすべて——人はどのようにして文鮮明の奴隷になるのか』教育史料出版会。

南哲史、一九九六、『マインド・コントロールされていた私——統一協会脱会者の手記』日本基督教団出版局。

全国霊感商法対策弁護士連絡会・日本基督教団統一原理問題連絡会・全国原理運動被害者父母の会編、一九九七、『統一協会合同結婚式の手口と実態』緑風出版。

青春を返せ裁判(東京)原告団・弁護団編、二〇〇〇、『青春を奪った統一協会——青春を返せ裁判(東京)の記録』緑風出版。

全国統一協会被害者家族の会編、二〇〇五、『自立への苦闘——統一協会を脱会して』教文館。

川崎経子、二〇〇八、『統一協会の素顔——その洗脳の実態と対策』新装改訂版、教文館。

櫻井義秀・中西尋子、二〇一〇、『統一教会——日本宣教の戦略と韓日祝福』北海道大学出版会。

マインド・コントロール研究所編、二〇一〇、『統一協会から愛する人を助けるために——人間は機械ではなく、心で生きている』いのちのことば社。

●オウム真理教

江川紹子、一九九一、『救世主の野望——オウム真理教を追って』教育史料出版会。

リフトン、ロバート・J、二〇〇〇、渡辺学訳『終末と救済の幻想——オウム真理教とは何か』岩波書店。

井上順孝責任編集・宗教情報リサーチセンター編、二〇一一、『情報時代のオウム真理教』春秋社。

●エホバの証人

大泉実成、一九八八、『説得——エホバの証人と輸血拒否事件』現代書館。

ウッド、ウィリアム、一九九三、『エホバの証人：ものみの塔聖書冊子協会――マインド・コントロールの実態』三一書房。

ウッド、ウィリアム、一九九七、『エホバの証人――カルト集団の実態』三一書房。

中澤啓介、一九九九、『輸血拒否の謎』いのちのことば社。

佐藤典雅、二〇一三、『ドアの向こうのカルト――九歳から三五歳まで過ごしたエホバの証人の記録』河出書房新社。

関係団体のホームページ（相談窓口あり）

●支援団体

霊感商法の実態（全国霊感商法対策弁護士連絡会） http://www.stopreikan.com/
日本脱カルト協会（ＪＳＣＰＲ） http://www.jscpr.org/
カルト被害を考える会 http://www.asahi-net.or.jp/~am6k-kzhr/
真理のみことば伝道協会 http://cult-sos.jp/

●被害者団体・家族の会

統一協会被害者家族の会 http://www12.ocn.ne.jp/~kazoku/index.htm
S-station～カルト団体「摂理」を考える http://station.okoshi-yasu.com/
カナリヤの詩 http://www.cnet-sc.ne.jp/canarium/
オウム真理教家族の会（旧オウム真理教被害者の会） http://aum-kazoku.boy.jp/
浄土真宗親鸞会被害家族の会 http://homepage2.nifty.com/nonsect/
さよなら親鸞会 http://sayonara1929.txt-nifty.com/
ＪＷＩＬ／エホバの証人被害者家族の会 http://homepage3.nifty.com/jwil-helpcult/

おわりに

本書の内容は、文部科学省科学研究費補助金、仲真紀子北海道大学大学院文学研究科教授代表の新学術領域研究「法と人間科学」における「司法と福祉」部門の二〇一二―一三年度公募研究班「カルト被害の救済と回復――レジリアンスの視角から」(代表　櫻井義秀)の研究を基盤としております。研究の柱は三本あり、一つは臨床心理士の人たちと一緒にカルト被害者の回復過程を臨床的に研究することであり、二つ目は、カルト問題を大学関係者と臨床心理の実務家に広く啓発するべく実務家研修を行うこと、そして、最後の三つ目がまとめとしての書籍刊行です。

研究会は、日本脱カルト協会に所属する座談会のメンバーを中心に二〇一二年の秋から年三回程度を目途に実施し、カルト被害者支援の経験を共有すると共に、レジリアンスの視点から回復のプロセスを考える考察をしてきました。その際に、研究会に外部講師として招いた先生方が本書の理論編に寄稿してくださった内野悌司先生と小林薫先生です。お二人の講演には一同ずいぶんと啓発されましたし、回復の道筋は一人として同じではないことがよくわかりました。

実務家研修については、二〇一三年は札幌と京都、二〇一四年は京都と東京で実施し、各回とも一〇名から二〇名の方が参加してくれました。編者の櫻井がカルト問題とカルトからの回復に関わる講演を行ったあとに分科会を実施し、大学の学生支援担当者とカウンセラーに分かれて情報交換や事例の検討を行いました。みなさんの協力を得ながら、研究会のメンバーのアイディアもまとまってきたのです。

そして、カルト被害者支援を長らく実践してこられたカウンセラーの先生方にじっくりと話を伺い、それを記録としてまとめておくことが必要ではないかと思い立ち、研究会のメンバーがカウンセラーお一人お一人の自宅や教会、寺院を訪問してインタビューと聞き取りのまとめを行いました。貴重な記録になったのではないかと考えております。また、元信者の証言をまとめるにあたっても脱会者の方を紹介してもらいました。被害者支援のカウンセリングによって、カルトに巻き込まれた人たちがどのようにして立ち上がってきたのかがわかる重要な証言となっています。

書籍のとりまとめは二〇一三年の冬から取りかかり始め、二〇一四年の秋までに少しずつ各章の原稿が揃っていきました。「カルト問題のフロンティア」シリーズ第一巻の『大学のカルト対策』に引き続き、北海道大学出版会に刊行を依頼し、入社一年目の平山陽洋さんに編集を担当してもらいました。スケジュール管理を的確にやってもらい、二〇一四年度内の刊行が可能になりました。御礼申し上げます。

最後に、カルト被害者支援を臨床心理の立場から行っている若い世代への期待を述べておきたいと思います。日本でカルト被害者支援に一九九五年のオウム事件以来取り組んできた日本脱カルト協会には研究部会、カウンセリング部会、家族・関係者部会の三部会があります。編者の櫻井は研究部会に入っておりますが、今回執筆した方やインタビューに応じてくれた方はカウンセリング部会や家族・関係者部会に所属されています。ベテランのカウンセラーに牧師や僧侶といった宗教者が多いことが日本のカルト被害者支援の特徴なのですが、若い世代がその経験を継承しつつ、臨床心理の実務家として被害者支援を担っていってほしいと考えています。この書籍づくりに参加してくれたメンバーがその任を担ってくれるでしょう。

同時にまた、心の回復支援にあたる臨床心理の専門家が増えてくれることを期待したいのですが、そのためには専門家を適切な報酬で支えていくことが重要であることを指摘しておきます。カルト被害の当事者やご家族、関係者の方はわらにもすがる思いで方々を訪ね歩き、話を聞いてくれる人を探し、ようやく専門家にたどりついたことで安堵するでしょう。そして、傾聴してくれる専門家に対して思いのたけを語り、家族を救ってほしいとお願いすると思います。宗教家の場合はボランティア・ベースです。それは檀家の方、教会の方、あるいは別の方がその人の生活を支えているからです。しかし、カウンセリングを職業とされている方は適切な報酬により生計を立てなければなりません。このことを理解して、最初に相談の契約を結んでいただき、カウンセラーがカルト被害者支援を継続できるようサポートしていただきたいと思っています。

お金の話を出すことに違和感をもたれる人がいるだろうし、金もうけが目当てだろうとカルト側から批判がくるだろうと思います。人助けじゃないのかと。私は長年カルト問題を見てきて、「ただより高いものはない」「無償で人助けをしようという崇高さがしばしば人を苦しめる」ことを見てきました。人間社会において人と人とのつきあい、社会関係は互酬性が基本です。一方的に与え一方的に受けるだけの関係は支配—被支配の関係に変化します。私たちはお互いに対等につきあうためにサービスと財の交換をするわけです。ですから、相談者の自律性と尊厳を確保するために無料相談はありえないのです。

この本は、カルト問題に関わり、被害者支援のために力を尽くされてきた多くの方々、弁護士、カウンセラー、元信者や家族、研究者、市民で支えてくれる方の協力なしにつくることができませんでした。編者や研究会のメンバーは、カルト被害の根絶のために立ち上がった人たちの一言一句に耳を澄ませ、記録を残したいという思いでまとめてきました。

一人でも多くの方がカルト体験をはね返し、レジリアンスを活性化させてくれることを願いながら筆を置きます。

晩秋の札幌にて

櫻井義秀

執筆者紹介

編　者

櫻井義秀（さくらい　よしひで）　北海道大学大学院文学研究科教授。専門は宗教社会学・東アジア宗教文化論。主要著書・論文：『統一教会――日本宣教の戦略と韓日祝福』（共著、北海道大学出版会、二〇一〇年）、『越境する日韓宗教文化――韓国の日系宗教　日本の韓流キリスト教』（共編著、北海道大学出版会、二〇一一年）、『大学のカルト対策』（共編著、北海道大学出版会、二〇一二年）、『カルト問題と公共性――裁判・メディア・宗教研究はどう論じたか』（北海道大学出版会、二〇一四年）

執筆者（五十音順）

内野悌司（うちの　ていじ）　広島大学保健管理センター准教授。専門は臨床心理学・学生相談。主要著書・論文：『現代のエスプリ四九〇号：カルト――心理臨床の視点から』（共編著、至文堂、二〇〇八年）

遠藤みゆき（えんどう　みゆき）　臨床心理士。

小林　薫（こばやし　かおる）　市立甲府病院緩和ケア内科部長。専門は緩和ケア精神療法・ユング心理学・脳神経科学。主要著書・論文：『最新脳SPECT／PETの臨床――脳機能の検査法』（共著、メジカルビュー社、二〇〇二年）、『うつ病の再発予防と薬物治療』（共著、臨床精神薬理、二〇〇六年）、『精神・神経疾患画像アトラス』（共著、メディカルレビュー社、二〇〇七年）、『緩和ケアチームの立ち上げとマネージメント――一般病棟で取り組むための支援ガイド』（共著、南山堂、二〇〇八年）

杉原　輪（すぎはら　りん）　臨床心理士・倉敷めぐみキリスト教会「出エジプト会」（カルト被害相談会）世話人。

鈴木文月（すずき　ふづき）　臨床心理士。専門は臨床心理学。主要著書・論文：「破壊的カルト脱会者の心理的過程――その人間的苦悩」（『人間性心理学研究』二三巻二号、二〇〇六年）、「家族の宗教問題で悩む青年期男性の心理療法――〝カルト二世の子〟からの解放と自立」（『心理臨床学研究』二四巻六号、二〇〇七年）

高杉葉子（たかすぎ　ようこ）　臨床心理士・大学学生相談カウンセラー。立教大学大学院博士課程後期課程。専門は臨床心理学。主要著書・論文：「カルト脱会者の家族関係の認知変化に関する検討――家族機能尺度（FACES-Ⅲ）および家族満足度尺度（FSS）を用いて」（『立教大学臨床心理学研究』八号、二〇一四年）

中西尋子（なかにし　ひろこ）　関西学院大学等非常勤講師。専門は宗教社会学。主要著書・論文：『統一教会――日本宣教の戦略と韓日祝福』（共著、北海道大学出版会、二〇一〇年）、『越境する日韓宗教文化――韓国の日系宗教　日本の韓流キリスト教』（分担執筆、北海道大学出版会、二〇一〇年）、「『女性性』の回復――ある新宗教教団における集団結婚式参加者たちの結婚と結婚生活」（『ソシオロジ』一五六号、二〇〇六年）

伴　麻子（ばん　あさこ）　精神保健福祉士。

廣瀬太介（ひろせ　だいすけ）　臨床心理士・スクールカウンセラー。専門は臨床心理学・宗教心理学・質的研究法。主要著書・論文：『新しい文化心理学の構築――〈心と社会〉の中の文化』（共訳、新曜社、二〇一三年）、『ワードマップTEA――実践編』（分担執筆、新曜社、近刊）

〈カルト問題のフロンティア 2〉
カルトからの回復――心のレジリアンス

2015年3月25日　第1刷発行

編著者　櫻　井　義　秀

発行者　櫻　井　義　秀

発行所　北海道大学出版会
札幌市北区北9条西8丁目 北海道大学構内（〒060-0809）
tel. 011(747)2308・fax. 011(736)8605 http://www.hup.gr.jp/

㈱アイワード

ISBN 978-4-8329-3392-7